彼女の「正しい」名前とは何か

新装版

第三世界フェミニズムの思想

岡真理

青土社

目次

彼女の「正しい」名前とは何か

第三世界フェミニズムの思想

序章

彼女の「正しい」名前とは何か

ある「出会い損ね」をめぐって

一九八六年、まだ学生だったころ、一人エルサレムを訪れたことがある。そこで私は一つの出会い、あるいはむしろ、出会い損ねともいうべき出来事を経験した。

早朝、カイロを発ったバスは、やがてスエズを渡り、シナイ半島を一路、北上する。視界を覆い尽くす一面の白い沙漠だけがひたすら続いたあと、バスは昼ごろ、エジプト・イスラエル国境を通過し、パレスチナに入る。突然、沙漠の砂色に乾ききった目に、果樹園の瑞々しい緑とオレンジ色が飛び込んでくる。数時間後、バスはテルアビブに到着し、そこでバスを乗り換えエルサレムへ。オリーブの灌木が茂る丘陵地帯を走ること小一時間、バスはようやくエルサレム郊外のターミナルにたどり着いた。

先年エルサレムを訪れた友人からカイロを発つ前に紹介された、ユダヤ人のカハーナおばさんの民宿に、ターミナルから電話を入れる。明日からなら泊まれると言われ、その場で予約する。だが、今夜泊まるところを探さなくては。とりあえず、旧市街へ行こう。

アラブ人用のローカル・バスに乗って旧市街へ向かう。日本人か？　背広姿の生真面目そうなパレスチナ人の男性が真剣な面もちで話しかけてくる。カイロでもエジプト人によく声をかけられはしたが、その男性の口調には、エジプトで経験したあの、東洋人に対する物珍しさや好奇心といったものは微塵も感じられず、むしろ、異邦人の娘の一人旅が不安でならず、思わず声をかけずにはいられなかったというようなようすだった。どこへ行くんだ？　旧市街へ。宿は決まっているのか？　まだです。これから探します。どこか良い宿をご存じですか？

ついてきなさい。男性はバスを降りると、ダマスカス門にほど近いところにある小さな宿に私を案内した。ここは安くて信用のおける宿だよ、それだけ言い残すと、男性はそのまま去っていった。

受け付けにはパレスチナ人の青年がいた。ぼくのこと、実の兄だと思ってくれていいよ、困ったことがあったら何でも相談しておくれ、前にも日本人の女の子が一ヶ月くらい泊まったことがあってね、この宿をとっても気に入ってくれて、きみもきっと気に入るよと青年は言いながら、私を部屋に案内した。十数個の寝台が並ぶ広いその部屋には、私のほかに泊まり客はなかった。

ところが、深夜、扉の向こうから遠慮がちに私の名を呼ぶ声に、私は起こされた。不意の団体客が到着したので、急遽、別の部屋に移らねばならないという。パレスチナ人の「兄」はさかんに恐縮しながら、私の荷物を抱えると、宿の屋上へと私を案内した。そこには部屋が一つあり、パレスチナ人の女性が独りで暮らしていた。異邦人のこの突然の来訪を、彼女は笑顔で歓迎してくれた。こうして、エルサレム最初の晩を、私は期せずして、見知らぬパレスチナ人女性とともに、彼女のベッドで過ごすことになった。

思わぬなりゆきに動揺していたのか、私は挨拶もそこそこに、一人先にベッドにもぐり込んだ。しばらくすると彼女が枕元にやってきて、夕食を一緒に食べないかと声をかけてくれた。だが、未明に起き、陸路一〇時間あまりの旅をしてエルサレムへやってきた私は、疲れているからと言って彼女の誘いを断った。それでも諦めきれないのか、彼女は一度ならず枕元に戻ってきては私に訊ねた。ねえ、一緒に食べない？　パレスチナの料理よ。せっかくだから食べてみない？　私がつくったのよ。

なぜあのとき、ああまで頑なに彼女の誘いを断ったのだろう。今となっては定かではないのだが、本当に疲れていたのか、あるいは、前言を翻すのが恥ずかしかったのか、それとも、パレスチナ料理といっても、すでにエジプト暮らしの経験もある私には、もはやとりたてて好奇心を刺激するようなものではなかったせいか、再三にわたる彼女の誘いを私は断ってしまったのだった。

テラスで誰かと食事をしている彼女の気配が、寝台で寝ている私のところにまで伝わってきた。金属の食器が触れあう音に混じって、日本人ですって、疲れているんですって……という彼女の声を聴きながら、私はいつしか寝入っていた。

彼女はいつ床に入ったのだろうか。ただ、寝返りを打ったとき、他者の熱いからだがそこにあるのを感じ、私は、彼女の眠りの邪魔をしないように急いで向きを変えたことを覚えている。

翌朝、金盥を勢いよく打つ水の音に目が覚めた。目を開けると、寝台の傍らで、彼女が金盥に跨っておしっこをしていた。気配を感じたのか、彼女が顔を上げようとしたので、私は慌てて目を閉じた。

服に着替えてテラスに出ると、三月の朝の陽光に照らされて、エルサレムの街がそこにあった。彼女はそれを胸にかき抱くように、大きく両腕を広げて言った。

「マリ、よく見て。これがエルサレム、私たちの街よ。私たちパレスチナ人は、この街に何千年も前から暮らしてきたのよ」。

それから彼女は、今日は刑務所にいる夫に面会に行くつもりだと言った。彼女の夫がなぜ投獄されているのか、その理由を私は訊ねず、彼女もまたそれ以上は何も言わずに、ほどなく出かけて行った。それが、その日、私と彼女が交わした会話のすべてだ。私は、その日のうちにカハーナおばさんの民宿に移り、数日後、再び旧市街を訪れた折り、一夜の礼を言いに宿に立ち寄ったが、彼女は留守だった。その後二度と、私が彼女に会うことはなかった。

私は彼女に「出会った」のだろうか。「出会う」、という言葉の、その真の意味において? それは「出会い」というよりもむしろ、「出会い損ない」の経験である。なぜなら、彼女をより深く知りえたかもしれないのに、そうとは気づかないまま、私はその機会があるたびに、それをことごとく逸してしまっていたのだから。私は誤った答えを彼女にしたのではないだろうか。もし、あのとき、彼女の誘いを受けていたら、私は何かを知りえていたのではないだろうか。けれども、彼女の再三の誘いをすげなく断ってしまったことで、私はその「何か」を知る機会を永遠に失ってしまったのではないか。だとすれば、彼女に真に出会わなかったことで、私が逸してしまったもの、とは何なのだろう。あの日、私が会ったパレスチナ人の女性、彼女はいったい誰なのか。それ以来、こうしたいくつもの問いが、執拗に私に回帰するようになった。彼女との邂逅は、いつのまにか私にとって、こう言ってよければ、ある種トラウマ的な経験となっていた。

オリエンタリズムと二重のジェンダー化

彼女の存在をどのようなものとして私が考えるようになったか、そして、彼女との邂逅が私のなかでどのようなものとして再構成されることになったかを語る前に、メアリー・モンタギューを例に、女性の主体構築における「ジェンダー」と「人種《レイス》」の不可分な作用について、ある仮説の提示を試みたい。モンタギューの分析に関する私の議論は、主として、『植民地幻想』におけるメイダ・イェーエンオールによる分析に負っている（Yeğenoğlu 1998）。

エドワード・サイードの『オリエンタリズム』（Said 1978 = 1993）については、その議論の細部《ディテール》に関してすでにさまざまな批判がなされている。その一つに、サイードが、西洋によるオリエントの諸社会とその人々の一枚岩的な表象を批判しながら、その彼自身が、西洋によるオリエント表象を一枚岩的なものとして描いてしまっているのではないか、という批判がある。フェミニズム批評がそこにおいてとくに問題にするのが、西洋のオリエンタリズムを例証するためにサイードが用いる文献資料の選択に現われる、彼の男性中心主義であり、オリエンタリズムの言説構築におけるジェンダーの作用に対し、サイードが明らかに無関心である、ということだ。

サイードが自著において積極的な分析をすることのなかったこの領域、つまり、オリエンタリズムとジェンダーの関係については、すでに多くの研究がなされている。西洋人女性はオリエントをいかなるものとして語っているのか、西洋人女性の手によるオリエントについての諸テクストのフェミニズム的分析が明らかにしたことは、これら西洋人女性たちのオリエント表象が必ずしも一枚岩ではなく、時代や階級の違いによって多様性やさまざまな差異をはらんでおり、同時に、女性たちのなかには、オリエントに関する支配的な言説——それはもっぱら男性オリエンタリストたちのオリエント表象によって構築されたものである——に同調せず、むしろ異議を唱える者たちもいた、ということである（その代表的作品として、ビリー・メルマンの四百頁に及ぶ大著『女性たちのオリエント』がある。メルマンは、英国人女性によるオリエント表象が二百年間にわたってどのような変遷を辿ったかを詳細に分析し、たとえば、後述するように、一八世紀初頭のモンタギューに肯定的に評価されたオリエント女性の性的自由が、一九世紀のヴィクトリア朝期の英国人女性からはむしろ、嫌悪すべき性的放縦として見なされたことを指摘している——Melman 1992）。

女性たちのオリエント理解に、男性オリエンタリストによるオリエント表象と一線を画するものがあったとすれば、その最大の要因の一つは、彼女たちの「女性」というジェンダーにある。だが、それは、彼女たちが女性であれば本質的に、オリエントを、西洋人男性が見るのとは異なったものとして見る視点を有していた、などということを単純に意味するわけではない。むしろ、女性であるということが、彼女たちをして、西洋人男性には禁じられた空間、つまりオリエントの女性たちの空間へのアクセス、あるいは、その空間のつかの間の分有*を可能にしたからである。

*分有　フランス語の動詞 partager、あるいは英語の share には「分ける」という意味と同時に「共にする」という意味の両方がある。分割したものを、他者としてバラバラに所有するのではなく、かといって、同じ何かを共同性を前提に同じ者として共有するのでもなく、分割すると同時に共にもつこと、他者として分かちもつこと。それは、互いに他者として曝され合う経験であり、私たちが他者と出会うのは、この、他者として私たちが曝され合う境界面においてである。

一八世紀初頭、トルコ駐箚《さつ》の英国大使夫人としてイスタンブルに滞在したメアリー・W・モンタギューのいわゆる「トルコ大使館書簡」は、西洋人女性がオリエントの女性について記述した例として、先に挙げたメルマンをはじめとしてよく引き合いに出されるものである。その一つとしてリサ・ロウの『分岐的《クリティカル》＝批判的地勢《テランズ》　フランスおよびイギリスのオリエンタリズム』がある（Lowe 1991）。トルコにおける女性隔離の習慣が、西洋社会においては、イスラームの家父長制に対するトルコ女性の隷従として理解されていた当時にあって、モンタギューは、彼女が属する階級とジェンダーが可能にしたトルコの上流婦人らとの交友を通じて、これらハーレムの女主人たちが経済的にもまた性的にも、ヨーロッパの上流婦人たちよりもはるかに自律していることを羨望を込めて賛美している（後年、離婚したモンタギューは、経済的に不遇な状況に置かれ、上流階級の婦人と言えども、経済的自律をもたない西洋人女性の悲哀を生きて、かつて自らが記したことの正しさを身をもって証すことになる）。モンタギューはまた、自らヴェールを身につけてみて、それが女性に匿名性の自由を与えるものであることを指摘し、ヴェールがオリエント女性の自由を制約しているという西洋社会における従来的なオリエント理解――それは、三〇〇年近くたった今日なお、広く日本も含む第一世界におけるイスラーム女性理解として継承されているものであるが――に明確に異議を唱えている。

モンタギューをはじめとする、西洋人女性の手によるオリエントについてのテクストは、西洋のオリエント表象が必ずしも一枚岩的かつ首尾一貫したものではないことをたしかに明らかにしている。しかし、これら女性たちのテクストが、オリエントに対する西洋の優位を強調する男性オリエンタリストによるオリエント表象と矛盾し、異議を唱えていることをもってにわかに、これらのテクストに、オリエンタリズムを内側から喰い破るような、オリエンタリズムに対する抵抗の契機を読みとろうとするリサ・ロウの性急さを、イェーエンオールは批判する。イェーエンオールの論点は、これら西洋人女性たちのテクストが示しているのはむしろ、彼女たちのオリエント表象が（ロウが示唆するように）オリエンタリズムの言説の外部にあるということではなく、彼女たちの女性というジェンダーがオリエンタリズムにさまざまな陰翳を与えること、すなわち、オリエンタリズムそれ自体がすでに、複雑にジェンダー化されたものであるということである。

　言いかえるなら、オリエンタリズムがよく知られているとおり、西洋の（オリエンタリスト的）主体構築のメカニズムであるとすれば、それは、主権をもった西洋女性のオリエンタリスト的主体構築のメカニズムでもある、ということである。イェーエンオールが『植民地幻想』において、モンタギューの「書簡」を例に明らかにしようとするのはこのことである。モンタギューによるトルコ人女性についての記述に、オリエンタリズムの言説と対立するようなものとしてのフェミニズムの言説を読みとろうとするロウに対して、イェーエンオールは、ジェンダーがオリエンタリズムに与える、より複雑で微妙な陰翳を、そして帝国主義的な「自己」とフェミニズムの複雑に絡まり合った関係を読み解こうとする。

　モンタギューが男性オリエンタリストの見解に異議を申し立てることができたのは、彼女が女性であったがゆえに、西洋人男性には立ち入ることが禁じられた女性たちの空間、すなわちハーレムやトルコ風呂といった、オリエントの女性たちのセクシュアリティが露わになる場にまで、特権的に足を踏み入れ、オリエントの女性たちをつぶさに観察することができたためである。

「真理」なるものをつねに隠されたものとして表象する知的伝統において、オリエントの「真実」とは、必然的にヴェールの背後に隠された何かとなるにちがいない。このとき、オリエントの「真実」は、オリエント女性のセクシュアリティと限りなく同義のものとなるだろう。オリエントに対する西洋の欲望を喚起し、オリエントのヴェールを剝がすことによって西洋をオリエントに関する知の主体にするのは、このファンタジーである。だとすれば、西洋人男性がそのヴェールを剝がすことのできないオリエントの女性たち、文字どおりヴェールに包まれ、そして、隔離されているオリエントの女性たちは、それなくしてはオリエントの知が完成しえない、オリエントの「真実」を具現していることになる。

イェーエンオールによれば、モンタギューが、自分はオリエントについての「真正な」知識を所有していると主張することができたのは、彼女が女性であるがゆえに、西洋人男性には禁じられたオリエントの女性たちの空間に「貫入」(penetrate)し、男性に代わって、ヴェールの背後に隠されてあるもの、すなわちオリエントの女性たちのセクシュアリティを観察することで、オリエントについての「真実」を領有し、西洋におけるオリエントの知の「代補*」を提供したからであった。

オリエントの女性たちの空間に対する「貫入」ということばで、イェーエンオールが示唆しているのは、ある転移の関係である。すなわち、西洋人女性とオリエントの女性の関係が、西洋における男性と女性の関係が転移したものである、ということだ。イリガライのファロセントリズムに関する議論を引用しながら、イェーエンオールは次のように説明する。西洋社会において、男性は、女性を起源として他者化することで、起源たる女性との関係において、同一性と自己を再生産する。しかし、ファルスをもたない女性は、男性の同一性と自己を再生産する起源たるだけで、彼女の同一性と自己を確立することができない。しかし、オリエントの女性たちのセクシュアリティの空間へ貫入することで、西洋女性は、西洋で西洋人男性との関係においては彼女が所有しえないファルスの代替物を獲得することができる。オリエントの女性たちを前にした西洋人女性たちは、西洋人男性の視点に同一化し、窃視症的な主体として、男性のまなざしで彼女たちを観察し、オリエントに関する知の代補を提供することによって、西洋における同一性／自己を確立する。だとすれば、西洋人女性にとってオリエントの女性とは、彼女との関係において西洋人女性が同一性／自己を確立し、主権をもった主体の位置を獲得するための大地、起源であるということになるだろう。西洋人男性にとっての西洋人女性がそうであるように。

イェーエンオールによるモンタギューの分析は示唆に富んでいる。こうした観点に立つならば、オリエントの女性は、自社会の男性たちとの関係によってジェンダー化されていると同時に、西洋の女性たちとの関係によっても二重にジェンダー化されていると言うことができるだろう（彼女たちは、西洋の男性との関係においてもジェンダー化されているにちがいないが、この点については、ここでは論じない）。自社会において西洋人男性から女性としてジェンダー化されている西洋人女性は、主権をもった西洋人的主体というアイデンティティを確立するために、オリエント女性との関係において、オリエント女性に女性性を付与し、彼女を自分の他者とすることで、自分自身を男性として再ジェンダー化する。

オリエント女性とモンタギューの関係において、女性というジェンダーは、モンタギューを「女性」

***領有**　英語は appropriation。他者の所有物を自分自身のものとして用いること。我有。ポストコロニアルの議論では、かつて植民地であった社会が、帝国の文化を自分たちの文化や社会を表現するためのものとして用いることを指す。また、それとは逆に、帝国主義の側が、侵略した土地の文化を自分たちの文化として用いる場合にも用いられる。本文中の用法は後者。

として切りとるカテゴリーであると言うよりも、むしろ、彼女を西洋的（オリエンタリスト的）主体として構築する、西洋女性の主体構築のプロセスにおいて機能していると指摘できるだろう。モンタギューの例は、ジェンダー・システムが、単に西洋社会における女性と男性のあいだで作用しているのみならず、西洋女性とオリエント女性のあいだにおいても作用していることを、そして、ジェンダーが、「西洋人」女性という「人種的」な自己の構築にも不可分に関わっていることを示しているのではないだろうか。

　もちろん、モンタギューの事例を、別の時代の別の女性たちに無条件に当てはめるのは没歴史的であるだろう。しかし、彼女の例は、今日においてなお、西洋／第一世界におけるフェミニズムの言説のなかで、ムスリム女性たちのヴェールやイスラーム、あるいは第三世界における女性抑圧といったものが執拗に、重要な論議の対象となっていることについて多くの示唆を提供してくれる。他の社会の女性について語ることで、そこで交渉*されているのは、ムスリム女性や第三世界の女性たちの「解放」であるよりはむしろ、西洋／第一世界の女性たちの、主権をもった主体としてのアイデンティティの構築であるのではないか。第三世界の女性たちとはこのとき、西洋／第一世界の女性たちが、自社会におけるジェンダーのエコノミーのなかで疎外されている同一性／自己の構築を交渉する場となっているのである。だとすれば、第三世界の女性たちの主体構築もまた、それが、第一世界のフェミニズムの言説といかなる交渉をしているのか、という点に対して十分な注意が払われることなくしては、理解できないということになるだろう。

女性であること、パレスチナ人であること

あのパレスチナ人女性に話を戻そう。

すでに述べたとおり、彼女は、いつのまにか私のなかで、執拗な想起の対象になっていた。彼女が私に手料理をすすめたり、エルサレムの街を指し示したことに、いったい、いかなる意味が込められていたのか。

私が断ったにもかかわらず、彼女がそれでもなお食事をすすめるのを、私は、客人をとにかくもてなさずにはおかないアラブ的歓待《ホスピタリティ》の精神の発露であると受け取っていた。というのも、私はすでにエジプトで食事に招かれては、私の社会の感覚からすればほとんど常軌を逸した歓待の強要ぶりに幾度も苦しめられたことがあったからだ。加えてそれは、外国人にとってパレスチナの家庭料理が味わえるなどそうそうない貴重な経験にちがいなかろうという、彼女の親切な思い込みによるものでもあろうと解釈していた。

私たちパレスチナ人は、と彼女が言ったときも、パレスチナ人が自らをパレスチナ人と呼ぶことに当

＊**交渉**　「交渉」とは通常、複数の主体のあいだで、既存の関係性を前提としながら、何事かがやりとりされる場合に用いられる。売り手と買い手のあいだで行なわれる値段の交渉、敵味方のあいだで行なわれる和平の交渉のように。しかし、ここでいう「交渉」とはむしろ、その交渉を通じ、彼我のあいだの既存の関係性それ自体が解体され、再編成されていくような、ひいては、交渉する主体のありようまでもが、新たな、別のなにかに変貌を遂げる、そのようなものとして考えられている。

時は何の不思議も覚えなかった。そして、これがエルサレムだと言って、私に指し示したことも、外国人旅行客に対する観光案内という、それもまた一種のホスピタリティの発現であると同時に、自分が生まれ育った街に対する愛着の表現として私は受け取っていた。それは、初対面のエジプト人が二言目には必ず、エジプトは気に入ったか、と訊ねるその臆面のない故郷への愛情表現と同種のものであるのだろうと。要するに、私にとって彼女は、アラブ的歓待の精神に富み、自分が生まれ育った街を愛し、歴史的な街を故郷とする自分を誇りに思っている一主婦だった。エジプトで私は、そのようなエジプト人に数多く出会ってきた。彼女はたまたまパレスチナ人であったにすぎない。だが、パレスチナとパレスチナ人がおかれた歴史的、今日的状況のなかに、彼女の語りを位置づけてみるならば、彼女のまったく別の姿が浮かび上がってくることになる。

かつてゴルダ・メイア・イスラエル首相は「パレスチナ人などという民族は存在しない」と語った。そのことばから半世紀後、たとえば数年前、世界的に大ヒットし、アカデミー賞を多部門にわたり受賞したスピルバーグの映画『シンドラーのリスト』において、パレスチナ人はどのように描かれているだろうか。あるいは、一九八八年のアカデミー・ドキュメンタリー賞を受賞したアメリカ映画『祖国へ・ホロコースト後のユダヤ人』では、どうだろう。ナチの強制収容所から解放されたヨーロッパのユダヤ人が、イスラエル建国までの三年間に歩まざるをえなかった苦難の道のりを描いたこの『祖国へ』という作品において、パレスチナ人はいかなるものとして表象されているだろうか。いずれの作品においても、まさに「パレスチナ人などという民族は存在しない」のである（後者には一回だけ、パレスチナ人について言及したくだりがある。それは、ホロコーストの犠牲者であるヨーロッパのユダヤ人に対する贖いとして、パレスチナにユダヤ人国家を建設するため、一九四七年、国連がパレスチナの分割決議を採択するや、パレスチナ人がテロを仕掛けてきた、というナレーションである）。

これは、もう一つの「ホロコースト」、言説的な民族抹消政策ではないのだろうか。「私たちパレスチナ人は」と彼女が敢えて語ることの意味、彼女の発話の遂行的*な性格は、パレスチナ人という民族的存在を抹消するような言説が世界的に流通しているコンテクストのなかにおいたとき、何よりも鮮明になる。そう、それは、証言なのだ。イスラエルの建国以来、パレスチナ人の身にふるわれてきた暴力、パレスチナの土地と記憶に根ざして、生を営んできたパレスチナ人を透明化し、不可視の存在としてしまう圧倒的な暴力に抗して発せられた、「私たちは存在する」という証言なのだ。だが、「パレスチナ人」とは誰のことか。それは、世界的規模で流通する民族抹消の言説が、この世に存在しない者たちとしてこの半世紀、一貫して名指し続け、その存在の痕跡を拭い去ろうとしてきた者たちのことにほかならな

＊遂行的　オースティンによれば、発話行為は事実確定的 constative な発話と遂行的 performative な発話の二つに分類される。事実確定的（あるいは事実確認的ともいう）な発話とは、「これは机である」「地球は丸い」のように、発話に先だって存在する「事実」を確認するものであるのに対し、遂行的発話とは、「宣言」や「約束」のように、発話するという当の行為それ自体によって、叙述の内容が発生するような発話を言う。しかしながら、事実確定的な叙述と思われたものでも、「これは机である（と私は宣言する）」「地球は丸い（と私は宣言する）」という文の後半部分が省略されていると考えるなら、およそすべての発話は、遂行的発話であると言いうる。本稿が意図しているのも、一見、事実確定的な叙述と思われたことばがはらみもつ遂行的な性格を明らかにすることで、それらのことばによって遂行的にこの世界に呼び起こされる新たなる事態を指し示すことである。

い。

パレスチナ人の存在の消去は、単に言説レベルにとどまるものではない。エルサレムは六三八年のイスラーム勢力による征服以来、十字軍によって占領され、非キリスト教徒の出入りが禁じられた一世紀間を除き、一三〇〇年以上にわたって、アラブ・イスラーム世界の都市として、イスラーム、ユダヤ教、キリスト教の三宗教と多民族の共存の文化を歴史に刻んできた。しかし、一九六七年のイスラエルによる東エルサレムの占領以来、エルサレムの景観をユダヤ化し、エルサレムに刻まれたアラブ・イスラーム文化の歴史的痕跡を消し去ろうとする物理的な記憶の抹消政策が、猛スピードで進行している（それは、ボスニア戦争において、民族共存の歴史と記憶を保管する図書館が、徹底的な破壊の標的とされたことを想起させるだろう）。

数年前、エルサレムからパレスチナ人画家、ターリブが来日した。彼の作品のテーマは一貫して、パレスチナ人の記憶に刻まれたエルサレムの風景をキャンバスにとどめることだった。自分に絵筆を握らせるのは、遠からぬ将来、この風景が暴力的に潰え去ってしまうにちがいないという焦迫の思いであると、彼は、取材を受けるたびに繰り返し強調した。ターリブは、エルサレムで進行中の、民族的な記憶の破壊とそれによる民族の抹消という「出来事」を証言するために、自らの作品を携えて日本にやって来たのだと言えるだろう。

ターリブとともにもう一人、ガザ地区からガビンという名のパレスチナ人画家が来日した。そのとき展示されたガビンの作品のひとつに「砂漠の聖母子」と題された絵があった。それは、砂漠でサボテンに囲まれながら、赤ん坊を胸に抱いているパレスチナ人の女性の姿を象徴的な手法で描いたものだった。

その赤ん坊は、イスラエル建国によって何十万人ものパレスチナ人とともに難民となった自分自身だと、そして、サボテンの木々は、この母と子を待ち受ける困難の数々を象徴したものだとガビンは語った。

ターリブとガビンのことばからうかがえるのは、彼らが個人的に被った出来事が、彼らのなかで、パレスチナ人の集団的な経験として翻訳されているということ、そして、自分の個人的な経験を集団的な経験として絵に描き、そのようなものとして分節化することによって遂行的に、「パレスチナ人」を創造しているということである。彼らの作品、そして彼らの発話は、パレスチナ人の民族的なアイデンティティと、パレスチナを排他的にユダヤ人だけの国家として独占しようとするシオニズムの政策が交渉される場なのである。

たまたま通訳として彼らとともにいた私は、彼らがパレスチナ人の民族的な苦難を証言する場に居合わせることになった。いや、それどころか、それらの証言のすべてが、私の口を通して語られたのだ。それは、私に、あのパレスチナ人女性の言葉を思い起こさせずにはおかなかった。——マリ、よく見て。これがエルサレム、私たちの街よ。私たちパレスチナ人は、この街に何千年も前から暮らしてきたのよ……。

自らが絵筆を握る動機を新聞記者に向かって明確に言語化できるターリブと違って、それが、あのとき彼女に語れるすべてだったのではないか。彼女との邂逅から何年もたって、私はようやく、自分があの朝、そうとは知らずに、ある証言の場に、民族的な証言の場に招かれていたことを悟ったのだった。

パレスチナ人の記憶が刻まれた旧市街の家並みの風景をキャンバスにとどめることが、民族抹消という政治的、物理的暴力に対する抵抗であり、民族的な闘いでありうるとするならば、エルサレムにとどまり、その風景を記憶し続けること、そして、これがエルサレムであると、そこには自分たちの歴史と記憶が刻まれているのだと、偶然に出会った一外国人に証言を託すという行為もまた、記憶の分有が賭けられた、民族的な抵抗であり、闘いであると言えはしないだろうか。当時、エルサレムで進行中のユダヤ化政策に関して多くを知らなかった私は、彼女の言葉のなかに、ターリブと同じ焦迫の思いが込められているかもしれないことを聴き取ることができなかった。

民族的な記憶の破壊は、エルサレムの景観の変更という物理的破壊だけではない。イスラエルは移民国家であり、イスラエル国家を構成するユダヤ人の出身は、ヨーロッパ諸国からアジア、アフリカまで多岐にわたる。彼らの出身地域の多様性を反映して、イスラエルのユダヤ文化もまた、さまざまである。だが、それらの文化は、当然のことながら、パレスチナの歴史やパレスチナの土着文化とは切断されたものである。ユダヤ人はパレスチナに対し「歴史的権利」を有するというシオニストの主張とは裏腹に、イスラエルの多元的な文化状況は、イスラエルという国家が人工的にこの地に移植されたものであることを、パレスチナの土地と歴史的に切断された存在であることを自ずと物語ってしまう。

私は何も、土着の「真正な」文化を共有していなければ、自己を民族的存在として主張する正統性をもたないなどと主張したいわけではない。ウマ・ナラヤーンが主張するように（Narayan 1997）、インドをはじめとする第三世界の多くの国々において、女性にとって抑圧的な文化的制度や習慣を批判するフェミニストの主張は、彼女たちがたとえばインド人女性としての文化的「真正さ」に欠けるという理由によって、受け入れられない傾向がある。彼女は、その「西洋化」を非難され、彼女の批判は、「民族」の文化からの逸脱とみなされてしまう。その結果、彼女には文化を批判する正統性がないものとされ、彼女の主張は却下されることになるのだが、こうした態度に抗議してナラヤーンは、自国の特定の文化を批判するこれらの女性たちは、フェミニストであると同時にインド人でもあるのだと主張する。そして、自文化のある種の習慣が女性にとって抑圧的であり、痛みをもたらすものであることを彼女たちが知ったのは、西洋の書物を繙くはるか以前、そういった習慣によって傷つけられる母をはじめとする身近な女たちの涙や沈黙を通してであったと、言いかえれば、彼女たちのフェミニズムの起源は、インド文化それ自体のなかにあると主張する。ナラヤーンがここで明らかにするのは、せめぎあうさまざまな価値観のなかで、何が「真正な土着文化」であるかを決定する権限それ自体が、すでに、特定の者たちによって専有されている事態である。「真正な土着文化」なるものが、実体的に存在するわけではない。それはつねに、遡及的に、そして言説的に構成される。私がここで指摘したいのは、文化的な「真正さ」の言説が浮上するような契機を生み出す、特定の言説的状況についてである。

ユダヤ人のさまざまな移民文化とパレスチナの土着文化のあいだの溝を埋め合わせるため、イスラエル政府は、パレスチナの土地で継承されてきたパレスチナ人の伝統文化――衣装や料理など――を、イ、ス、ラ、エ、ル、の伝統文化として積極的に海外に紹介している。だが、それは、パレスチナ人の側から見れば、自分たちの文化の簒奪、横領であり、これら文化を担ってきた歴史的主体であるパレスチナ人の言説的抹殺にほかならない。とくに、民族抹消の危機にさらされている彼女ら、彼らにとって、「伝統」文化というものがその抵抗の一つの拠り所となるときに、その文化自体が横領されることの破壊的意味は大きい。そうだとすれば、あの晩、彼女がしきりに私を食事に誘ったこと、私がつくったパレスチナ料理だから食べてみないかと誘ったことが、にわかに別の位相をもって迫ってこざるをえない。

それもまた、一つの証言であったのではないか。自らの文化が他者のものとして簒奪され、その文化を歴史的に担ってきた主体の存在の抹殺がはかられているそのときに、パレスチナの料理――そう、彼女は確かにパレスチナの料理だと言った――をつくり、外国人の女性に差し出すこと、それは、これがパレスチナの文化以外のなにものでもないことを主張する、証言であったのではないか。彼女が私を執拗に招き入れようとしたのは、そのような証言の場であったのではないか。

彼女は、エルサレムの記憶の破壊を証言するため、ターリブやガビンのように絵筆を握るわけではない。パレスチナ人の民族抹消の暴力を訴えるためにサハル・ハリーフェやリヤーナ・バドルといった女性作家たちのようにペンをもつわけでもない。男性たちがするようにデモをかけたり、少年たちのようにイスラエル兵に投石するわけでもない。獄中の夫の留守を守り、毎日、部屋を掃除し、洗濯し、隣近所の女たちとお喋りし――時に、イスラエルに抵抗した廉で夫や息子を投獄された近隣の女たちを慰めもするだろう――市場《スーク》に買い出しに出かけ、売り手と値段を交渉し――イスラエル占領下で、彼女たちが被っている高インフレを思い出そう――そして、彼女の母親がその母親から教わった特別のレシピで手料理をつくる。

彼女はある階層の女として、ジェンダー化された日常を生きている。彼女がしているのは、彼女の社会の女性たちが、そのジェンダー・システムのなかでまさにそうするようにとされているところのものにほかならない。だが、疑いようもなくジェンダーによって特徴づけられているにもかかわらず、彼女のその日常生活が意味するものは、単に「女性」のそれ、だけではない。彼女が生きるのを余儀なくされているジェンダー化されたその日常生活には、同時に、まさに彼女がパレスチナ人であることが拭い去りがたく刻み込まれている。一見したところ、ただ、ジェンダー化されたものとして容易に理解される彼女の生活には、階層的差異と同時に、人種的／民族的なるものもまた深く書き込まれているのである。住民の強制退去をはじめイスラエル政府によるさまざまな圧力に抗して、エルサレムにとどまり、エルサレムを記憶し続け、そして、女としてジェンダー化された困難な日常を生き抜くとき、それは、民族的な抵抗の証言に転化する。私たちは存在する、そして、私たちが存在し続ける限り、私たちの記憶もまた生き続けるだろう、という証言に。このとき、ジェンダーは、単に彼女を「女」として切り取るだけでなく、彼女を植民地における民族的な抵抗の主体として構成する。あの日、私がエルサレムで出会ったのは、女であることの痛みと民族であることの痛みを不可分のものとして生きる、ジェンダー化された民族的抵抗の主体たる一人の filastīnīya*（パレスチナ人女性／女性パレスチナ人）だった。

私がエルサレムで「真に」出会うことができなかった彼女は、私のなかで、遡及的に、ジェンダー化された民族的闘争を生きる植民地的主体として構成されていった。そして、私にとってフェミニズムとは、彼女と私の両方を繋ぐ可能性が賭けられた思想的投企になった。彼女は私のなかでいつしか、私の抱くフェミニズムの原像となり、フェミニストとして女性であることの痛みを分有しようとするなら、被植民者たる女たち男たちの民族的存在としての痛みを分有することがどうしても必要であると、私は信じるようになった。それゆえ私は、日本軍の「慰安婦」とされた韓国人女性たちの証言に、女である

＊ filastīnīya はアラビア語で「男性パレスチナ人」を意味する filastīnīy に女性を表わす接尾辞 a がついたもの。フランス語同様、アラビア語の filastīnīya という語においても、パレスチナ人であることと女性であることを分離することはできない。

がゆえの痛みだけでなく、侵略され植民地化された被植民者としての痛みの声を聴き取ってしまう。彼女たちの証言のなかに、性的暴力の痕だけでなく、植民地主義の生々しい暴力の痕跡を見いだささずにはおれない。

彼女との邂逅は私にとってかくも重要な意味をもっていた。なぜなら、まさに彼女との出会いが、私を、私が今、そうであるような「フェミニスト」にしたのだから。

「サバルタン」と表象の暴力

前節において私は、女性であることとパレスチナ人であること、つまり民族的／人種的な存在であることが、彼女の主体性において不可分であることを、私が出会った一人のパレスチナ人女性を例に、提示しようと試みた。私は彼女をそのようなものとして「翻訳」したのだが、私のなかで彼女がこのような形で構築されるにあたっては、彼女との邂逅ののちに私が親しむようになるポストコロニアル・フェミニズムの理論家たち、たとえばガヤトリ・スピヴァック、トリン・T・ミンハ、サーラ・スレイリ、チャンドラ・T・モハンティといった者たちが少なからぬ影響を与えているにちがいない（だが、そもそも、他ならぬこの者たちの理論に対してことさらに私が惹かれたのはなぜだろうか）。

彼女との出会いを私のフェミニズムの起源として語ることは、私のフェミニスト的な主体構築といったものが、単に、私が生きる社会のジェンダー・エコノミーにおいて、すなわち私と男性との関係においてなされるだけでなく、私と他の女たちとの関係においてもまた、なされていることを物語っている。ここで私は、私とパレスチナ人女性との差異を、共に女であるという同一性を通じて語っている。女という同一性を通じて差異を生産するという言説戦略こそ、モンタギューの主権をもった主体、イェーエンオールによれば、オリエンタリスト的主体の構築に用いられた戦略であった。だとすれば、私がしたことは、自分がオリエンタリスト的フェミニストにほかならないことを自ら証明してみせた、ということなのだろうか？

その答えが何であれ、疑いようもなく明らかなことは、彼女をジェンダー化された民族的主体として翻訳するということは、彼女に対する紛れもない言説的暴力である、ということだ。女性、パレスチナ人、パレスチナ人女性、あるいはフィラスティニーヤであれ、たとえ私が彼女を何と翻訳しようと、そして、彼女が実際に、彼女とはこのような者だと私が想像するような、その何かであったとしたところで、彼女を翻訳するということそれ自体が、そもそも暴力的なふるまいにほかならないのだ。

前節で、自らの創作動機を分節化することのできるターリブやガビンと対比させながら、私がもくろんだのは、遂行的に彼女を「サバルタン」として表象することだった。だが、彼女を「サバルタン」と名づけることは、彼女を他のいずれの名前で呼ぶことと同様、暴力である。彼女という存在は、彼女の被っている暴力が、彼女に対して別の、言説的暴力を行使することなくしては表象されえないことを示している。「サバルタン」とは、自らが被っているその苦難が、この言説的暴力を被ることなくしては表象されえない者たちに与えられた名である。

彼女は誰なのか。彼女の「正しい」名前とは何なのか。もし彼女に訊ねて、そして、彼女が自分はかくかくしかじかの者だと答えたとしたら、たとえば主婦であるとか、パレスチナ人女性であるとか、あるいは誰それの母であるとか答えたなら、それが彼女の「正しい」名だということになるのだろうか。

私たちは、自分が何者であるかを、いかなる名で自分を呼んだらよいのか、本当に知っているのだろうか。パレスチナ人が自分たちをパレスチナ人と名づけるのは暴力ではないのだろうか。いや、それもまた暴力なのだ。人を何者かとして名づけること、たとえ名づけるのが彼女自身であったとしても、それは暴力であるのだ。彼女の表象と彼女自身とのあいだには、つねにすでに、ズレがある。

彼女の「正しい」名前を私は知っている、などと主張するつもりは毛頭ない。いや、それどころか、彼女のことをジェンダー化された民族闘争を生きるパレスチナ人女性として翻訳したあとでさえ、私は、彼女が誰なのか、本当には知らないのだと告白しよう。もし、私が彼女の誘いを受け入れ、彼女がつくった手料理を味わっていれば、私はもしかしたら彼女の「正しい」名前を知ったかもしれない。だが、私はそうしなかった。私は機会を逸し、彼女の「正しい」名前を私は永遠に知ることはできない。だから、私が彼女を何と呼ぼうと、私が彼女に名づける名前と彼女自身のあいだにはつねに、ズレがある。彼女の手料理を食べ損なうという出来事は、もし、それを食べていれば、このズレ、この乖離が架橋されていたかもしれないという私のファンタジーの源泉である。

このズレが不可避のものであるなら、そして、彼女が生きている痛みが、彼女に対して暴力を行使することなくしては表象されえないものであるなら、彼女の「正しい」唯一の名前が何かを探すことは、おそらく、もはや本質的なことではないのかもしれない。もし、彼女を何者かとして名指すことが暴力であり、そして、彼女の名と彼女自身とのあいだにつねにズレがあるのだとしたら、議論のポイントは、彼女の正しい名を誤った名から区別するというようなトポスの外部にあるにちがいない。彼女が示しているのは、彼女の被っているものが、誤った名のもとでしか、そして言説的な暴力の行使によってしか表象されえないということだ（私がここで念頭においているのは、たとえば「私たちは性奴隷だ」と「私たちは性奴隷ではない」という二つの叙述、この、叙述の形式からすればまったく正反対の、互いにあい矛盾する二つの文が、しかし、同じ出来事の記憶を証している、というような事態である。彼女たちは本当はどちらなのか、性奴隷なのか否かが、が問題なのではなく、決して両立しえないこの矛盾にこそ、出来事の記憶が語られているのであり、そこにこそ、私たちが真に分有すべきものがある）。

彼女について語り、彼女をパレスチナ人の女性として名指すことで、私は今、これを読んでいるあなたに何を差し出そうとしているのだろう。私には分からない。ちょうど、彼女が私を「パレスチナの」料理に誘いながら何を私に差し出そうとしていたのか彼女自身もまた、よく分かってはいなかったかもしれないように。思うに、大切なことは、彼女の「正しい」名前が何であるか問うことよりも、私が彼女を何者かとして名指し、彼女について語ることで何が交渉されているのかと問うことであるだろう。

女性であるということは、私の人種《レイス》（あるいは国籍／民族）に関係なく、パレスチナ人女性のベッドに歓迎されるということだ。だからといって、それを、私たちが人種的に透明な存在として彼女とベッドを――あるいは彼女の生きる現実を、その痛みを――分かち合えるなどということをにわかに意味するものだと理解してしまって良いのだろうか。パレスチナ人の人種的、民族的透明性が、シオニズムの政策によって彼女に強要され、彼女に痛みをもたらしているとすればなおさらである。彼女が、自己の存在に、暴力的に奪われた不透明さを回復すべく闘っているのだとしたら、そして、もし私たちが、彼女のその痛みを分有しようと欲するのなら、私たちもまた、歴史的に透明化された自己の存在に不透明さを取り戻すことが絶対に必要なのではないか。民族が「想像の共同体」であるならば、フェミニズムの言説における「女性」もまた、集団的なアイデンティティがそうであるように、「想像の共同体」であるだろう。想像的であることそれ自体は良くも悪くもない。大切なことは、私たちがいかに「民族」なるものと同時に「女性」なるものを想像するかであり、そして、それを再-想像／創造するか、であるにちがいない。

序章付記

他者の「名」を呼ぶ、ということ

パレスチナ出身の男性映画監督ミシェル・クレイフィに、『ガリレアの婚礼』（一九八八年）という作品がある。イスラエルの軍事占領下にあるパレスチナ人の村。その村長が、占領当局に出向いて、長男の結婚式の許可を求める。夜間の外出禁止や集会の禁止といった、占領軍による一連の禁止令があるかぎり、村人をあまねく招待し、一昼夜におよぶ伝統的な婚礼を行なうことはできないからだ（自分たちの社会的、文化的「伝統」の遂行に占領者の許可が要るということ自体が、植民地主義的な関係性のなかに、すでに、「文化」とか「伝統」というものが、ある種の臨界域を形成する要素として書き込まれていることを物語っている）。

イスラエル軍の司令官は、自分たちを――ということはつまり、パレスチナの人々が、憎むべき侵略者として、敵として、自らの土地から追放せんと抵抗し闘い続けている、その当の者たちを――、主賓として招待するという条件で、婚礼を許可する。それが、パレスチナ人を侮辱し愚弄するためのものであることは明らかだが、村長は、婚礼という自分たちの「伝統」を完璧に遂行してみせることで――その「伝統」のなかには、歓待の掟もまた含まれる――、占領者たちを、彼ら自身の目論見とは反対に、パレスチナ人の不屈の民族的抵抗の証人にしようとする。

こうして作品は、風にそよぐオリーブの木々ののどかさとは裏腹に、人々のさまざまな思惑と緊迫に満ちた婚礼の一日を細かに描写していく。

アラブ・イスラーム世界の「伝統的」な婚礼では、婚礼を祝う女性たちの空間と男性たちの空間は分かれている。男たちは男たちで、女たちは女たちで集い、歌い、踊る。

　男たちの空間。パレスチナ人の男たちに囲まれた主賓席に陣取る軍服姿のイスラエル兵たち。彼らの前には、早朝から村の女たちによって念入りに準備されたご馳走の数々が並ぶ。この「客人たち」のなかに一人の女性兵士の姿がある。キブツの料理なんて世界最悪、と軽口を叩きながら彼女は、司令官らとともに、パレスチナの伝統料理に舌鼓をうつ。そう、外国人の女性とは、名誉男性なのだ。アパルトヘイト体制下の南アフリカで、白人専用車両に乗ることを許された「名誉白人」の黄色人のような存在。彼女は、そうとは気づかぬうちに、ジェンダーと民族《ネイション》／国民の境界、その曖昧な境界線上に佇んでいる。

　被支配者の男たちの、緊張を強いるまなざしに包囲され、さらに、異文化のただならぬ熱気にさらされ続けた彼女はついに気を失い、村長の妻によって女たちの空間、すなわちハーレム――それはアラビア語で、神聖にして不可侵な空間を意味する――に運び込まれる。ベッドに横たえられた彼女の周囲をパレスチナ人の女たちがとり囲んで「介抱」する。香を焚き、彼女の回復を祈願しながら、預言者ムハンマドの名を唱えて……。

　女たちが立ち去り、やがて幾時間かがたって彼女が目を覚ましたとき、傍らで彼女を見守っていたパレスチナ人の女性が、彼女にいたずらっぽい笑みと視線を投げかける。厚い石の壁によって外の暑熱と遮断された、ほの暗い、ひんやりとした寝室、甘くたちこめる香、鏡台の上に散らばる薔薇の花びら、香水の瓶、女たちの身を飾るアクセサリーの数々、女たちの、誘惑するような囁きと笑い声。

　日が暮れ、住民たちの不穏な動きに、イスラエル兵たちは通常配備につく。軍服に身を包んだ男性兵士が、女たちの空間へ、この禁じられた空間へと同僚の女兵士を連れ戻しにやってくる。扉の向こう側で彼女は、やさしく軍服を解かれ、パレスチナの伝統衣装に身を包みながら、両手に蠟燭をもって――まるで、パレスチナの花嫁がそうしていたように――パレスチナ人の女たちとともに、外から聴こえてくる婚礼の音楽に合わせて踊っていた。男性兵士に強引に腕を摑まれ、彼女はその場から身を引き剝がされる。そのとき。

「タリ！」

パレスチナ人の女が叫ぶ。タリ――そのイスラエル人女性兵士の名。彼女の名を呼んだ女はタリの軍服を抱えもつと、彼女のもとへ駆け寄り、それを手渡す。そして、タリは……パレスチナの衣装をまとったまま、軍服を手に抱え、同僚の男性兵士に引き立てられていく。呼びかけた女に言葉を返す暇もなく。

女であるということは、彼女の人種《レイス》（あるいは国籍／民族）に関係なく、パレスチナ人女性のベッドに歓迎されるということだ――たとえ「敵」であったとしても。

人と人が出会う、ということ。出会い、という出来事において生起する、名を交わすという行為。私は、私の名を差し出す、私の固有名、私だけの名を、あなたに、あなたがその名を口にするために、私に向かって呼びかけるために。

「名」とは、誰のものなのだろう。私の名、私に固有の、その大切な名を、あなたに無条件で差し出すという行為、それは、あなたに、あなたのものとして、私の名を贈るということなのではないだろうか。あなたが、私に呼びかけるために、そして、私が、あなたのその呼びかけに応えるために。固有名、それは、翻訳不可能なことば、ナショナルな言語《ラング》の枠組みの外部にあることば。名とは、私のものであり、しかし、それと同時に、私に向かって私の名を呼びかける他者のもの、でもある。

女性たちの空間、その神聖にして不可侵の空間で、眠りから目覚めた彼女と、パレスチナ人の女のあいだで、名の交換は密やかに、しかし、たしかに行なわれた。「タリ！」という呼びかけの声がそのことを物語っている。だが、彼女の方は、贈られたはずのパレスチナ人の女の名を、いまだ完全には自らのものとして受けとめられないでいる。イスラエルの軍服を手にしているかぎり、自分に向かって親しげに呼びかけるその者の名は、喉の奥で異物のように絡まっている。

名の交換、それは、かならずや行なわれたはずだ。ことばとネイションを異にする、二人の女のあいだ

——タリと彼女、私と彼女のあいだ——で。彼女が、贈られた他者の名をたしかに呼びかけているのだから。だとすれば、彼女もまた、その名を贈ったにちがいないのだ。自らが名をもって呼びかけた、その呼びかけの声に、応えが返ってくるために。彼女の名を私たちが呼び、彼女のその呼びかけの声に、私たちが応えるために。親密なものとして、その名が呼びかけられ、記憶され、そして、思い起こされるために。彼女のその名が、私の、私たちのものとなるために。

*

序章は、歴史学者ジョーン・スコットさんをお招きして、一九九八年一〇月五日、東京外国語大学で開かれたワークショップ「ジェンダー・歴史・サバルタン性——せめぎあうカテゴリー、発話の場」において、“What is Her “Right” Name, “a Woman”, “a Palestinian” or “a Filastīnīya”?”と題して筆者が行なった英文の報告を筆者自身が日本語に訳した文章がもとになっている。ワークショップを主催し、貴重な機会を与えて下さった中野敏男さん、岩崎稔さんのお二人に感謝します。また、ワークショップでは、コメンテーターをつとめて下さった鵜飼哲さんから、たいへん示唆に富む指摘を頂戴した。ここに記して感謝します。

英文のペーパーでは、三〇分という時間的制約もあり、また、筆者自身の英語の拙さも手伝って、うまく言語化できずに省略せざるをえない部分も多かった。本書の刊行に際して、当初の意図に沿って加筆を施すとともに、鵜飼さんのコメントに対する応答として、他者の「名」を呼ぶということについて短い文章を付記として書き加えた。

I

「第三世界フェミニズム」とは何か

「第三世界」と「西洋フェミニズム」

第三世界という他者は犠牲者と見なされているのです。つまり、犠牲者となって初めて、認識されるということです。真に不安の対象となるのは、犠牲者の役割をすでに捨ててしまった他者です。

スラヴォイ・ジジェク（1996：360．強調原文）

「西洋フェミニズム」の罠

フェミニズムに対する関心が社会に浸透するにつれ、欧米世界のみをもって「世界」とするような従来の認識を脱して、文字どおり世界の女性がおかれた諸状況を理解することの必要性と重要性に対する認識が、日本でも女性学に関するとりくみのなかで徐々にではあるが芽生えつつある。世界に向けて私たちの関心が開かれること自体は、アラブ文学といういわゆる「第三世界」をフィールドとする者にとって、ひとまずは慶賀すべきことにちがいないのだろう。だが、事実は喜ばしいことばかりではない。「第三世界」の女性に対する関心が高まり、「第三世界」の女性に関する言説が市場的価値をもつようになるにともない――悪貨が良貨を駆逐するという市場の原理はここでも有効だ――、実際は「第三世界」に対する差別的なまなざしに基づいた、彼女たちをことさらに犠牲者視し、彼女たちの社会を抑圧的で野蛮なものとして表出するイメージ――そう、たとえば二〇世紀の現代においてなお、七世紀の掟に縛られるムスリム女性（私たちは自社会の法や規則について、まず「掟」ということばを使ったりはしないことを想起しよう)、ヴェールの陰に幽閉されるアラブ女性、因習によって人権を抑圧されるアフリカ女性といったステレオタイプ——が、「人権」や「フェミニズム」を標榜する言説のなかで拡大再生産されている。

こうしたステレオタイプが問題なのは、それらが単に差別的で誤っているから、ばかりではない。これらは、それ自体が差別的意識の反映であると同時に、人々の認識のなかで差別的な他者像を再生産し、これを実体化してしまう。そして、他者をそのようなものとして——抑圧的なアラブ社会、差別されるムスリム女性、因習の犠牲者アフリカ女性等々——一方的に規定することによって、その反転像としてのたぶんにナルシスティックな自己像——何はともあれ幸せな日本社会、近代的人権概念をもった「私たち」——を内面化させ、「解放」の幻影を与えてくれもしよう。しかし、実際のところ、そのような他者像／自己像は、私たち自身を解放の真の地平から遠ざけ、私たちのフェミニズムの可能性を掘り崩すものでしかないだろう。

問題はそれだけにとどまらない。「西洋フェミニズム」*の言説がアラブ社会やアフリカ社会、あるいはイスラームを女性差別的、抑圧的なものであるとして批判する根拠としている「人権」や「フェミニ

***西洋フェミニズム**　西洋におけるフェミニズム自体は多種多様であるが、ここで言う「西洋フェミニズム」とは、女性の多様性を無視し、先進工業社会の、民族的多数派、中産階級、ヘテロセクシュアルの女性の問題を、普遍的フェミニズムと規定するようなフェミニズムのことである。そのようなフェミニズムは、モハンティが批判するように、「他者」を非西洋として規定することで、自分自身を西洋人であると規定するようなテクストの戦略を行使し、その「第三世界」の表象において帝国主義と融合する。したがって、「西洋フェミニスト」とは必ずしも、西洋人、白人に限定されていない。以下、「先進国フェミニズム」も同じ (cf; Mohanty 1991 : 52)。

ズム」の普遍性といったものは、こうした批判に先立ってア・プリオリに存在するのではない。それらは実のところ、西洋が他者を（被）抑圧的なものとして一方的に規定するという行為によってのみ担保されているのであり、そのような「普遍的」人権やフェミニズムに、これら当該社会の女性たちが与しないのはある意味で当然のことだろう。それは、女性の人権や、人権の普遍性を否定するのとはまったく違うことのはずだ。たとえば、「西洋は私たちに人権というものを教える側ではありません」というナワール・エル＝サアダーウィーの言葉がここで想起されるだろう。

> 彼らは我々を植民地化して、常に人権を踏みにじってきました。そして、新植民地主義を通しては、経済的虐殺を行なっています。私たちに貧しさを押しつけるということは、人権に反することですよね。我々は彼らから人権や民主主義を学んだりしませんでした。（Saadawi 1995 : 11）

あるいはエティエンヌとリーコックは次のように語っている。

> 男女間の平等主義的な関係は西欧の価値観が輸入されたものではなく、その逆こそが真である事実を明らかにすることが重要である。平等主義的な関係、あるいは、少なくとも相互に尊重しあうような関係は、前植民地時代の世界の多くで生きた現実であったが、それこそ、西洋文化とははるかに隔たったものだった。（Johnson-Odim 1991 : 321 に引用）

けれども、「西洋フェミニズム」は、抑圧される女性の主体性の回復をつねに問題にしながら、民族的伝統やイスラームに主体的に同一化するアラブ女性やムスリム女性が、西洋が主張するような人権の普遍性に対して疑義を表明すると、「原理主義者」「狂信主義者」というレッテルを貼る。「第三世界」に対する先進国のこのような心的態度について、たとえばジジェクは次のように語っている。

> 第三世界という他者は犠牲者と見なされているのです。つまり、犠牲者となって初めて認識されるということです。真に不安の対象となるのは、犠牲者の役割をすでに捨ててしまった他者です。こうした者は、すぐさま「テロリスト」や「原理主義者」などと呼ばれて糾弾されます。例えばソマリア人などは、まさしくクラインの唱える「良い」対象と「悪い」対象への分裂を経験しています。「良い」対象とは、受動的な犠牲者、苦しみ飢える子供や女たちであり、「悪い」対象とは、国民の幸福よりも自らの権力やイデオロギー的な目的を重んじる狂信的な軍の指導者です。良い他者は、犠牲者という無名の受動的な大勢の中に閉じこもっています。実際の／能動的な他者に出くわすと、父権的であるとか、狂信的であるとか、非寛容であるとかいった、非難すべき点を述べたてるのです。
> (Žižek 1996 : 360. 強調引用者)

イスラームがどのような宗教であるかを規定するのが、それを信仰しているムスリム自身ではなく西洋であるように、ここでも、アラブ女性が、あるいはムスリム女性が何を信じるべきで、何を信じるべきでないかを決定するのは、当のアラブ女性、ムスリム女性ではなく西洋である。なぜなら、そこにはつねに異論の余地なき「普遍的人権」が担保されているのだから。その普遍性に疑いを差し挟んではいけない。さもないとあなたは「文化相対主義者」*「原理主義者」「反フェミニスト」か、あるいは下手をすると「狂信主義者」「反人権主義者」「父権主義者」ということになってしまう……。

「フェミニズム対イスラーム」「普遍的人権主義　対　文化相対主義」といった粗雑で安直な二分法――二分法とはえてして粗雑で安直なものだが――による議論は、したがって、問題の本質を隠蔽するための、中立性、客観性を装った装置にすぎない。そこでは、ムスリム女性であることとフェミニストであることが、あるいは自文化の伝統に主体的に参与することと、普遍的人権を信じそれを実践することが、あたかも相互に排他的で、両立不可能なものとして前提されている。しかし、このようなパラダイムで議論するということ自体がすでに、特定の集団が一方的に規定したパラダイムを無条件に前提とするということであり、そこで行使されている権力を無条件に承認するということである。こうした二項対立の議論の真の意図は、いずれの立場が正しいのか、を論じることにあるように見えて、実は、そうではない。一方的かつ恣意的に他者を表象する権利に対する承認こそが、秘かにもくろまれている。

だから、この問いは罠である。彼らは執拗に問うてくるだろう。「あなたはどちらの立場をとるのですか」と。中立性を装いながら、そして、あなたに主体的選択を保証しているように見せかけて、しかし実際のところ、この問いはいささかも中立ではない。だれしも正義の側に立ちたいものだ。「差別主義者」のレッテルを貼られるのが分かっているような立場を敢えてとるのは勇気がいる。だが、問題はそれだけではない。なぜなら、いずれの立場をあなたが「主体的に」選択するにせよ、このような議論のパラダイムに乗ってしまった瞬間、あなたは、だれが他者を表象する言説の主体となるべきかについての前提を承認してしまったことになるからだ。だから、私たちはこの問いに答えてはいけない。問題なのは、「普遍的人権主義」か「文化相対主義」か、なのでは、ない。このような二項対立的議論を生じせしめるような言説のトポス――他者を表象することで、これを支配したいという欲望が生じるトポス――をこそ、私たちは問わねばならない。

＊文化相対主義　かつて帝国主義の時代、近代西洋社会の価値観が「普遍的」尺度とされ、非西洋世界における、西洋の文化とは異なる価値観を一方的に「特殊」と位置づけ、劣ったものとした。帝国と植民地の支配と従属の関係は、知的領域においても、前者が後者を一方的に周縁化するこうした言説によって再生産された。そのような歴史に対する反省から、「文化」は異なっても、そこに優劣はないという相対主義的な考え方が生まれた。浜本満（浜本 1996：69-96）によれば、文化相対主義とは本来、自文化中心主義を批判することで、真の普遍的認識にいたろうとするものであり、普遍主義を補完するものにほかならない。すなわち、文化相対主義とはそもそも、反自文化中心的な考え方であり、普遍主義と二者択一的に対立するものではない。

だが、アジアやアフリカ社会の人々が、彼らの文化に対する西洋の人々の介入を、〝文化相対主義〟を根拠に拒絶することがある。「これは私たちの文化であり、文化である以上はそこに優劣はなく、異文化の者が口出しする権利はない」という主張である。これは、文化であればすべて無批判に肯定されるという自文化中心主義であり、文化相対主義が本来、自文化中心主義を批判するものとしてあるならば、このような〝文化相対主義〟は、政治的利害の偽装として大国によって主張される「普遍的」人権と同じく、ご都合主義的なものにすぎない。

このような自文化の全面肯定の言説として歪曲された〝文化相対主義〟は、自文化内部のせめぎあう多様な価値観を抑圧しようとする者たちからも主張される一方、西洋という他者から、無批判な自文化中心主義のレッテルとして、一方的に貼りつけられることもある。西洋社会のご都合主義的な「普遍」に対する批判、すなわち本来の（反自文化中心的な）文化相対主義の普遍性を否定するために。本文における「文化相対主義者」とは、そのようなレッテルである。

第三世界の第三世界化

アジア、アフリカなど「第三世界」の作家の認知度が、一部、ラテン・アメリカの作家を除いて相変わらず一様に低い中で、エジプト人女性作家ナワール・エル＝サアダーウィーは、すでに述べたような、従来私たちの視野の外にあった「第三世界」の女性たちに対するフェミニズム的関心の高まりから、欧米同様日本でも例外的に認知された存在となっている。サアダーウィーは、エジプト人一売春婦の抵抗の生と死を通じて父権制度の核心を暴いた小説『零度の女』（Saadawi n. d.＝1987）や、エジプト、アラブ社会の父権制の実態を分析した評論『アラブ女性の素顔』（Saadawi 1977＝1988）をはじめとする諸作品によって、アラブ・ムスリム社会の父権制を告発する、「「第三世界」を代表するフェミニスト」と一般に理解されている。だが、サアダーウィーが苛立ちを顕わにするのは、「先進国」フェミニストによるサアダーウィーの、まさにこのような枠づけに対してである。

「「第三世界」という言葉は使うべきではないと思います。なぜなら私たちは、ひとつの国際的なシステムに支配されたひとつの世界に生きているのですから」（Saadawi 1995：6）とサアダーウィーが語るとき、彼女が私たちに対して注意を喚起しているのは、「第三世界」というものののある種の虚構性であろう。だが、「第三世界の虚構性」を主張するからといって、彼女の属する世界が、西洋に代表される北側先進工業世界と区別される、独自の歴史や価値観を有する自律的な世界として存在しているということを彼女が否定しているわけではない。そのことは、「私たちが今、必要としているのは、西洋との間にまったく異なった関係を持つことです」（Saadawi 1995：11-2）というサアダーウィー自身の発言に端的に示されている。

事実、サアダーウィーはつねに、西洋世界とは価値観を異にする、エジプトやアラブ社会そしてイスラームというものの、独自の、自律的な民族的伝統や歴史を強調している。

たとえばサアダーウィーは、アラブ・イスラームの伝統・遺産とアラブ女性の解放について次のように語っているが、そこではつねに、アラブ女性の解放においてアラブ女性自身が主体となるべきこと、そして、アラブ・イスラームの伝統の果たす役割が強調されていることに留意したい。


アラブとイスラームの遺産には、女性にとってプラスになるものがたくさんある。我々はそれを探しだし、明らかにし、強化しなければならない。(中略)アラブ女性の解放という問題は、伝統的遺産のなかのプラスになるものと、現代思想のプラスになるものを合わせることにかかっている。(Saadawi 1977 : 7)

アラブの女たちを全ての抑圧から解放するのに必要な理論、思想、闘いの方法をあみ出すことができるのは、彼女たち自身である。自己の文化的伝統の中で最も真正で価値のあるものを選び、かつ科学の進歩と現代思想をわがものとすることのできる、独自性にあふれた新しいアラブ女性を創ることができるのは、彼女たちの努力だけである。(Saadawi 1988 : 28)

したがって、この点に関して、西洋的価値観に対して積極的、同化的な指向性を持っていたホダー・

シャアラーウィーをはじめとする今世紀初頭のエジプトのフェミニストと、サアダーウィーは決定的に異なっているのだが、しかし、アラブ・イスラーム文化に対するサアダーウィーのこのような積極的評価は、「先進国」フェミニズムの言説におけるサアダーウィー作品の読みでは、つねに過小評価あるいは無視されている。

「西洋のフェミニストたちは、過度に露出気味の（かつ引用過剰気味の）ナワール・エル＝サアダーウィーよりも、もっとハナーン・アル＝シャイフのような作家に注目してほしいものだ」（Said 1994：17）、「サアダーウィーのような作家がもてはやされているのが、外国においてばかりであり、国内ではほとんど問題にされていないことは特徴的です」（黒田 1993：171）といった発言に見られるような、アラブ知識人あるいはイスラーム研究者によるサアダーウィーに対する過小評価と否定的見解はしたがって、サアダーウィーのテクストよりもむしろ、「先進国」社会におけるサアダーウィーの作品をめぐるコンテクストに立脚したものと解釈できる。なぜなら、イスラームおよびムスリムの自律性に関するサアダーウィーの見解は、サイードや黒田壽郎氏の主張と概して重なるものであるからだ。だとすれば、真に批判すべきはサアダーウィーのテクストではなく、彼女のことばを自分たちに都合のよいように横領しようとする「先進国」社会のフェミニズムのコンテクストであろう。アラブの女性、イスラーム世界の女性について私たちが理解するためには、まず、「先進国」フェミニズムの言説からサアダーウィーのテクストを解放しなければならない。

さて、「第三世界の虚構性」と「自律的な世界」という、一見、矛盾しているかに見えるサアダーウィーの上述の二つの発言はしかし、実は、同じ一つの根底的な問題を指し示している。それは、サイードに倣って言えば、「第三世界の第三世界化」とでも呼ぶべき問題と、それに対する「第三世界」の側からの異議申し立てである。

ここでいう「第三世界の第三世界化」には二つのレベルを指摘できよう。一つは、北側先進工業世界の新植民地主義、すなわち「第三世界」の経済的、政治的自律性を掘り崩し、「第三世界」の民衆をさらなる貧困と抑圧に突き落とす構造的搾取の構図であり、最初の発言においてサアダーウィーが「ひとつの国際的なシステム」ということばで意図しているのも、たぶんにこのことであると思われる。

もう一つは、「オリエントのオリエント化」同様、「先進国」社会におけるフェミニズムの言説が、アジア・アフリカ世界の大半にまたがるイスラーム世界およびその女性たちを、サアダーウィーの著作を通じて見いだされるような、アラブ・ムスリム社会の抑圧的な父権主義の犠牲者たる女性たちの姿によってのみ一方的に表象することで、「イスラーム＝抑圧的な宗教」「ムスリム女性＝無力な犠牲者」というステレオタイプを再生産することである。言説レベルにおけるこの「第三世界の第三世界化」は、「第三世界」の女性を犠牲者として位置づけ、無力な彼女たちになり代わって、一部先進国の女性が彼女たちを代理＝表象し、言説化することによって彼女たちを支配しようとする点において、政治、経済レベルにおける「第三世界」の支配と連動している。

こうした差別的言説によって、「第三世界」とそこにおける女性は、「後進的」「女性差別的」「抑圧的」社会、そして「無力な」「犠牲者」たる女性として「先進国」の人々の認識において実体化することになるが、このようなものとしての「第三世界」およびその女性像こそ実は、「先進国」の差別的なまなざしの欲望が生み出した虚構にすぎない。まさにその虚構性を、サアダーウィーは一貫して指摘し、批判してきた。

女性の抑圧、女たちが受ける搾取と社会的圧力は、アラブないし中東の社会や「第三世界」諸国のみに特有のものではない。それは、いまだに後進的・封建的な社会であれ、科学技術革命の影響を蒙った近代産業社会であれ、世界の大部分の地域で支配的な政治的・経済的・文化的制度の不可欠な一部をなしている。(Saadawi 1988 : 5)

しかし私は、アメリカやヨーロッパの女性たちで、彼女たちの状況と、私のようにアラブ・イスラム世界で生きる女たちの状況をはっきり区別し、両者の間には根本的な違いがある、と考える人々に同意することはできない。(Saadawi 1988 : 25)

女性差別の根源として父権制を批判するサアダーウィーが、その批判の対象として具体的にとりあげるのがエジプト・アラブ社会の父権制度であるのは、彼女がエジプト社会の出自である以上当然のことであろう。しかし、サアダーウィーの父権制批判は、「先進国」フェミニズムにおいて、アラブ人女性自身によるアラブ社会批判、ムスリム女性自身によるイスラーム批判としてのみ解読され、「アラブ」社会や「イスラーム」なるものの差別性や抑圧性に対する告発として意識的、無意識的に誤読され、読みかえられてゆく。たとえばバングラデシュ社会の共同体中心主義《コミュナリズム》と差別を小説で描いたタスリマ・ナスリンが、北側社会のメディアにおいていつの間にか、イスラームに反対するフェミニストとして表象されていることにも、そうした事態の一端を見ることができるだろう（丹羽 1995 参照）。アラブ社会やイスラームが女性差別的であるにしても、西洋社会もキリスト教も、それと同じくらい（ある場合にはアラブ社会やイスラーム以上に）女性に対して差別的であり抑圧的であるというサアダーウィーの主張は、「先進国」社会のメディアのなかでは意図的に隠蔽されてゆく。西洋社会の父権制度、北側先進工業国の経済搾取、軍事侵略等に対する批判を含んだ、サアダーウィーの評論『アラブ女性の素顔』の英語版序文は、アメリカ版において削除されている（cf；Nnaemeka 1994：325, Saadawi 1995：6）。こうして、女性を抑圧し、無力化するような自国社会の父権制度を告発すればするほど、サアダーウィーは自身の意図に反して、アラブ女性やムスリム女性を特別に犠牲者視し、無力化するような「先進国」フェミニズムの、それ自体差別的で抑圧的な言説に加担させられることになる。それは、先進工業世界による「第三世界」女性の言説レベルにおける「切除」mutilation といえよう（そして、サアダーウィーの切除されたテクストを読まされることで、私たち自身のフェミニズムもまた、切除されてしまうだろう）。このことはサアダーウィーに限らない。「第三世界」の女性たちは自己表象しようとするときつねに、彼女たちの声を、自分たちに都合よく横領しようとする「先進国」フェミニズムの欲望と闘わねばならない。

サアダーウィーの評論の「アラブ女性の素顔」というアラビア語原題は、英語版では「イブの隠された顔」と改変されている。サアダーウィーは同書のなかでアラブ女性が、西洋女性と拮抗する主体性と自律性をもっていることを強調しているが、英語版タイトルは、英語文化圏における「イブ」のコノテーション、および「隠された」という表現によって、すでにアラブ女性をその受動性において表象することをもくろんでいると言える。また、『ミズ』誌に掲載された陰核切除に関するサアダーウィーの文章は、歴史的、社会的、政治的分析が無断でカット（＝切除）され、サアダーウィーの意図に反して性器手術のパーソナルな側面のみが強調されることになった（cf；Nnaemeka 1994：305）。

したがって、自らの社会の父権制を批判するとき、西洋世界の父権主義の抑圧性を同時に強調することは、サアダーウィーをはじめとする「第三世界」のフェミニストにとって欠くべからざる作業となる。しかし、それは一方で、自社会の父権制による抑圧を相対化する言説として、自社会の父権主義者によって横領されることで、「第三世界」のフェミニストは、「先進国」のフェミニストから「文化相対主義者」「伝統擁護者」として表象されてしまう。「第三世界」の女性たちは、自社会の父権制度と「先進国」フェミニズムおよび植民地主義のあいだで、ダブルバインドの状況におかれているのである。

「先進的」世界の野蛮さ

私たちは「第三世界」の女性たちの現実について、よりよく知らねばならない。それは、「第三世界」の女性たちの自己表象をめぐる、上述のような困難な状況について認識するということでもある。だが、私たち北側先進工業世界の人間が「第三世界」の女性について知ろうとするとき、「知る」という営為自体が実は、すでにさまざまなレベルで差別性を帯びてしまっているという事実に努めて自覚的であらねばならないだろう。いや、そもそも、他者を知るという欲望が生起するトポス自体が、中立的ではありえないのではないか。

もし、この点に無自覚であったなら――そして危惧されるのは、日本における読者の多くがこの点に関して無自覚ではないかと思われる点だ――、アラブ・ムスリム女性の現実を知ろうと、サアダーウィーの著作を読むとき、これを、アラブ社会やイスラームがあたかもことさらに父権主義的で女性差別的であることを例証するテクストとして誤読 misread しよう、あるいはそのように読者を誤導 mislead しようとする「先進国」特有のコンテクストによって、私たちもまた、著者自身の意図とは反対に、アラブ社会やイスラームをそのようなものとして理解してしまうかもしれない。

あるいはまた、アフリカにおける女性性器手術*（いわゆる「女性割礼」）の現実を知ろうと、たとえばフラン・ホスケンの『女子割礼』（Hosken 1993）を読むことで、私たちは性器手術の実態の一端に触れる以上に、同書に内在する、アフリカ社会に対する著者の差別的価値観を無意識裡に内面化させてしまうかもしれない。そして、私たちは、アフリカやアラブ社会の、女性の人権抑圧に対して憤ると同時に、日本に生まれた幸運をかみしめるにちがいない。あるいは、これら社会の「犠牲者」である女性たちに同情し、「無力な」彼女たちのために、彼女のたちの社会を批判し、具体的行動を起こそうとさえ思うことだろう。

だが、このとき、こうした言説によって私たちが都合よく忘却の彼方に追いやってしまうことがある。それは、私たちの社会もまた、サアダーウィーが主張するように、アラブ社会やアフリカ社会と同じくらい、時によってはそれ以上に、父権主義的で暴力的で野蛮でさえあるという事実であり、さらに、私たちの「先進的」で豊かな暮らしが「第三世界」に対する構造的搾取の上に成立しており、アフリカの女性にとっては、そうした先進工業国の経済搾取による貧困化の問題も、性器手術にまさるとも劣らず重要な問題であるという事実である。

＊**女性性器手術**（Female Genital Surgery、略してＦＧＳ）　これまで、当該社会の言語で「割礼」Circumcision を意

味するそれぞれのことばで（たとえばアラビア語であればkhitāna、キクユ語であればiruaと）呼ばれていたこの習慣を、七〇年代後半くらいから、当事者であるアフリカの女性たちが、その実態はMutilationすなわち、性器の切断によって女性の身体を不完全なものにする行為であると訴えることによって、この問題をめぐる認識の地平が大きく広がった。現在、日本のメディアでは、この習慣について一般に、FGM（Female Genital Mutilationの略）もしくは、その訳語である「女性性器切除」という呼称が用いられている。しかし同時に、先進工業世界の女性がこの習慣をMutilationと呼び慣わすことについて、アフリカの女性たちの側から批判があることを、私たちは最低限知っておくべきだろう。

　日本語で「切除」という訳語があてられている英語のMutilationには、たとえば「腫瘍の切除」といったときに私たちが用いる日本語の「切除」ということばとは異なり、からだの一部を切断することで身体を不完全なものにするというニュアンスがある。

　たとえば、日本でも行なわれている腹部の脂肪吸引は、「手術」と呼ばれ、美容行為と考えられている。それによって命を落とす者が複数出ているにもかかわらず。また、これまで乳癌の治療として必要な「手術」と考えられてきた乳房の切除も、温存療法の考え方が広まりつつある現在、Mutilationであるとも言えるだろう。

　先進工業世界のフェミニストが「女性割礼」をMutilationと呼ぶことをアフリカの女性たちが批判するのは、この行為がMutilationではない、と主張したいがためではない。オビオマ・ナエメカは、アフリカの「女性割礼」も、当該社会において理想的とされる形に身体を加工するために肉体の一部をとり除くという点では、先進工業国で行なわれている美容手術と同じなのに、自社会で行なわれる切除行為については「手術」と呼んで、アフリカにおける習慣にかぎってMutilationということばを用いるのは、先進工業国の人間の自文化中心主義《エスノセントリズム》やアフリカに対する人種差別《レイシズム》を感じると批判している（Nnaemeka 1994：313-4）。モハンティは、先進工業世界におけるフェミニズムの学問研究が、自社会に対する場合とアフリカ社会に対する場合とで、異なる言語コードや分析コードを用いることによって、両者があたかも、本質的にまったく異なる世界であるかのような差別的かつ階梯的な世界認識――これをモハンティは「ジェンダー」（性差）に倣って「第三世界差」ということばで表している――を産出していることを指摘し、そこに、フェミニズムと帝国主義の融合を見ている（本書七〇頁参照）。ナエメカをはじめ、アフリカの女性たちが先進工業世界におけるFGMということばの使われ方に対して反感を覚えるのも、それが、植民地主義的な彼我の階梯秩序を再生産するような政治的効果をもってしまうからである。

こうした批判から、Mutilationということばが検討に付され、自らの自文化中心主義《エスノセントリズム》を自覚し、これを批判していこうとする者たちが、この習慣をFGS（Surgery：手術）と呼ぶようになった。しかし、Surgeryということばは、近代的な病院における医療行為を連想させるが、「女性割礼」の実態は必ずしもそうではないため、このことばを不適切だと考える者もいる。現在では、Mutilationのような「身体を不完全なものにする」というニュアンスのない、より中立的なものとして、FGC（Cutting：切ること）ということばも用いられていると聞く。

「割礼」と呼ぶか、FGMと呼ぶか、あるいはFGS、FGCと呼ぶのか。こう呼ばねばならない、ということはないし、こう呼びさえすれば、いついかなる場合においてもあらゆる非難を免れる、ということもありえない。なぜなら、語る者それぞれの位置やコンテクストが異なるからである。自社会の「伝統」擁護者に向かって「これはMutilationだ」と語るアフリカ人フェミニストも、先進工業世界のフェミニストがその自文化中心主義に無自覚に、こんな暴力を少女に対してふるうアフリカ社会は野蛮で遅れているという潜在的メッセージを滲ませながら、これはMutilationだと語ることに対しては、「これは割礼であり、文化的な行為である」と言うかもしれない（それは、「文化だからよいのだ」というのとは全然ちがうことだ）。私もまた、アフリカに対する潜在的レイシズムを表わしているようなMutilationということばの使い方には異議を唱えつつ、しかし、あれはアフリカの「文化」だから、「伝統」だから良いのだ、異文化の人間がとやかく言うことではない、と言う者がいるとすれば、それに対しては、アフリカ社会のなかにあってさえ、この習慣に対する見方は多様であり、とくにこれをMutilationだと言って、その廃絶を求めているアフリカ女性たちがいるのだということ、そして、「文化」も「伝統」も不変ではなく、歴史的につねに変容を被ってきたし、これからも変わるものであることを主張するだろう。

日本語の「切除」ということばには、身体を不完全なものにするというニュアンスはないが、しかし、日本社会で、Mutilationの訳語として性器「切除」ということばが無批判に用いられている現在、そこに内在するレイシズムを批判する意図を込めて、本書では、肉体の切除行為を意味する場合を除いて、この習慣を「女性性器手術」あるいはFGSと表わすことにする。

私たちの社会の暴力的性格、野蛮さについて忘却するということは、彼女たちの社会と私たちの社会のあいだに、この二つの社会を決定的に異なったものとして画する、ある絶対的な境界があるかのようにふるまうという点において欺瞞的であり、さらに、批判すべき自分たちの社会に対してナルシスティックな自画像を抱くという点において、二重に欺瞞的である。

「第三世界」の経済搾取に対してあからさまな無視を決め込んでいる私たちが、「性器切除」の問題となるとにわかにアフリカ女性の人権に目覚めるのはなぜだろう？　ジジェクの次の言葉は、「ボスニア」を「性器切除」に読み換えるなら、それを精神分析的に説明してくれる。

犠牲者に同情を注ぐことは、まさにこのまなざしの与える耐えられないほどの圧力から逃れる手立てです。（中略）メディアに氾濫している「ボスニアで苦しむ人々への同情」といった言葉は、（中略）何より、同情は困っている隣人に対してほどよい距離を保つための手段なのだということを示しています。（中略）言い換えれば、わたしたちの同情とは、まさにそれが「心から」のものであるからこそ、同情することで、自分が好ましいと思えるような形の自分を見ることを前提としています。犠牲者たちを見守る立場にいる自分の姿を見たいがために、犠牲者たちが必要とされるのです（中略）犠牲者という概念の普遍化には、二つの面が要約されています。一つは、第三世界の犠牲者についてです。その土地の軍部指導者や狂信者や原理主義者の犠牲になっている人々に同情することで、〈内〉にある者（幸福と人権が約束された法と秩序の社会に受け入れられている者）と〈外〉にある者（わたしたちの町のホームレスから飢えに苦しむアフリカやアジアの人々）を隔てる現在の大分水嶺が存在すると

いう、リベラル民主主義的な（誤った）見解が形成されます。（Žižek 1996 : 352-62）

さらに、北側先進工業国による「第三世界」の構造的搾取という差別について忘却するということは、豊かさを享受している私たち自身が、これら「第三世界」の女性たちに対して加害者であるという事実を忘却するという点において、犯罪的ですらあると言えるだろう。

世界の働く女性たちにとって――そのなかには合州国の貧しい女性たちも含まれる――死活的な問題とは食糧問題であり、住居の問題であり、健康や雇用の問題であって、セクシュアリティの問題ではない。（Gilliam 1991 : 218）

アフリカでは、栄養問題や乳幼児死亡率、非識字率、保健衛生、職業訓練などの諸問題も、女性が生きていく上で中心的な重要性をもっており、多くのアフリカ女性たちが、これらの問題も、女性割礼の問題と同じくらい西洋のフェミニストのあいだで議論されてほしいと願っている。（Johnson-Odim 1991 : 322）

アフリカ社会の「貧困」の問題はホスケンにおいても認識されているが、ホスケンは、アフリカの女性たちが性器を切除されることで自社会に対する自律性や主体性を発揮するのを阻害されるがゆえに、アフリカ社会は貧困状態におかれると主張し、性器手術を彼女たちの中心的問題として焦点化することを正当化している(Hosken 1993:112)。しかし、ジョンソン=オディムの次のような言葉を見るなら、アフリカ女性の問題を性器手術に専一化する議論の隠れた意図を説明してくれるだろう。

しかし、これら〔北側先進工業世界による第三世界の経済搾取、およびそれらによって第三世界の女性が被っている抑圧——引用者〕を問題にすると、フェミニズムは、反帝国主義の立場をとらなくてはならない。つまり、第三世界の女性の抑圧に加担している多くの先進国における構造的な諸要素を明らかにし、それと闘わねばならない。(中略)国際的に組織されている搾取は、第三世界の女性たちの抑圧に、彼女たちの社会における父権主義と同じくらい関係している。(Jonson-Odim *ibid*)

「第三世界」女性との「連帯」が、このような諸問題点に対する自覚を欠いてなされるのだとしたら、あるいは「第三世界」女性と「連帯」することが、これらの問題をむしろ隠蔽し、私たちに忘却させるのだとしたら、そのような「連帯」はおそらく、真の連帯とはなりえない。真の、あるべき連帯とは、私たちが自分自身を問い返し、自分自身を解放する契機となるものでなければならないはずだ。私たちが彼女たちを解放するのではない。私たちが彼女たちを解放できるなどと考えること自体、不遜であろう。それは、差別的関係性のなかでしか彼女たちをとらえていない証左であるだろう。解放されるべきは、実は私たち自身である。そして、それゆえに、真の連帯とは、連帯の根拠とされる「シスターフッド」や「人権」、あるいは私たちと彼女たちの「関係性」といったものの内実を検証しないかぎり、実現されえないものと私は考える。少なくとも、サアダーウィーをはじめとするアラブの女性たち、先進工業世界の女性たちと新しい別の関係、真の連帯関係を築こうとする「第三世界」の女性たちのことばから、私が学んだのはそのようなことだ。「第三世界」の女性をめぐる日本社会の、ある種の議論に対して私が批判的にならざるをえないのは、それが「人権」や「連帯」を標榜しながら実は、「第三世界」とその女性たちに対してしばしば、理解よりも誤解を、解放よりも抑圧を、そして平等よりも差別的な意識を助長するものであるからだ。誤解や差別的意識に基づいた関係は、あるべき「連帯」の可能性をむしろ阻害するものにしかならないだろう。

たとえば、一九九二年度のノーベル平和賞受賞者、グアテマラの先住民族の活動家、リゴベルタ・メンチュウに関する次の一文は示唆的である。

一九八三年に出版されたリゴベルタの証言記録『私の名はリゴベルタ・メンチュウ』は大きな反響を呼び起こしたが、非先住民族との真の出会いにそのまま結びつくものではなかった。反応の多くは、彼女の訴えに耳を傾け、行動をともにするものではなく、弾圧の哀れな犠牲者としてのみとらえ、先住民族を無力な子どものようにみなし、保護するような差別意識が強く見られた。(岩倉ほか 1994)

私たちが今、いちばん必要としているのは、「第三世界」を犠牲者視するまなざしから私たち自身を解放し、サアダーウィーのことばを借りるなら、「第三世界」とのあいだに、まったく異なった「関係」をもつことである。だが、私たちは、どこで出会えるのか?

カヴァリング・ウーマン、あるいは女性報道

「書く」ということは特権的な行為である。書く者は書くことによって表象する、自己を、そして他者を。それゆえ「書く」ことは特権的であるとともに越権的な行為となる——他者の一方的な表象。このとき侵害されているのは他者として一方的に表象される者の権利、なかんずく彼／彼女らの自らを表象する権利である。したがって「書く」という行為、「書く」ことによって他者を表象するという行為は支配の一形態である。

「支配」としてのクリシェ

映画の話から始めよう。

のちにハリウッドでリメイクされ好評を博すことになるフランス人女性監督コリーヌ・セローの『赤ちゃんに乾杯！』（一九八五年、原題『三人の男性と揺り籠』）は、ある日突然、赤ん坊の世話を任されることになった独身男三人のてんやわんやと、やがて「母性愛」に目覚める彼らの姿を描いて、男女・親子の共生を阻害する社会のありように疑問を呈した佳作だった。そのセローの『女と男の危機』（一九九二年、原題『危機』）は、ある日突然妻に去られた男の彷徨劇である。突如、非日常に放りこまれて慌てふためく主人公の姿を通して社会における人間の関係性を問い直すという作品の構造は、『赤ちゃんに乾杯！』のそれを基本的に踏襲している。作品には主人公の女友達、妹、母などいろいろな女が登場しては、その胸のうちをぶちまけて主人公を圧倒する。それは男に都合よく「捏造された」女性像ではなく、（多分に戯画化されてはいるものの）女性監督だからこそ描きえた女のホンネである。映画『女と男の危機』は、女が能動的に自己を主張することで、これまで「中立」を装いながら実は男性の視線のなかで捏造されてきた女性像に異議を申し立て、女性像そのものの描き直しを要求する、現在、多様な分野で進行中のフェミニズムの一例と言える。

ところが物語も終盤近く、主人公の友人ミシューの義姉、アラブ人のジャミーラが主人公に愛の奥義を伝授するにいたって、作品は異文化に対するあからさまな差別性を露呈させることになる。愛、官能、神秘といったエギゾチズムは中東／オリエントの女たちにまつわる「捏造された」クリシェである（そのクリシェの虚構性と、自らが捏造した虚構に自家中毒する「西洋」を冷笑的に描いたのがクローネンバーグの『M・バタフライ』だった）。女にまつわるクリシェ、男性の視線のなかで捏造された女性像の虚構を暴き、女と男の共生の可能性を探ることを意図するはずの作品が、その一方で、オリエンタリズムのクリシェ、「西洋」の視線のなかで捏造された他者像を平然と再生産しているという矛盾。主人公に愛の真実を伝授するという役割においてジャミーラがポジティヴに描かれていることはこの際どうでもよい。なぜなら、ここで問われているのは「アラブ女性＝神秘」という記号性の問題なのだから。この「神秘」というコインは「真実の愛の伝授者」というポジティヴな面から、「非科学性」「無知」「後進性」という裏面にいつでも反転しうる。そこには「科学的」「合理的」「普遍的」な西洋に対置する「野蛮」なアフリカ、中東という差別的な構造が公然あるいは暗然と意図されている。愛や神秘はまた、長らく女性にまつわるクリシェであったことを私たちは知っている（たとえば「パトモア（ヴィクトリア朝の詩人）は、伝統的に女らしい美徳とされてきた愛、直感、美などを讃えるが、これらはすべて男性の属性とされてきた行動意欲や思考能力の欠如と結びつけられている。一見女性賛美と思われるものは、実は女性蔑視に根ざしているのだ」——青山 1995：18）。たとえば、女性の個性や多様性を無視して、ひとしく「情緒的」というクリシェで語ることの差別性については今さら、多言を要すまい。女性が「感情豊か」で「愛情深い」のも「ヒステリック」で「非理性的」なのも同じコインの両面であり、「情緒的存在」である女性は「非理性的」であるがゆえに「知性的に劣った存在」として自動的に、「理性的」な男性の劣位に位置づけられることになる。性や異文化にまつわるクリシェとはこのように構造的差別の表層形態である。このクリシェをステレオタイプと言いかえてもよい。

ステロタイプで他者を理解していくことが根本的に間違っているのは、それが理解どころか、誤解ですらなく、支配だからです。他者の多様性と複雑さに対する尊敬をもたず、集団として十把ひとからげにくくる、つまり他者に力をふるい他者を操作することが可能な位置にいる者、序列ピラミッドの上方にいる者が、そういう位置にいない者にステロタイプを押しつけるのです。（萩原 1991：127）

したがってセローの作品は単に矛盾しているだけではない。極言するならセローのフェミニズムは、第三世界に対する植民地主義的言説を構成していることになる。

たとえばアンジェイ・ヴァイダ監督の『コルチャック先生』（一九九〇年、ポーランド・西独・仏合作）もまた、ナチスのユダヤ人迫害に対し精神的抵抗を貫いて自らも強制収容所に消えたポーランド人コルチャックの「普遍的人類愛」を描きながら、コルチャックの精神をイスラエル国旗によって賛美することで、イスラエルという国家の暴力的建設によって何十万もの人間が故郷を追われ、祖国を奪われることになった事実に対する視点を欠落させることにより、パレスチナ人が「普遍的人類愛」という視野の外にあることをはからずも物語ってしまっている。映画は皮肉にも、コルチャックの精神を裏切って、パレスチナ人あるいは中東に対するあからさまな差別――人類愛の「限定性」――に奉仕する作品となっている。これら二つの作品は本質的に同じ問題を体現している。

その露骨な差別性にもかかわらず、こうした事実が私たちの社会において容易に看過されてしまうのも、アフリカや中東、あるいは「第三世界」全般に対する差別が私たち自身においても内面化されているためにほかならない。

語られる女たち

映像の話をもう一つ紹介しよう。

モロッコの大アトラス山中にあるベルベル人の村イミルシルで毎年秋に行なわれる集団見合い（いわゆる「花嫁祭り」）に取材した紀行番組「MOUSSEM　語る女たち」（「浪漫紀行・地球の贈り物」一九九四年一〇月一九日放映、TBS）もまた、セロー作品に見られる二面性に引き裂かれている。

そのタイトルが示唆するように、イミルシルに生きるあるベルベル人一家の三代にわたる女たちが、祭りに寄せるおのおのの思いを語りながら、その語りのうちに彼女たちの自分史と、この奥深い山のなかに暮らすベルベルの女たちの歴史が炙りだされる。女たちは自分のことばで自らを語る。いや、女たちが語るのはことばによってだけではない。ミントの香芳しいお茶をグラスに注ぐ行為、祭りに出かける娘の頬を彩る紅、娘たちが羽織る羊毛の粗織りの黒い外套にほどこされた色鮮やかな刺繍、その一つ一つがこのベルベルの女たちの自己表象の「ことば」にほかならない。「あなたはわたしの肝臓を貫いた（わたしはあなたを愛している）」という幾度も繰り返されるフレーズこそ、女たちが一貫して自らのことばによって自己を表象してきたことの証である。幾重にも周縁化されているベルベルの女たちの能動的な自己表象のことばを映像で綴ることで番組は、隠蔽されてきた彼女たちの自律性、主体性を顕し、彼女たちを周縁に位置づける既成の世界観の反転を意図しているようにも見える。

だが、現地でフィールド・ワークをするフランス人女性文化人類学者を一度ならず登場させ、祭りに関する彼女の人類学的コメントを挿入することで、番組はその表層の意図を裏切って、制作者に深く内面化された差別性を滲ませはじめる。「旧宗主国」の「文化人類学者」というおなじみの記号性が植民地主義をいやおうなく喚起するため、ばかりではない。西洋人研究者の登場は、自ら語る女たちの主体性、自律性の証であったはずの語りまでも、西洋的「知」の分析の対象、素材としてしまうからだ。女たちのことばはこの西洋人女性によって解釈され、「普遍的」なことばに翻訳されるべきものとして位置づけられ、自らを「語る」ものとしてあったはずの女たちは、このとき「語られる女」、他者として表象される存在に変貌せざるをえない。番組は結果的に、自ら語る女たちを他者によって語られる存在に周縁化する既存の構造を強化する。

二重のプロジェクト

「第三世界」の女性たちに関する文献は近年、こと英語に関するかぎり、アジア、アフリカ、ラテンアメリカ各地域の、政治、経済、社会、宗教、文化、文学など多方面を「カヴァー」している。その量的規模はともかくも、「第三世界の女性」というテーマは、欧米および第三世界のアカデミズムにおいて主要な一研究分野として確立していると言えよう。著者はほとんどの場合、女性である。このうち邦訳され刊行されるのは限られた一部にすぎず、「第三世界の女性」に関して日本語で入手できる文献はいまだ断片的な情報の域を出ていない。日本語で刊行されるこの種の本は、その絶対量が少ないせいもあろう、内容の如何にかかわらず一般に貴重な資料として歓迎されている。これまで一方的に世界/社会の周縁に位置づけられ、一方的に表象される存在であった女性たちが、いま奪われていたことばを獲得し、能動的に自らを表象しはじめたのならば祝福すべきではないのか——これらの本に対する日本社会の無批判の受容ぶりの背景には、そうした安易な祝福の気配を感じる。しかしながら、ここで次の二点に留意する必要がある。彼女たちが獲得した「ことば」とはいかなるものであるのかということ。そして、彼女たちが表象しているのは、果たして「第三世界の女たち自身」であるのか、という問題である。

チャイラ・バーマン*に倣って言えば、「いつだって女は自らを表象してきた」のだ——イミルシルの女たちのように。周縁化され、他者として表象されるとは、決して女自身が自らを表象してこなかったことを意味するものではない。女性は常にさまざまな形で自己を表象してきた。しかし、女性の自己表出の「ことば」は、一方的に捏造された「普遍的」なことばによって周縁化され、隠蔽されてきた。いま「知」の分野において彼女たちが獲得し、自らを表象する道具として用いている「ことば」とは、これまで女自身の多様なことばを周縁化し、抑圧してきたものにほかならない。さらにこの「知」の「普遍性」の自明性を疑うものとして、「第三世界」の自己表象があるとすれば、「知」の分野における「第三世界」の女性たちの自己主張には、二重に捏造された「普遍性」に対する自覚が必然的にともなわねばなるまい。チャンドラ・T・モハンティがいう「西洋フェミニスト」とは、この自覚、すなわち「知」とそれを語る「ことば」の普遍性を露ほども疑わぬ者たちであると定義することができる。

「西洋フェミニズム」という表示は、決して一枚岩的《モノリス》なものを意味しているわけではない。むしろ、私が注意を喚起しようとしているのは、「他者」を非西洋として規定し、それによって自分自身を西洋人であると規定するような書き手によって用いられる多様なテクストの戦略が同じような影響をもつことに対してである。そのような意味において私は「西洋フェミニスト」という語を用いている。アフリカやアジアの都市の中産階級出身の学者が、地方部の、あるいは労働者階級の姉妹たちに関して、自分たち自身の中産階級の文化を規範と位置づけ、労働者階級の歴史や文化を「他者」と規定するような学問を生産することについても同じことが言える。それゆえ、この論文は第三世界の女性に関する「西洋フェミニスト」の言説と私が呼ぶものに焦点を絞っているが、私が提示する批判は、自分自身の文化についてこれと同じ分析的戦略を採用する第三世界の学者にも適用される。(Mohanty,

1991 : 52)

たとえば、一九九四年邦訳が刊行されたイラク人女性社会学者サナ・エル・カヤット『アラブの女イラク女性の素顔』(Kayatt 1994) は後者 (すなわちモハンティがここで言う「自分自身の文化についてこれと同じ分析的戦略を採用する第三世界の学者」のテクスト) の典型的な例である (岡 1998b : 243-5 参照)。

この点に無自覚であるかぎり、そうしたことばによって語られる/書かれる「女」とは、能動的な主体ではなく、表象される「他者」にすぎない。セローの映画と同じ構造的差別を内包した「西洋フェミニスト」の著作が、「フェミニズム」の錦の御旗によって日本では無批判に受容されている。「第三世界の女性たち」が「西洋フェミニスト」の差別的なまなざしのなかで一方的に表象されている。「フェミニズム」の名のもとに、あるいは「人権」の美名のもとに、実は他者の表象/エクリチュールによる第三世界の女性に対する知的支配が行なわれていることに私たちの注意を喚起する必要がある。モハンティは言う。

フェミニズムの学問と、フェミニズムの政治実践および組織化とのあいだの必然的で不可分な関係が、第三世界の女性たちについての西洋フェミニストの書きものの重要性と地位を決定する。なぜな

＊チャイラ・バーマン 英国のインド系女性アーティスト。リンダ・ノックリンの論文『なぜ女性の大芸術家はいなかったのか』に対し、バーマンは『いつだって偉大なブラックの女性アーティストはいた』において、ノックリンが疑わない西洋の伝統芸術のみを「芸術」とすることの自明性に異議を唱えた。萩原 1990, 1991 参照。

ら、フェミニズムの学問は、他の大半の学問同様、単にある問題についての知を生産するだけではない。それは意図的であり、イデオロギー的であるという点において直接的に政治的実践なのだ。（中略）フェミニズムの学問の実践は（読むことであれ書くことであれ、批評的なものであれテクスト的なものであれ）力の諸関係のなかに、つまり彼女たちが対峙し、抵抗し、あるいは隠然と支えてもいる諸関係のなかに刻み込まれている。没政治的な学問など、もちろん存在しえない。（中略）

アンワル・アブデルマリクが、「先進セクターが科学的知とアイデアの創造を独占することによって世界の発展プロセスの方向を決め、規制し、決定する支配力を獲得しようとする」闘いと呼ぶところの、今日の西洋の覇権主義的な位置という文脈のなかで、第三世界に関する西洋のフェミニズムの学問も権力と闘争という特定の関係性のなかに刻印されたものとして厳密に検証されねばならない。

（中略）

合州国におけるフェミニズムの書きものは依然、周縁化されているとはいえ（ただし、特権的な白人女性に抗議する有色の女性の見解ではそうではない）、第三世界の女性に関する西洋のフェミニズムの書きものは、西洋の学問の地球規模の覇権、すなわち情報とアイデアの生産、出版、提供、消費という文脈のなかで考えられねばならない。周縁的であろうとなかろうと、これらの書きものは、直接的なフェミニズムの、あるいは学問上の聴衆を越えて発揮される政治的影響力や含意をもっている。西洋フェミニズムの支配的な「表象」がもつ重大な効果のひとつが、ことに第三世界の女性たちの目から見れば、西洋フェミニズムと帝国主義の融合なのである。（Mohanty 1991 : 54. 強調引用者）

日本における「フェミニズム」や「第三世界の女性」をめぐる言説に決定的に欠けているのは、右の引用においてモハンティが提起している視点にほかならない。すなわち西洋フェミニズムの政治性、イデオロギー性に対するナイーヴなまでの認識の欠如であり、この点の認識なくして、西洋フェミニストの唱える「シスターフッド」に安易に同調することは、第三世界の女性たちから「帝国主義」「植民地主義」の非難を免れない。

> 「第三世界のさまざまなフェミニズム」を知的かつ政治的に構築するいかなる議論も、同時並行的に次の二つのプロジェクトを扱わねばならない。すなわち、覇権主義的な「西洋」フェミニズムに対する内在的批判と、地理、歴史、文化に根ざした自律的なフェミニズムの諸関心と諸戦略の形成である。(Mohanty 1991 : 51)

モハンティのこのことばは第三世界のフェミニズムの特徴を端的に現わしている。すなわち、西洋世界のフェミニズムが当該社会における男性中心主義の是正を主要な目的とする（むろん、これ自体が白人キリスト教徒中産階級の女性の課題《アジェンダ》であり、西洋世界に内在する「第三世界」の女性たちから批判されている）のに対し、第三世界のフェミニズムは、自らの社会内部における父権主義、男性中心主義に対して闘うと同時に、西洋の植民地主義に対して民族の立場から闘わねばならない。闘争のこの二重性が第三世界のフェミニズムをより困難なものにしている。私たちは第三世界のフェミニズムに内在するこの本質的な二重性を理解しなければならない。彼女たちの民族的主体性の主張を無視して、西洋フェミニズムのみを普遍的なものとして語ることは、彼女たちにとって紛れもない抑圧とならざるをえないからである。

ホスケンによる「女性割礼」批判の植民地主義

没政治的な態度は結果的に、本人の意志とは無関係に特定のイデオロギーに奉仕する危険性を孕んでいる。「アフリカの女性」の人権を云々しながら、実は当のアフリカの女性たちの文化的抑圧に与して、彼女たちの人権を侵害している矛盾がまったく意識されないでいる日本社会の知的現状に対して、「第三世界」の研究に携わる一人として強い危機感を覚えずにいられない。その典型的な例としてフラン・ホスケン『女子割礼　因習に呪縛される女性の性と人権』(Hosken 1993) をとりあげたい。

女性割礼とは、アフリカ大陸とアラビア半島のいくつかの地域で現在も行なわれている女性の性器手術ならびに陰部縫合の習慣のことであり、ホスケンの『女子割礼』は「フェミニズム」と「普遍的人権」の立場からこれを批判したものである。同書の本文中 (八〇頁)、「中東のほぼ全体」で女性に対する割礼が行なわれているとあるが、同書の九六頁に掲載の地図を見ても、中東で女性割礼が行なわれているのは、エジプト・スーダンおよびアラビア半島の一部であり、むしろ、ごく一部を除いて中東では女性割礼は行なわれていない、という記述の方が実態に即している。著者が「中東」をどのあたりと認識しているのか疑問を感じる。

割礼が女性の肉体なかんずく生殖器に加えられる直接的な暴力であるため、とくに女性読者であればその暴力性を生々しく直感するにちがいない。たとえば次のような一文は、ホスケンの著作に触発された欧米フェミニストのあいだで女性割礼に対する一大非難キャンペーンが組織される精神的メカニズムの一端を説明してくれるだろう。

今号冒頭で紹介したアフリカ、中東の国々で、いまなお行なわれている女子の生殖器切除の事実は、息をのむ恐ろしさだ。（中略）とにかく、この本を読んで怒り狂ってほしい。そして、私たちがどう声をあげるべきか考えよう！（性を語る会編 1994：40）

だが、ホスケンら西洋フェミニストによる女性割礼批判が、実際はアフリカや中東の女性たちによって逆に批判されているという事実にも目を向けなければならない。ホスケンは、自身の女性割礼批判を反批判する者を一様に「割礼の擁護者」であると主張し、攻撃している。割礼擁護の観点からホスケンを批判するネイティヴの女性が皆無なわけではない。しかし、ホスケンを批判する者すべてが割礼を擁護しているというのも事実を伝えていない。たとえば、サアダーウィーもホスケンを批判する一人であるが、彼女はアラブ世界で初めて公然と女性割礼を批判した人物であり、女性割礼に対するサアダーウィーの立場はその著書『イブの隠れた顔』（原題『アラブ女性の素顔』、Saadawi 1977＝1988）を読めば誤解の余地はない。

一九八〇年のコペンハーゲン会議でアフリカやアラブの女性たちは、西洋フェミニストの女性割礼批判に抗議して独自のワークショップを開き、ホスケンらを批判した。これについてホスケンは次のように述べている。

> セネガルの首都ダカールにあるマリー・アンジェリケ《ママ》・サバネが率いる婦人《ママ》団体、「研究と発展のためのアフリカ女性連合」は、コペンハーゲンでの国連婦人《ママ》の十年中間会議の「フォーラム」で、生殖器切除についての討論に抗議し、私の集会の一つをつぶしてしまった。彼女たちは切除で傷ついた子供たちに援助の手を差しのべたといって、ユニセフを非難することまでしたのである！　コペンハーゲンの「フォーラム」で「研究と発展のためのアフリカ女性連合」が開いた集会には、白人の女性たちは、人種的な理由で、締め出された。悲しいことだが、アパルトヘイトを真似して、「研究と発展のためのアフリカ女性連合」からも、白人の女性を排除している。サバネは「国際児童福祉レビュー」で、「彼女たちのあの重要なときを……楽しみに待っている小さな少女に、どんな代わりのものを与えることができるのか」といって、女性の生殖器切除を保護《ママ》する論文を発表した。ジュネーブでジェーン・コッティンガムとマリリー・カールがだしている国際的な雑誌「ＩＳＩＳ」は、〝切除はもっとも重要な儀式〟というサバネの記事を掲載している。その中で、すべての国際的な活動を〝植民地主義だ〟と非難した。（Hosken 1993 : 80-81）

ホスケンの記述は、アフリカの女性たちが割礼を擁護するがために、割礼を批判するホスケンら「白人」女性たちに対立したかのような印象を与えるが、サアダーウィーも参加したこのフォーラムにおける対立の要因は実は別のところにある。

世界の働く女性たちにとって――そのなかには合州国の貧しい女性たちも含まれる――死活的な問

題とは食糧問題であり、住居の問題であり、健康や雇用の問題であって、セクシュアリティの問題ではない。一九八〇年、コペンハーゲンにおける女性の一〇年中間会議はこの点に関する適切な例証である。この会議において西洋人女性によって提起された最も偏向的で対立を招いた論点の一つは、現在でもアフリカとアラビア半島の複数の地域で行なわれている性器切除と女性生殖器の縫合という慣習に関するものだった。西洋人女性たちがこぞってこの問題を議論の俎上にのせようとするのは、知的な新植民地主義を通じて、彼女たちの第三世界の姉妹たちに対してヒエラルキカルな関係を打ちたてようとしているように思われた。それは潜在的な人種主義を表わしていた。なぜならこの問題は、「後進的な」アフリカやアラブの文化のこれら「野蛮な」習慣といった形で議論されたからである。
(Gilliam 1991 : 218. 強調引用者)

サアダーウィーは『イブの隠れた顔』のなかで繰り返し強調している。

欧米の女たちは、我々アラブの女たちの生活を、中世的制度への絶えざる従属と考えがちである。そして、女子の割礼のような、儀礼や伝統的風習のいくつかを糾弾する。犠牲者を守るために、ごうごうたる非難の声をあげ、長い論文を書き、大会で演説する。もちろん、女子の割礼が告発されるのはよい。しかし、そのような行動に専念することによって、社会的・経済的な変革という真の問題を回避し、さらには忘れてしまう危険性がある。(中略)

私は、女子の割礼のような問題にばかり目をやり、それをアフリカやアラブの国々の女だけが異常で野蛮な抑圧を受けていることを示す証拠にする、欧米の女たちの意見には賛成しない。私は、そのような問題だけを孤立させて取り上げ、それらを、至る所で女たちにのしかかる経済的・社会的困難と、先進国および発展途上国の女性に日常的にかけられている抑圧から切り離そうという試みには、全て反対する。（Saadawi 1988 : 25）

右に明らかなように、サアダーウィーをはじめとするアフリカやアラブの女性たちがホスケンらに抗議して独自のワークショップを行なったのは、ホスケンが言うように割礼を擁護しているからでも白人を差別しているからでもない。ネイティヴの女性たちは、ホスケンら西洋フェミニストが女性割礼問題を通してアフリカやアラブを「野蛮な」「後進世界」と位置づけていることに対して抗議しているのである。このような位置づけは同時に「文明的」で「先進的な」西洋という構造的対置を隠然と意図している点であきらかに植民地主義的である。植民地主義に対するホスケンの親和性は本書の随所に現われている。「歴史のなかの自由を求める運動は、新しい人間関係を発展させる上で重要な点に達している。アメリカができたのも、歴史上の一つの具体例である」（Hosken 1993 : 46）、「英国植民地行政部も社会の犠牲者を助け、保護しようとした長い記録を残している」（*ibid* : 118）。欧米のフェミニストが女性割礼を批判すること自体が「植民地主義」なのではない。西洋フェミニストの女性割礼批判のコンテクストが構造的に植民地主義的なのである。ホスケンはネイティヴの女性たちの発言の主旨を故意に誤読することで、論点をすり替えている。

さらに、歴史的、政治的、経済的、文化的に多様なアフリカ・アラブ社会の女性たちを「アフリカの女」「アラブの女」と一般化して表象し、女性のおかれたコンテクストの多様性、複合性を無視して、「アフリカの女」「アラブの女」の抑圧の原因を女性割礼、換言すればアフリカ・アラブ社会の父権主義のみに求めることで、先進工業国の歴史的、経済的搾取の実態を隠蔽しようとする態度に対してネイティヴの女性たちは民族的に抗議しているのである。

ホスケンの女性割礼批判が「人権」を主張しながら、その実アフリカや中東あるいはイスラーム世界に対する蔑視と差別に基づいていることは、一読して明らかである。アフリカや中東の女性たちの多様性を無視した十把ひとからげの表象はその一例である。また、性器切除の言及は次のような形容詞をともなう。「残酷な生殖器の去勢」（Hosken 1993: 19）、「女児、女性への残忍で、無分別な切除の慣習」（*ibid*: 23）、「残酷な、ばかげた手術」（*ibid*: 28）、「野蛮的《ママ》な行為」（*ibid*: 39）、「この恥ずべき慣習」（*ibid*: 45）。女性割礼を批判するネイティヴ女性のことばの中にも同種の形容詞が見られるが（「残忍な」ラキヤ・ハジ・ドゥアラ〔ラキーヤ・ハッジ・デュアレ・アブダッラー〕——*ibid*: 35、「逆行的で残酷な風習」サアダーウィー——Saadawi 1988: 25）、彼女たちが性器切除という行為を指して、これを「残酷」だと非難しているのに対し、ホスケンの「残酷で」「無分別で」「野蛮で」「恥ずべき」といった形容詞が修飾するのは性器切除という行為のみに限定されず、むしろアフリカやイスラーム世界の文化・伝統全般に敷衍されるものである。次はその一例であるが、ホスケンの主張はアフリカや中東世界に対する差別を内面化させている者以外には論理的説得力をもたない。

一夫多妻主義、性器切除、女性の隔離、そして花嫁料などの文化的慣習は、大切なアフリカや中東の文化の一部であるといわれている。そうであるなら、奴隷制度も「伝統」であることを忘れてはならない。人食いの風習、中国の纏足、インドのサティーなども伝統である。（中略）アフリカや中東の伝統を守ることが大切だと主張する人たちは、暗に奴隷制度も擁護しているのだ。（Hosken 1993 : 42）

ウェブスターによると、伝統とは、過去からの教義・信仰・慣習を後世に伝える意味がある。伝統は、アフリカや中東の政府が宣言している発展という目標と矛盾する。伝統とは、過去の継続を意味している。変化したり、新しいものを受け入れることの否定である。（*ibid* : 44）

アフリカのほとんどの人たちは、自分たちの住む巨大なアフリカについて知らない。そこには、共通のものを持つことがあまりなく、互いに交流することもないもっとも多様な人々が住んでいる。話す言葉が違い、伝統的に敵同士であり、何十もの異なる種族《ママ》が同じ国の中にいる場合もしばしばある。（*ibid* : 58）

アフリカ・アラブの伝統や文化に対する差別とあからさまなレイシズム、アフリカ・アラブ世界に対する西洋の経済的搾取と政治的支配の事実の隠蔽がホスケンの女性割礼批判の核心にある。ホスケンの論理は、民族的抗議の声をあげるネイティヴの女性たちを割礼の擁護者だと主張することで問題をすり替え、さらにネイティヴのフェミニストたちを父権制度の共犯者や人種差別主義者に仕立てあげることで、ネイティヴのフェミニズムの自律性を否定し、ひいては民族的自律性まで否定している。ホスケンのフェミニズムは実は、フェミニズムに偽装された植民地主義にほかならない。

ホスケンが引用しているセネガルのサバネの立場について私は知らない。ホスケンの記述に自分の都合のよいように事実を歪曲している例がある以上、サバネの発言の真意についても、直接サバネの論文にあたって確かめたいところだが、『女子割礼』には引用文献に関して注も一覧も付記されていない。ホスケンによれば割礼を擁護しているはずのサバネの「研究と発展のためのアフリカ女性連合」が他方、「女性の生殖器切除は、貧困と「低開発」と呼ばれるものが原因であると主張」(*ibid*.: 61) するのも整合性がない。サバネのことばは、その発言のコンテクストから切り離されて引用されている可能性を完全には払拭できない。アフリカの文化全般の後進性の根拠として、西洋フェミニストが割礼の「野蛮さ」を喧伝するのに対し、強姦などの性暴力とは異なって、それが一面においては文化的にソフィスティケートされたものであると主張することは十分考えられるからである。* 事実、ルモワは、スーダンにおいて女性割礼の祝いの式が女児自身に待望されている事実を伝えている (le Moy 1979: 66-67)。ここで、次のような意見もあることを覚えておくべきだろう。

コペンハーゲンにおける行動は、これまでずっと健康問題の立場から女性割礼に反対して闘ってきたアラブやアフリカの女性たちに、割礼を弁護しなければならないとさえ感じさせたのだった。(Gilliam 1991: 218)

割礼と並んで、ムスリム女性の抑圧のシンボルとして西洋フェミニストのあいだで悪名高いヴェールに関してライラ・アハメドは『イスラームにおける女性とジェンダー』のなかで次のように分析している。

> 抵抗のナラティヴにおいてヴェールが象徴するようになったのは、文化の劣等性や、西洋の文化や習慣を是として自分たちの文化を放棄する必要性ではなく、反対にネイティヴのすべての習慣、なかでもとりわけ、植民者から激しい攻撃を受けることになった習慣、すなわち女性に関する習慣の尊厳と有効性であり、西洋支配に対する抵抗の一手段としてそれらを執拗に肯定する必要性であった。後にフランツ・ファノンがヴェールをめぐるフランス人とアルジェリア人のあいだの闘争について語っているように、アルジェリア人は「伝統が両性の断固とした隔離を要求し」、そして「占領者がアルジェリアのヴェールを引き剝がそうとする」(強調原文) ために、ヴェールを肯定する。(Ahmed 1992 = 2000 : 236)

割礼にせよヴェールにせよ、西洋の植民地主義が、アフリカやアラブの伝統や文化全般の野蛮性、後進性の証左としてこれを攻撃してくるかぎり、ネイティヴのフェミニストたちが、その主張に同調できないのは当然である。しかし、それはホスケンが主張するように、父権主義が女性に強要する差別的慣行に対して彼女たちの自覚が欠けているからではない。「普遍的人権」を主張し、植民地社会において「抑圧的」「後進的」「野蛮」な現地の宗教や文化の犠牲者である女性の状況改善を訴えた西洋の帝国主義者たちが、実は本国において父権主義的抑圧を展開していたことを指摘しながら、アハメドはアラブ・イスラーム世界において「フェミニズム」が、植民地主義勢力によって民族文化の自律性を否定することで、趣旨を誤読させるものであることが分かった。

＊後日、文中引用したホスケンの文章で、切除を擁護していると彼女が主張する『国際児童福祉レビュー』掲載のサバネ論文にあたることができた。その結果、ホスケンの引用は、サバネの文章をそのコンテクストから切り離して引用することで、趣旨を誤読させるものであることが分かった。

ホスケンによる引用では、あたかもサバネが、割礼の儀式を楽しみに待っている子どもたちに、この儀式の代わりにいったい何を与えることができるのか（そんなことはできはしない、ゆえに、割礼は擁護されねばならない）と、反語的に語っているかに読める。しかし、当該の文章で著者は、西洋のフェミニストたちの反性器切除のキャンペーンがなにゆえに批判されねばならないかと問い、その答えとして、それらのキャンペーンが以下のことに注意を払っていないからだとしている。たとえば、急激な変化を被る社会において貧しい者たちにとって「伝統」というものが意味しているものについて。ここでのサバネの意図は、急激な社会変容のなかで疎外され、周縁化される貧困層にとっては、「伝統」が彼らを支える重要な要素である以上、切除は廃止されるべきではないなどと主張することにあるのではない。性器手術に対するサバネの見解および立場は、彼女が代表をつとめる団体 AAWORD の声明（本書一六六頁参照）を見ても明らかである。西洋のフェミニストたちの反性器切除キャンペーンが、こういった点に無自覚になされることが問題である、と言っているのであって、それは翻せば、性器手術の廃絶に取り組むとき、この習慣が当該社会に生きる者たちの大切なアイデンティティの一部をなし、そうであるがゆえに、私たちの目から見れば、「野蛮な暴力」にすぎない行為が、彼らの生を支えているという事実に留意して、彼らの人間としての尊厳を傷つけないような形で、批判を展開していかなければならないという主張である。「割礼の儀式を楽しみにしている子どもたちに、その代わりに何を与えることができるだろうか」という問いもこの文脈で語られているのであり、それは、反語疑問などではさらさらなく、純粋な問いであり、この習慣の廃絶に真に取り組むには、ただ単に、この習慣の野蛮さを強調すればよいのではなく、それをアイデンティティの一部として生きている者たちの尊厳という問題を十二分に考慮して行なうべきだと主張しているのである（Savané 1979, AAWORD 1980, 岡 1998b, 2000 参照）。

るための道具として利用されてきた――それが今日なお、これらの社会におけるフェミニズムを錯綜させたものにしている――事実を明らかにしている（*ibid*：Chapter 8）が、ホスケンのアフリカ・中東社会の父権主義批判には、かつての植民地主義者と同一のレトリックの反復を見ることができる。

したがってホスケンの『女子割礼』は「人権」と「フェミニズム」に偽装された、民族の自律性を否定するプロパガンダとならざるをえない。そして、「都市部でも地方部でも、女性はしばしば、細かな作業や長時間労働や単純作業労働など正当に評価されない、低賃金の一時的な労働に最も関わっている者たちである。多国籍企業が民族的な解放運動に反対するのは、それらの運動がビッグ・ビジネスの利益に適う現状維持に抵触するからである」（Gilliam 1991：220）とすれば、民族的自律性を否定するホスケンの言説は、先進工業国が第三世界を経済的に搾取している実態をたんに隠蔽するだけでなく、そうした搾取に積極的に加担し奉仕することになる。

「抑圧的なイスラーム」という抑圧的言説

自らの社会の父権主義を批判する言説が、歴史的に「フェミニズム」の言説を植民地支配肯定のための道具として利用してきた西洋植民地主義によって、いつでも援用される危険性があることに自覚的なネイティヴのフェミニストにとって、第三世界に対する先進工業世界の歴史的侵略性と経済的搾取、人権侵害の事実は、いかに強調しようとも強調しすぎるということはない。それでも、それが西洋フェミニストによって「翻訳」されると、後者は都合よく忘却され、前者の、アフリカやアラブ社会の父権制のみが、あたかもこれら社会の本質であるかのように、そして、これら社会に生きる女性たちの抑圧の唯一の原因であるかのように強調される——ホスケンの『女子割礼』やカヤットの『アラブの女』のように。

たとえば、エジプト社会の父権主義を批判したサアダーウィーの一連の小説ばかりが何冊も邦訳刊行されている現状は——作品を通してエジプト社会に対する理解が深まるにも増して、むしろ原著の文学性が捨象された日本語によって単なる反父権主義イデオロギーのプロパガンダと堕した作品が、アラブ文学ひいては第三世界一般の文学の芸術性に対して誤解を与えるという問題以上に——、実は、イスラームを擁護し、西洋の覇権主義に抗してイスラームを主体的に信仰する人々なかんずく女性たちの自律性を主張するサアダーウィー自身の意図から乖離して、ネイティヴのフェミニストによる「イスラーム批判」という言説として受容され、「抑圧的なイスラーム」「後進的な世界」という植民地主義的な言説の一部を構成することになる。

バングラデシュの女性作家タスリマ・ナスリンをめぐる一連の報道についても、同一の問題を指摘できよう。ナスリンによるバングラデシュのムスリム社会批判、父権主義批判が、メディアによって「イスラーム社会」の告発として表象されている。差別と抑圧こそが、イスラームの本質であるかのように。ここでもまた「人権」と「フェミニズム」の名のもとに、「抑圧的」で「差別的」なイスラーム社会が一方的に表象されている。だが、「コーランは書き替えられるべきだ」というようなことば（ナスリン自身はこの発言を否定している）に快哉を叫ぶような「フェミニズム」自体が同時に、それが主張する「人権」とは裏腹に、主体的にイスラームを信仰している何百万もの女性たちに対する差別と抑圧の言説を構成する——そして、イスラーム父権主義者の主張するイスラームをイスラーム本来の姿と認めることで、イスラーム社会の父権主義にお墨付きを与え、これら社会の女性たちの抑圧をむしろ助長する――という事実に、私たちは無自覚であってはならないだろう。

「ことば」を聞き分けること

アリス・ウォーカーの小説『喜びの秘密』（Walker 1992 = 1995）は、自らの意志で割礼を実行したアフリカ人女性タシを主人公に、性器切除の習慣を批判した作品である。性器切除の結果、精神的トラウマを負い、切除の後遺症の難産のせいで赤ん坊に知的障害を負わせることになったタシは、長い痛苦の人生ののちに割礼の真の意味を悟り、自分に切除を施した女性割礼師を殺し、死刑となる。父権制の代理人を殺害することで父権的社会から死刑を宣告されるという物語は、サアダーウィーの小説『零度の女』（Saadawi n. d.）を彷彿とさせるが、ウォーカーのこの小説もホスケンの『女子割礼』同様、アフリカ系女性たちの支持よりはむしろ反発を招いた（朝日新聞 1994）。

「生殖器切除は単に健康や個人の幸福にとって有害な影響を与えるだけではない。それは、切除が実施されているすべての社会と、世界全体に対して有害なのである」（Walker 1992 : 285）というウォーカーのことばは正論である。しかし、このような「普遍的」フェミニズムの観点からのみアフリカあるいは第三世界の女性を語ることが、実は彼女たちに対する植民地主義的な抑圧に等しいことは右に述べてきたとおりである。「喜びの秘密とは「抵抗」である」（*ibid*. : 281）と語るウォーカーが意図しているのは父権主義に対する「抵抗」のみであり、民族的抵抗はむしろ割礼をはじめとする因習的伝統に執着する抑圧的なものとして描かれているのを見ても、ウォーカーのフェミニズムがホスケンのそれと同じく、民族の主体性や自律性を否定するものであることが分かるだろう。ウォーカー自身がアフリカ系アメリカ人であったとしても、アフリカの女性たちに対する民族的視点を欠いた彼女のこの没歴史的な言説は、ウォーカーが紛れもない「西洋フェミニスト」の一人であることを語っている。

ウォーカーの作品とは対照的に、今世紀初頭アメリカ南部の島に暮らす黒人一家の一日を描いた、同じくアフリカ系アメリカ人の女性監督ジュリー・ダッシュの映画『海から来た娘たち』（一九九二年、原題『塵から生まれた娘たち』。一九九三年カネボウ国際女性映画週間、一九九四年シネ・ブラック94で上映された）は、真に祝福すべき作品である。それは、単にこの作品が一〇〇年を迎える映画史のなかで、初めて黒人女性によって作られた作品であるからだけではなく、この作品が真に「語る女たち」を描いたものだからだ。そして、自らを語る女たちのその「ことば」が、ホスケンやウォーカーの西洋フェミニズムが反復する抑圧性、差別性を粉砕する強度をもっているためであり、また、それこそがこの作品が意図していることでもある。

奴隷時代の記憶を肉体に刻印する（この辺りはトニ・モリスンの『ビラブド』を想起させる）長老ナナをはじめ、作品には一家のさまざまな女たちが登場する。『海から来た娘たち』はこれら女たち自身の「ことば」と、それらのことばによって主体的に自己表象する女たちの姿を描いた作品である。この作品の主人公は女たちであると同時に、これらの「ことば」であると言ってもよい。女たちのことばとは——イミルシルの女たちの「ことば」がそうであったように——レースの白がまぶしい晴れ着であり、さまざまに編みこんだヘアスタイルであり、浜辺のピクニックのテーブルを彩るさまざまな料理である。女たちの生を表象するすべてが女たちの「ことば」であり、エクリチュールであり、文字言語を獲得する遥か以前、歴史の彼方から女たちはこうやって自己を表象してきたのである。彼女たちの話すことばそれ自体が、そうした無数の「ことば」のシンボルである。独特のピッチをもち、西アフリカの語彙もまじったガラ方言と呼ばれるそれは、白人の英語を規範とする視点に立てば逸脱した周縁的な存在であるが、このガラ方言こそ、彼女たちが自らを表象することばにほかならない。

自らのことばで自己表象する女たちは、それぞれが個性的で多様な存在である。ここには、ホスケンに代表される西洋フェミニストが、アフリカやアラブの女性たちをその多様性にもかかわらず、「アフリカの女」「アラブの女」に一般化して表象することの差別性に対するダッシュの答えがある。あるいは木の枝にガラスの空き瓶をさした、庭を飾るボトル・ツリー。瓶には亡くなった祖先の霊が宿るといわれている。本土に渡っていく一族を護るのはこれら祖先の霊だとナナは信じている。白人の地主に強姦されたユーラと夫イライを和解させるのも、ユーラの未だ生まれざるこどもの霊である。これもまた、アフリカの信仰について、サハラ以南のアフリカには「ありとあらゆる悪霊についての作り話や恐怖が渦巻いている」(Hosken 1993 : 57) と述べるホスケンに対する明確な回答であろう。

ダッシュの作品のコンテクストが今世紀初頭のアメリカの黒人女性の物語というきわめて限定的なものであるにもかかわらず、彼女のフェミニズムは、アフリカあるいは第三世界の女性の共感を十分得ることができるだろう。それは、アフリカを民族的出自の場として、ダッシュ自身がその伝統、文化を内的に生きているためである。そして、本土で「文明的な」生活に同化しようとする女性たちの姿を通じて、支配者の「ことば」に同化し、これを自分のものとして獲得することで、やがてその抑圧の起源が忘却される――そう、ウォーカーのように――ことさえ指摘しつつ、奴隷制を生きたナナ、レイプを生きぬくユーラ、娼婦イエロー・マリーという、人種差別、女性差別と闘う三人の女性たちに、アフリカの文化と祖先の霊が生きる島に敢えてとどまる決意をさせることで、まさにホスケンやウォーカーの主張とは反対に、民族の伝統と文化のなかにこそ主体的生を実現する抵抗の力を育む源があることを訴えているからである。

この点においてダッシュの作品は、その思想の本質部分をパレスチナ映画『豊穣な記憶』（ミシェル・クレイフィ監督、一九八〇年）と共有している。パレスチナの二人の女性の、父権制社会に生きる女であるがゆえの闘いと、侵略者のものとなった祖国あるいは被占領下に生きる人間としての民族の闘いを中心に、パレスチナの女たちのさまざまな表情と「ことば」の一連の断片によって織りあげた「パレスチナ」という豊穣なる記憶のタペストリーのなかに、監督クレイフィが、自律的、主体的存在たる女と民族の「抵抗」の根源を描こうとしたのとまさに同じように、ダッシュが描いているのも、ダッシュの女たちの生の「抵抗」の核を生み出す、彼女たち自身の「豊穣な記憶」なのである。彼女たちの生の起源を表わす、原題『塵から生まれた娘たち』の「塵」（あるいは邦題の『海から来た娘たち』の「海」）とは「豊穣な記憶」の同義語《シノニム》である。

偽装された普遍性において「書く」ことによって、他者を表象することでこれを支配しようとする欲望のざわめきのなかから、自らを語る女たちの多様な「ことば」を聞き分ける耳が、いま、私たちに求められている。

「女性割礼」という陥穽、あるいはフライデイの口

しかしここは言葉の世界ではない。ひと言ひと言発するたびに、言葉は捕らえられて水に飲まれてしまう。ここはからだのみがしるしとなる世界。フライデイの故郷なのだ。

J・M・クッツェー（1992：198）

他者を物語ること

小説とはおそらく、私たちが「第三世界」の女性たちに出会える可能性を秘めた場の一つである。しかし、「第三世界」の女性について「先進国」の私たちが読むということ、あるいは、「第三世界」の女性について私たちが書くということが、これまで述べてきたようなさまざまな問題を孕んでいるとすれば、「先進国」の作家が「第三世界」の女性について書く場合、それらの問題に無自覚であったなら、必ずしも両者のあいだにオルタナティヴな関係を可能にするような、幸福な出会いの場となる作品ばかりであるとは限らないだろう。

他者を表象すること、それはある特権的な権力の行使でもある。「第三世界」の女性の権利について私たちが語ろうとするとき、何事を語るにせよ、私たちは彼女たちに対して、すでにある特権的ポジションを占めている。そして、自らの権利の主体であるはずの「第三世界」の女性にとってかわって、彼女たちの権利をめぐる言説の主体となるとき、まさにそうすることで、私たちは、彼女たち自身を、自らの権利の問題の、主体の位置から排除することになる。

「先進国」の作家はかくして、「第三世界」を表象しようとするとき、パラドキシカルな困難に直面する（はずだ）。他者との対等な関係性を目指しながら、そして、他者の権利を主張しながら、そのような言説を構成する場自体が、実は、「他者の表象」という特権の行使の上に成立しているのである。それは、「書く」という行為のすべてに、不可避的にまつわる問題にちがいない。

他者について物語りたいという私たちの欲望はどこから来るのか。他者を表象するということは、そもそも本質的に抑圧性を免れないものなのか。私たちは他者について語ることはできないのか。語ることは禁忌なのか。言いかえれば、ある問題はその当事者しか語ることを許されないのか。だが、ここで、当事者とはいったい誰なのか。サアダーウィーはエジプト人であるという理由だけで、いかなるエジプト人女性についても語る権利を自動的に担保されるのか。あるいは、当事者は自らについて語りえるのか。自己は自己を表象できるのか……「他者の表象」をめぐる問題は、こうしたさまざまな問いをとめどもなく喚起せずにはおかないだろう。

だが、一つだけはっきりしていることがある。それは、「人権」や「シスターフッド」というような魔法の言葉で、これらの問いの彼岸へと、一気に跳躍などできない――できると考えるなら、あまりにも安易すぎる――ということだ。「私たち」と「彼女たち」とが新たな関係を実現し、私たちが対等な人間として出会える場――他者が「他者」でなくなる場――を真に求めるなら、これらの問いの一つ一つに愚直に拘泥することによってしか、そのような場には辿り着かないだろう。

この他者の表象という問題にアリス・ウォーカーがもう少し積極的な自覚をもって、アフリカにおける女性性器手術の問題を考えていたならば、小説『喜びの秘密』（Walker 1992＝1995）は、私たちが新たな関係性においてアフリカ女性と出会う貴重な場となりえていたにちがいない。だが、ウォーカーは、他者の「真実」を物語るという欲望にあまりにも性急かつ無抵抗であったようだ。

自らの身体をめぐる抵抗

『喜びの秘密』は、『カラーパープル』（Walker 1982＝1986）にも登場したアフリカ人女性タシを主人公に、民族の誇りのしるしとして性器手術を受けた彼女の苦痛に満ちた生涯を通じて、アフリカで現在もなお広く行なわれている、この性器手術の習慣を批判した作品である。一九九五年、その邦訳刊行を機に——さらに、北京女性会議におけるアフリカ女性自らの性器切除廃絶の訴えを受けて——日本でも、女性性器手術の習慣に対する批判と、その廃絶を目指した運動が、同書の翻訳者でもある柳沢由実子氏を中心に始まった。

『カラーパープル』でピューリッツァー賞と全米図書賞をダブル受賞したアリス・ウォーカーは、スピルバーグによる同作品の映画化も手伝って、アメリカ文学のなかでも例外的に、メジャーに位置づけられる黒人女性作家である（cf；Davies 1995：9–12）。それだけにウォーカーの作品はすでにある種の特権性を帯びている。だからといって、ウォーカーによるアフリカ女性の表象の正当性が自動的かつ全面的に担保されるわけではないことは、たとえば在米のアフリカ系女性たち自身が、ウォーカーの作品に対して反論している事実が示していよう（Davies *ibid*）。

こうしたアフリカ女性自身の反論にさらされることで、アメリカでは、アフリカ女性をめぐる言説、ひいてはフェミニズムの言説そのものが鍛えられるのに対し、アメリカと違って、ウォーカー作品で表象されている当事者が存在しない日本社会は、当事者の問題意識を私たち読者が共有する契機を欠いており、かつ、これまで繰り返し述べてきたように、「第三世界」の表象をめぐる問題に対する認識が全般的に欠落しているために、ウォーカーによるアフリカ女性の表象が、その問題性を検討されることなく、無批判に受容されてしまう。

ウォーカーのことばが日本のマス・メディアで大きく紹介される一方で、ウォーカーに対するアフリカ系女性たちの批判の声は、まったく取り上げられないか、「伝統擁護」から普遍的人権に反対する女性たちといった言説の中で説明されてしまう（朝日新聞 1994、Walker 1995b、柳沢 1995 などを参照）。（このような言説に触れて、反近代的な迷妄に縛られるアフリカ女性というイメージを抱かずにいるのは困難にちがいない）。

女性性器手術の問題は、つねに、この表象の問題と一対になっている。たしかに、自社会の父権主義的価値観を純粋に信奉し、その代弁者となって、伝統を擁護するアフリカ女性が皆無なわけではない(cf; Lionnet 1994)。しかし、一九八〇年のコペンハーゲン会議における議論で顕在化した、性器手術の問題をめぐる西洋フェミニストと「第三世界」の女性の対立は実は、ウォーカーや「先進国」の女性が主張しているような、普遍的人権派と伝統擁護派の対立であったのではない。「第三世界」の女性たちにとって、この問題はつねに、「自己表象の権利」と不可分の問題としてとらえられている。だが、このことは、「先進国」社会のフェミニズムにおいてほとんど理解されていない。アフリカ女性たちのこの、「先進国女性による性器切除批判」に対する反批判は、そのコンテクストを分析されることなく、

「先進国」の女性たちによってすべて「伝統擁護」の言説に還元され、「先進国」のメディアにおいて、そのようなものとして表象される（cf；Hosken 1993, Walker 1995b, 柳沢 1995）。しかし、「先進国」の女性が、「第三世界」の女性たちの問題を性器切除に専一化し論じようとすることで、「第三世界」の女性たちの問題をめぐる言説のイニシアティヴを握ろうとするのに対し、「第三世界」の女性たちは、そのような議論に抗することで、自分たちにとって何が問題であるのか、それを決定し、表象するのはほかならぬ彼女たち自身であるという権利、自分たちの自律的権利を守ろうとしているのである（cf；Saadawi 1988, Gilliam 1991, Johnson-Odim 1991, Lionnet 1994, Nnaemeka 1994）。

西洋人女性たちがこぞってこの問題〔女性性器切除――引用者〕を議論の俎上にのせようとするのは、知的な新植民地主義を通じて、彼女たちの第三世界の姉妹たちに対してヒエラルキカルな関係を打ちたてようとしているように思われた。それは潜在的な人種差別主義を表わしていた。なぜならこの問題は、「後進的な」アフリカやアラブの文化のこれら「野蛮な」習慣という形で議論されたからである。(Gilliam 1991)

彼女たち〔ウェルズレイの国際会議から帰国したアフリカ女性たち――引用者〕が確信したのは、先進国の女性たちは、第三世界の女性たちが何を必要としているのか、何を目的にすればよいのか、何が優先されるのかを決定することで、アカデミズムにおいても、また開発援助計画を通じても、指導的役割を担おうとしていることであった。(Johnson-Odim 1991)

私たちアフリカ女性はこれまで、熱意過剰な外国人の姉妹たちの行動、すなわちフェミニストたちが、いわゆる第三世界の女性たちの抑圧と闘うという大義名分のもとに、私たちの闘いを横領するのを目にしてきた。（中略）他の女性たち同様、アフリカ女性にも問題はある。しかしもっと重要なことは、アフリカ女性もこれらの問題を解決してきた、ということだ。何が優先されるべきか、私たちのアジェンダは何かを決定することができるのは、ひとえに私たち自身である。（Nnaemeka 1994：309）

それはまた、自分たちの身体の問題を支配しようとする他者の言説に対する抵抗でもある。たとえば経済援助の一環としてバングラデシュの女性たちに対して実施されている強制的な避妊政策の実態を見れば、自らの身体についての言説に対する主体的自律性を維持することが、「第三世界」の女性たちにとって、いかにクリティカルな問題であるか分かるだろう（「先進国」フェミニストによる女性性器切除批判は、新生児死亡率を低下させ、母体の生命を守るものである以上、「第三世界」の人口抑制をめぐる言説と同列には語れないというリオネの見解は、「第三世界」の女性を殺すまいとするにせよ、彼女たちに産ますまいとするにせよ、「先進国」の言説が、彼女たちの生命を管理する「生権力」への欲望として立ち現われている——まさに、それがために、「第三世界」の女性たちはこれに抵抗するのである——という点を過小評価していると思われる——Lionnet 1994：21-2）。

「第三世界」の女性たちから見れば、性器手術廃絶に対する彼女たちの主体的取り組みの可能性を阻んできたのは、むしろ、「先進国」の、覇権主義的、植民地主義的な欲望であったと言えるだろう――北側先進工業世界は、経済的搾取によってアフリカ社会を構造的貧困状態におき、性器手術廃絶に不可欠な社会の経済的自律や教育の普及を阻害している。また、「先進国」フェミニストは、性器手術をアフリカ社会全般の後進性、野蛮さの証拠とするような形でこの習慣を批判することで、切除反対を唱えるアフリカ人女性までもこの慣習に対して擁護的な立場をとるように追い込み、南北を越えた女性たちの連帯の可能性はしばしば分断された（cf.; Gilliam 1991）。したがって、北京会議においてアフリカ女性自身が「性器切除廃絶」のためのワークショップを主宰したことを、「西洋フェミニズム」のおかげで彼女たちがようやく、この習慣を人権抑圧と認識するまでに啓蒙されたなどと考えるとしたら、とんでもない誤解だろう。それは、彼女たちの社会の、政治、経済、文化のさまざまなレベルで彼女たちの生を抑圧する先進工業世界の新植民地主義と、彼女たちの主体性を否定し、無力化しようとする「先進国」フェミニズムの言説に彼女たちがあくまでも抗して、自らの力でエンパワーすることによって実現したのだと考えるべきだろう。アフリカの女性たちの生を支えているのが、彼女たちの生を貫く、この「抵抗」の精神であることは間違いない。

アリス・ウォーカー『喜びの秘密』の没歴史性

ウォーカーの『喜びの秘密』もまた、物語の最後で、「喜びの秘密は抵抗である」という真理が明かされているところを見ると、アフリカ女性のこの「抵抗」が作品の重要なモティーフとして意図されていたことを示している。事実、ウォーカー自身の次のような言葉がそれを裏付けている。

「自分の国を白人にとられたアフリカの黒人が、どんな屈辱のもとで生きてきたか。彼らが生き延びることができたのは、抵抗したからよ。白人に対する抵抗です。（中略）タシも同じ。伝統に対し、自分の体験を通してノーを言った勇敢な女性です」（Walker 1995b）。

しかしながら、テクストの身ぶりは、作者の意図として語られるこれらの言葉をむしろ裏切る結果になってはいまいか。

たしかに主人公タシは、性器手術が民族の誇りなどではなく、女を支配しようとする父権制度の暴力にすぎないことを悟ったとき、自分に手術を施した老女マリッサを殺すことで、この「伝統」を峻拒する。それ自体はまさしく、一女性の「抵抗」でありうるだろう。しかし、タシの性器手術によるトラウマ的生は、性器手術の慣習の暴力性を効果的に描出する仕掛けではあるにしても、アフリカ社会に生きるアフリカ女性たちの現実とあまりにも隔たっているのではないか。ウォーカーのテクストは、アフリカ女性の人権を問題にしながら、実は、アフリカ女性の生の現実について何も描いていない。この作品によって私たちが知るのはひとえに、タシという一人の女の破壊された生を通して描かれる性器手術の悲惨さである。

私はここで、小説作品とはすべからくリアリズム小説であるべきだなどと——非文学的な——主張をしているのではない。ウォーカーの意図が、性器手術という慣習の暴力性を告発することにあるなら——そして、実際にそうなのだが（「私がこの本を書いたのは、性器切除の事実を知らせるためだったの。誰にでも読める、シンプルで、直接的な、力強い本を書こうと思いました」——Walker 1995b）——、『喜びの秘密』は、作者の意図を十二分に実現しているという点において、見事に成功したテクストである（同書に触発されて、性器手術に対する批判の世論が容易に形成されることを見ても、それは分かる)。だが、タシがマリッサを殺すことをもって、アフリカ女性の「抵抗」が描かれていると、本当に言えるのだろうか。むしろ、『喜びの秘密』は、アフリカ女性を「抵抗」の主体から徹底的に排除することで成立しているテクストであると思われる。「黒人には喜びの秘密(=抵抗——引用者)があり、それがあるから、精神的、道徳的、肉体的荒廃に耐えることができるのだ、と信じている人々がいる」(エピグラム)という作者自身のことばとテクストのあいだには、実は深刻な分裂がある。作者のことばを裏切って、テクストの身ぶりが私たちに示しているのは、自らの抵抗の主体たりえない、受動的で無力な犠牲者としてのアフリカ女性たちなのである。

性器手術の起源が、女性の生と性を管理するための、父権主義の強要にあることは、アフリカ人フェミニストたちが前々から主張しているとおりである(cf; Saadawi 1977 = 1988, Abdalla 1982)。そして、女性性器手術の習慣は何世代にもわたる歴史のなかで、アフリカ社会の価値体系の有機的な一部として組み込まれてしまっており、そのことが、この習慣の廃絶を容易ならざるものにしている。さらに、この習慣の廃絶をいっそう困難なものにしているのが、すでに述べた、アフリカ社会をめぐる植民地主義的状況である。しかし、ウォーカーのテクストは、性器手術をめぐるこれらの現実について、残念ながら何も語っていない。

アメリカ社会の銃「文化」が、一朝一夕に廃絶できないことを考えても、社会システムに組み込まれた慣習を廃絶することの困難さがうかがい知れるだろう。アメリカ社会の銃「文化」の起源は容易に説明されうるだろうが、銃「文化」の維持を必須のものとして機能している強固な社会システムが存在する以上、起源だけをとりあげていくら批判したところで、そうした言説は正論にはちがいないにしても、現実的な実効性をもたないだろう。これを廃絶しようとするなら、社会的、歴史的に絡まりあった無数の糸を、根気強く、一つ一つときほぐしていくしかない。性器手術の習慣も同じことにちがいない。性器手術がその社会固有のシステムの有機的な一部である以上、その廃絶のためには、有機的に絡まりあった糸をほぐすための、社会的、歴史的なさまざまな分析が絶対に必要なはずである。しかし、ウォーカーが創造／想像するオリンカの村は、性器手術という「文化」の維持を、社会の再生産に不可欠なものとするようなシステムが何も描かれていないという点で、まったくリアリティを欠いている。作品の舞台として架空の社会を想定すること自体に私は反対しないが、ウォーカーの『わが愛しきものの神殿』（Walker 1989 = 1990）に対するクッツェーの批判は、『喜びの秘密』においても示唆的であると思われる。

歴史とは単なる物語ではない。そこには、特定の無視しえない残酷な現実がある。アフリカには、白人男性の歴史家やウォーカーが安易に考案できない過去がある。（中略）我々がどのような新しい世界、新しい歴史を考案するにしても、それらは、人にそう確信させうるものでなければならない。それらは、可能な世界、可能な歴史でなければならない。（Coetzee 1993）

ウォーカーのテクストは、女性性器手術の悲惨さのみを強調し、アフリカ社会における父権制の暴力という観点からしかこの習慣を分析していないという点で、性器手術のきわめて一面的な部分しか語っていない。この習慣を、女性を暴力的に支配したがる男性の欲望のみによって説明することは、事実として正確さを欠くばかりか、そのような一見、客観的な説明が、アフリカ男性について野蛮なイメージを容易に喚起するという点で、差別性とも無縁ではない。アフリカの女性たちが、そのような一面的表象に反対するのは、伝統に盲従しているからでも、自社会の父権制を擁護するからでもなく、社会的、歴史的コンテクストに対する分析を欠いた批判の言説が、読者をきわめて限定的な――そして、おそらくは彼女たちの社会に対する差別的な――結論にしか導かないからである。性器手術を批判する「西洋フェミニスト」の言説は、没歴史的であるというサアダーウィー（Gilliam 1991 に引用）やジョンソン＝オディムの次のような批判は、ウォーカーに対しても当てはまるだろう。

第三世界の女性は、彼女たちの固有の父権主義によって、西欧の女性たちよりも抑圧されているというのは、完全に没歴史的な説である。（中略）肝心なことは、ジェンダー以外の諸要因が、第三世界の女性たちの抑圧の不可分な部分を構成していること、そして、父権主義に関しても、現地社会固有の不平等なジェンダー関係のもとにおける第三世界女性の労働の多くが、西洋の父権主義や人種差別主義、搾取によって強化されているということである。（Johnson-Odimu 1991 : 321. 強調引用者）

加うるに、アフリカ女性が日々被っている人権抑圧とは性器切除だけではない。アフリカ女性の問題を性器切除に専一的に焦点化する「西洋フェミニスト」に対するサアダーウィーの批判の前には、ウォーカーのこのような態度は反動でしかないだろう。

私は、女子の割礼のような問題にばかり目をやり、それをアフリカやアラブの国々の女だけが異常で野蛮な抑圧を受けていることを示す証拠にする、欧米の女たちの意見には賛成しない。私は、そのような問題だけを孤立させて取り上げ、それらを、至る所で女たちにのしかかる経済的・社会的困難と、先進国および発展途上国の女性に日常的にかけられている抑圧から切り離そうという試みには、全て反対する。(Saadawi 1988 : 25)

アフリカの女性たちの抵抗とは、このような現実のなかで、このような現実に対して、なされているのではないのか。さらに、アフリカ女性の表象に関して、「第三世界」の女性の表象に不可避的にまつわる上述のようなさまざまな問題と、それに対する「第三世界」の女性たちの抵抗を思いだすなら、そのような問題があたかも存在しないかのようなウォーカーのテクストの身ぶりは、彼女が、アフリカン・アメリカンであるにしても、アフリカ女性の側からではなく、結局はアフリカ女性がつねに批判している「西洋フェミニスト」の視点から発想していることを物語っている。

記号化される女性と抵抗の「文化」

そのことはたとえば、ソマリア人女性アマンの波乱に満ちた半生を、アマン自身の口述によって綴った『裸のアマン』(Aman 1995) を読むなら、いっそう明白だろう。ソマリアの遊牧社会という、おそらくは私たちからもっともかけ離れた遠い世界の、一アフリカ女性が語るその半生の物語が、しかし、私たちを惹きつけてやまないのは――アフリカの口承芸術の伝統に培われた彼女の語りの巧さもさることながら――、彼女の生を貫く自律性と抵抗の意志のゆえである。いや、それはアマンだけに限らない。アマンの母も、また、アマンのまわりの女たちも――もっとも苛酷な性器手術の犠牲者であり（ソマリアでは女性のほぼ一〇〇パーセントに対して性器の全切除と陰部縫合が行なわれている――cf；Abdalla 1982）、家父長制度の暴力の被害者であるはずのこれら女性たちが――実は、強固な自我をもって、たくましく生きぬいているようすが、アマンというソマリア女性自身のことばで生き生きと語られている。

離婚にはさまざまな理由があるから、離婚の形もさまざまだ。（中略）わたしたち女は、こう考える。結婚生活がうまくいかないのだとしたら、なぜいつまでも耐える必要があるだろう？　離婚して、次のチャンスに賭ければいいではないか、と。（Aman 1995 : 31）

美しい母に思いを寄せる男たちはたくさんいた。何人もの男性にプロポーズされ、その地域の有力者たちが母に会いに来た。でも母は、もう二度と男に頼るまいと誓ったのだった。（中略）とうとう、母は自分の条件をのんでくれたひとりの男と結婚した。だがその二年後に、ふたりは離婚した。というのも子供が生まれたあとも、母が家族のもとを去って彼の家に移ることを拒んだからである。（*ibid* : 34）

そして、みんなそろっての夕食。カミジー夫妻が夕食を作り、平たい小麦のパンと揚げた肉をみん

なで食べた。夫妻はとても親切で、愛とは何かをわかっている人たちだった。(ibid : 97)

アマンのまなざしにとらえられるソマリアの女たちの姿は、ウォーカーのテクストが描くアフリカの女たちとどれだけ隔たっていることだろう。彼女たちのその力強い生に触れるなら、アフリカの女性を性器手術の一事をもって表象することが、いかに恣意的で、見当違いなことか分かる。『裸のアマン』が読む者に鮮烈なショックを与えるのは、それがノン・フィクションだから、ではない。性器手術の生々しい現実が描かれているから、でもない。アマン自身の生命力溢れることばに打たれることで、私たちは、アフリカ女性についてこれまで、いかに限定的な表象にしか触れてこなかったかを思い知らされるからである。

『裸のアマン』においても、ナイフをもって迫る新床の夫からアマンがいくども逃げ帰るようすが、彼女自身の口からヴィヴィッドに語られてはいる。それは、たしかに深刻な事態であるのだが、また同時に、アマンの生のあくまでも一部にすぎない。アマンが語る彼女の生の、ほかのさまざまなディテイルが、彼女を「性器切除された女性」だけに還元しえない、自律的な人格を彼女に与えている。

一方、ウォーカーのテクストではどうだろうか。タシが最終的に抵抗の意志表示をするにしても、ウォーカーのテクストに登場するアフリカ女性たちは、他者のまなざしのなかで、「性器手術の犠牲者」として表象される。たとえば次のようなことばが、性器手術を受けた女性たち、父権制度の犠牲者である女性たちに対する共感から発せられたものであったにしても、彼女たちの生のディテイル——そこには当然、彼女たちなりの抵抗と自律の意志があったはずだ——がテクストに描かれていないならば、これらアフリカ女性たちは、私たちの意識のなかで「無力な犠牲者」として容易に形象化されることになるだろう。

タシの夫、アフリカン・アメリカンのアダムはタシを裁く法廷に集まったオリンカの女たちを見て思う。

いま、ここに座っている瞬間さえ、彼女たちが削ぎ取られ、作り変えられた不自然な肉の収縮からくる痛みに耐えているのだということが、すこしはわかるだろうか。エヴリンだけではないのだ。文房具屋の若い女も、オレンジ売りの年取った女もそうだ。エレガントな衣装を着て扇子を使い、鼻の頭をパフで叩いて、汗でくずれた化粧を直しているブルジョア女もそうだ。後ろのドアのところでぎゅうぎゅう詰めになって、立ったまま聞いている貧しい女たちもそうだ。美しい、娘らしい娘、ンバティにしてもそうなのだ。(Walker 1995 : 198-9)

アダムの愛人、フランス人女性のリセットは、息子ピエールに次のように語る。

それはね、アルジェリアでわたしたちのために働いてくれた若い娘についてだったの。(中略)彼女の名前はアイシャといった。アイシャが結婚した夜のこと、花嫁のベッドサイドの低いクッションの上におかれたナプキンの陰に、小さな刃物がいくつかしのばせてあった。(中略)それを見て、彼女は泣き声を上げながらわたしたちのところに逃げてきたのよ。(*ibid* : 169)

また、今は民族的記念碑となったマリッサの邸を訪れたタシが、出迎えた娘を見てまず考えるのは次のようなことだ。

彼女は背を向けた。無意識のうちにあたしは彼女の足元を見た。家の中に入っていく彼女の足取りは、間違いなく、〝正統な〟オリンカ娘の歩きかただった〔性器切除されることで、独特な歩き方になることを示唆している——引用者〕。(*ibid*：183)

『喜びの秘密』というテクストにおいて、「性器切除」は「アフリカ女性」の記号表現《シニフィアン》であると同時に記号内容《シニフィエ》であり、「アフリカ女性」は「性器切除」のシニフィアンであると同時にシニフィエである——性器手術とアフリカ女性の表象におけるこの一体性。それが問題であるのは、単に、アフリカ女性を性器手術によって一面的に表象しているから、だけではない。そのようなシニフィアン／シニフィエとして表象されるアフリカ女性を「解読」できるのは、性器切除の真実、すなわち、それが父権制によって強要された暴力であるという真理を保有している者たち(アダム、リセット、タシ)、すなわちアフリカ社会の外に位置する者たちであり、決してアフリカ女性自身ではない(タシをほかのアフリカ人女性と同列に語るには留保が必要だろう。アフリカン・アメリカンのアダムと結婚し、アメリカに渡ったタシがアメリカの市民権をもっているからではない。タシが——性器切除による苦しみを除いて——、現実のアフリカ社会に生きるアフリカ女性たちの経験を欠いているからである。タシが性器切除の「真実」を知りえたのは、このトラウマに専一的に向きあうことができるという特権的な環境にいたからであり、これこそ、多くのアフリカ女性にとって奪われているものである）。なぜなら、アフリカ女性が記号であるなら、「解読され」ることはあっても、記号自らが「解読する」主体となることなど、永久にありはしないからだ。ウォーカーのテクストはアフリカ女性たちを記号性のなかに閉じこめることによって、彼女たちから主体的な反抗の契機を奪ってしまう。こうして、ウォーカーのテクストにおけるアフリカの女性たちは、性器切除されているがゆえに、その真実から永久に遠ざけられることになる。彼女たち自身が「真実」の表象であるために、彼女たちは自らの「真実」から疎外されるのだ――たとえばタシのような真理を知る他者が、それについて教えてくれるまで（自己に対する批判的なまなざしが、他者の視線を内面化させることによって初めて可能になるにしても、それは、他者によって教えられて分かる、ということとは全然、違うことであるはずだ）。『喜びの秘密』というテクストの身ぶりが語っているのは、アフリカ女性の真理を保有しているのは誰か、それについて語ることができるのは誰か、についての一つの――きわめて一方的な――答えである。『喜びの秘密』におけるアフリカ女性が徹底的に無力な存在として形象化されてしまうのは、テクストが彼女たちを、記号の受動性のなかに閉じこめるからである。

アフリカ女性たちの生のディテイルの欠如、それが、アフリカ女性を主人公にしたウォーカーのテクストの特徴である。アマンの自己語りは、それを彩るディテイルの豊かさにおいても、ウォーカーのテクストの対極にあると言えるだろう。たとえば、アマンが描くソマリアの自然――

砂漠に雨が降ると、あたりはすばらしい匂いに包まれる。周囲を見まわすと、草も木もいっせいに輝きだす。だれが植えたわけでもない、アラーの神がお植えになったさまざまな花が、白や赤や紫の野の花が、あたりいっぱいに咲き誇っている。雨がすべてを緑に変え、生命に息を吹き込むのだ。*

(Aman 1995 : 38)

このようなことばの一片からでさえ、私たちは、自らを育んだソマリアの大地と、そこにおける生に対する、アマンの深い思いに触れることができるだろう。そうした思いに触れるからこそ、苛酷な現実にもかかわらず、彼女が民族的誇りをもって毅然と生きているという事実を、私たちは理解するのだ——「ソマリアは世界一すばらしい国だと、わたしは信じている」(*ibid* : 77)。そして、それゆえ、「これ〔割礼——引用者〕はわたしたちの文化であり、宗教であって、ほかの国の人たちが他の国の文化を取りあげることなどできないはずだ」(*ibid* : 273)という彼女のことばは、これを、アフリカ女性の無批判な伝統擁護に矮小化しようとする「西洋フェミニスト」の言説をゆうに粉砕する強度をもちうるのである。「もしソマリアの女たちが変わるとしたら、それはわたしたちの手によって、内部から変わっていかなければならない」(*ibid*)のだから。アマンにしてもサアダーウィーにしても、強調するのは、アラブ女性あるいはアフリカ女性自身が、変革の主体とならねばならないということだ。

これに対しウォーカーのテクストは、アフリカ女性を性器手術の犠牲者という受動的な記号性によってのみ表象し、かつ、彼女たちの生をとりまく世界のディテイルを著しく欠落させることによって、彼女たちが、自らの問題をめぐる言説の主体となる契機を奪っている。タシが民族の誇りから進んで、民族の伝統たる性器手術を受けるにしても、タシにおける「民族」や「伝統」の内実は——獄中にある民族闘争の闘士に対する無条件の英雄視を除いては――結局のところ、何も語られてはいない。「民族」や「伝統」が所詮その程度のものにすぎないならば、「民族の伝統的文化」にしたところで、「人権の普遍性」といった言説に拮抗するような根拠など存在しないのは当然のことだろう。「民族の伝統」が最初から否定されるべきものにしかすぎないならば、ウォーカーのテクストが語っているのは、作者が問いかけているという、「民族の伝統」は「人権」に優先するのか、という「問い」ではなく、実はア・プリオリな回答であり、それは、この問いが、それに答えようとするなら必然的に提起せずにはおかないはずのさまざまな問題――「民族」とは何なのか、「伝統」とは、「文化」とは、そして「人権」とは、という問い、それは畢境、人間存在とは何か、「私」とは何か、という問いに至るものであろう――を排除したところで成立しているものだ。だが、「民族」にも「伝統」にも結局、その程度の内実しか与えられないのは、ウォーカーにとって、これらアフリカ女性たちが生きている生の現実が所栓は他人事にすぎないという事実をはしなくも露呈していよう。

たとえばパレスチナの女性作家サハル・ハリーフェが小説『ひまわり』(Khalife n. d.) で描くのは、被占領地に生きる一パレスチナ人寡婦の生活である。彼女は、女手一つで子供たちを養うために、社会の白眼視に耐えながら、イスラエルの縫製産業の下請けで生活の資を稼いで、自律的な生を貫こうとする。あるいは、モロッコの女性作家ライラー・アブーゼイドの『象の年』(Abuzeid 1984) では、対仏独立闘争に積極的に参与した一人の主婦が、祖国独立後、新社会で成功した夫に一方的に離縁され、孤立無援な状況のなかで自活のための闘いを余儀なくされる。ここでも、彼女の自立を可能にするのは、皮肉なことに、かつて自分たちが民族の自律を求めて闘った当の相手であるフランスの、文化センターにおける掃除婦の職である。

これらの作品は、従来の「民族」が男性の言説にすぎなかったことを示し、ア・プリオリに措定される大文字の「民族」に対して疑義を表明すると同時に、日常の生の実践を通じて、女性がその主体となりうるような民族生成の契機を追求しているが、女性と民族に対しそのような可能性を見いだそうとする彼女たちのエクリチュール自体が、女性と民族の抵抗と解放の可能性を実現する、一つの営為として立ち現われているように思われる。あるいは、不正を糾して愚直に生きる一老女（『豊穣な記憶』一九八〇年）や、婚礼の床で自ら破瓜に及ぶ花嫁の姿（『ガリレアの婚礼』一九八七年）を通して、女と民族の交点の上に、あるべき人間の解放の可能性を見いだす映画作家クレイフィや、もっとも保守的で抑圧されていると思われていた女たちのうちにこそ、アルジェリアの、パレスチナの革命の可能性を読みとったファノン（『革命の社会学』1967）やジュネ（『恋する虜』1994）を想起するなら、これらのテクストとウォーカーのテクストのあいだには、民族の抵抗の主体たる女性に対するまなざしにおいて、ある埋めがたい断絶がある（cf；岡 1995b）。

いや、それだけではない。たとえば、マケドニアのミルチョ・マンチェフスキーは映画『ビフォア・ザ・レイン』（マケドニア・英仏合作、一九九四年）において、「民族」という他者が実は、「私たち」の憎しみにおいて実体化するという事実を鮮烈な映像で描き、今日、抑えがたい暴力として顕現する「民族」をめぐる問題が、「私たち」自身の問題にほかならぬとする認識の地平を切り拓いてみせる。私たちはいかにして、自らの憎しみと暴力の円環を断ち切ることができるのか。その答えは、「民族」というものの内実を徹底して掘り下げるという営為のなかでしか見いだしえないのではないか。少なくとも、

「民族」の起源を問い返すことなく、これを父権的で抑圧的なものとして否定しさえすればよいというウォーカーのテクストの粗雑な身ぶりは、ア・プリオリな「民族」に同一化するのと同様、解放の契機からもっとも遠いものだろう。

さらに、「〈文化〉というものが、私にはよく分からない。文化相対主義とか、文化多元主義などというときの、その〈文化〉である」（徐 1997：7）という在日朝鮮人の作家・徐京植氏の言葉によって逆に照射されるのは、「女性の性器切除を文化と呼ぶなんて、言語道断です。（中略）文化などであろうはずがない。女性に対する暴力、まさに拷問よ」（Walker 1995b）と語るウォーカーの、「文化」をア・プリオリなものとして語りうる、まさにその特権的な場である。そして、そのようなウォーカーの言葉に対する対抗的言説として登場する「性器切除は私たちの文化だ」というような主張も、実は「文化」というものを自明なものとする、この特権性を享受している点においては、ウォーカーと同じと言える。「性器切除は文化である」というような言説を超克することができるとしたら、それは、「性器切除が文化などでありえようはずがない」というような言説によってではなく、そのような「〈文化〉を静態的かつア・プリオリなものと捉えるステレオタイプ」（徐 1997：11）こそを問い直す視線によってであろう。そして、徐京植氏が語るように「抵抗がある以上、（中略）そこにこそ文化は表明されているのだ」（*ibid*）とすれば、ハリーフェ、アブーゼイド、クレイフィらが描いているのは、一女性の抵抗によって表明される、民族の文化にほかならないと言えるだろう。そこにおいて、「民族の文化」とは、普遍的人権とア・プリオリに、相互排除的に対立するものではなく、むしろ、普遍的人権そのものの実現なのではないか。

「民族」についても「民族の文化」についても、そして「人権」についても、その内実に関して実は何事も語っていないウォーカーのテクストを、その逆のものとして受容してしまう態度は、「単一民族幻想」に容易にからめとられてしまう私たちの、自社会に対する批判的まなざしを著しく欠落させた態度と、おそらくは無縁であるまい。

他者に代わって語ることへの禁欲

アマンにとって近代西欧的なエクリチュールによる自己表象は永久に他者のものであるだろう。彼女の自己語りを本の形に構成したカナダの人類学者ジャニス・ボディは、アマンの物語を、ボディ自身のことばで――人類学的テクストとして、あるいは小説として――書きなおすこともできたはずだ。だが、ある特定の社会で流通している表象の形式を共有していないからといって、アマンが自己を表象できないということにはならない。『裸のアマン』を通じて私たちがその一端に触れるアマンの「語り」が、それを証明している。結局のところ、「自己表象不能な他者」とは、そのようなものとして他者を規定するという、まさにその事実こそが、彼女らから、そのことばを奪ってしまうのだと言える。ボディがあくまでもアマンの口述という形式にこだわったのは、他者の声の簒奪という問題に対する積極的自覚の反映であり、『裸のアマン』は「第三世界」の女性の自己表象という問題に対する、ボディの一つの回答でもある。

性器手術の問題を語ることがことさらにセンシティヴであるのは、すでに述べたように、「先進国」の作家が、「第三世界」の女性の問題について語るという特権を行使しながら、「第三世界」の女性の主体的権利をいかに保障するかというパラドキシカルな問題を孕んでいるからであるが、この他者の表象という問題に、ではウォーカーはどのように答えているのだろうか。

『カラーパープル』においてウォーカーは、一種の霊媒となって、からだのなかから涌いてくる登場人物たちの声を書き綴ったという（柳沢 1986）。他者自身によって語られた声なら、他者の表象の問題などたしかに生じる余地はないだろう。では、『喜びの秘密』はどうか。

> 彼女たち〔アフリカ女性たち――引用者〕の側から廃止の声を上げるのは、すごく難しいと思う。彼女たちには現実の苦痛の中で廃止の運動を起こす余裕がない。
> 「たとえばブルキナファソに行ったときの話。（中略）女の人たち、無気力、無反応なの。（中略）どの村に行っても、村の長老たちが座っている前で、女の人たちはただ黙って立っているばかりなの。まるでゾンビのように。肉体の破壊が精神を荒廃させてしまうのよ。こんな女性たちを見て、性器切除の本当の暴力性がわかったわ」。
> アフリカの中には、怒る力さえ残っていないのかもしれない。（Walker 1995b）

ウォーカーに他者の表象の権利を担保するのは、アフリカ女性のこの自己表象の不能性である。アフリカ女性が性器手術によって精神を荒廃させ、ゾンビのようなら、自分たちの問題――しかし、必ずしも性器手術の問題だけではないはずだが――の主体となることなど、たしかにできないにちがいない。しかし、このような自己表象不能なアフリカ女性という言説自体がすでに、ウォーカーによる一方的かつ恣意的な表象であるという事実を忘れてはいけない。

あなたは一人じゃないわ、一人じゃない、一人じゃない、とレイ〔タシの精神分析医のアメリカ人女性——引用者〕が言うのが聞こえる。彼女の力強い声は、ちがう時代からあたしのところへ送られてくるようだ。去勢されていない女の声には、ちがう響きがある。力強く響くのだ。去勢された女にはそのような声は出せない。（Walker 1995a. 強調引用者）

アフリカ女性についてウォーカーが、「去勢された女にそのような声は出せない」と語ることを可能にしているのは——だが、果たしてそうなのだろうか？　去勢された女は、アフリカの女性は、そのような声を本当に出せないのか？——、そもそも、アフリカ女性は自らの問題の言説主体になることができない（すなわち「去勢された女にそのような声は出せない」）という、トートロジックな論理である。アフリカ女性がゾンビなら、自己を表象することができないなら、私たちは、彼女たちに代わって、いかようにも彼女たちを表象することができるだろう。たとえそうした表象が恣意的なものであったとしても、彼女たちにはそれを訂正することができない。性器切除とは、クッツェーの『敵あるいはフォー』（Coetzee 1992）におけるフライデイの、舌を抜かれた口にほかならない。

南アフリカの白人男性作家J・M・クッツェーの小説『敵あるいはフォー』は、『喜びの秘密』というテクストに対する、一つの根源的な批評として読むことができる。『敵あるいはフォー』は、他者の表象という誘惑と、それに対する抵抗の物語である。

ロビンソン・クルーソーとフライデイの暮らす孤島に漂着したイギリス人女性スーザン・バートン。彼らとともに一年を過ごしたのち救出されたスーザンは、イギリスに戻り、ロンドンでフライデイとともに生活するようになる。スーザンはささやかな財産が手に入ることを期待して、孤島での生活を小説にしてくれるよう、作家のフォーに依頼する。だが、舌を抜かれているフライデイは言葉をもたないがゆえに、自らの来歴について何事も語ることはできない。彼は、いつ、どこで、誰によって、なぜ舌を抜かれたのか——その深淵の底には、真実が隠されている。フライデイの口は、その深淵の暗さゆえに、スーザンを惹きつけてやまない。それは空洞であるがゆえに、いかなる物語をも可能にしてしまう表象零度のトポスである。

だが、スーザンはぎりぎりのところで、他者の真実を物語るという、この魅力的な欲望に抵抗する。なぜなら、フライデイについて何を語ろうとも——たとえ、それが万が一にも「真実」であったにしても——、結局はスーザンという他者によって物語られたものである以上、フライデイ自身の物語ではないことを、そして、それゆえ真実とはなりえないことをスーザンが知っているためだ。それはまた、自分の物語が他者によって勝手に捏造されることを、スーザンが拒否するからでもある。彼女はフォーに言う。

以前あなたは、この中間部に、人食い人種か海賊の侵入事件を挿入するというのはどうだろうとおっしゃいましたね。そういうこと、私は認めることができません。事実じゃないからです。今あなたは、島の話を、行方不明の娘を捜す女の物語の中のエピソードにしようなんておっしゃる。これもお

断わりです。(Coetzee 1992 : 151)

私は、おわかりでしょうか、ぺらぺらと告白をした後タイバーン処刑場へと鞭打たれながら永遠の沈黙へと引き立てられ、あなたが好きなように物語を作るのを許すような、あなたがこれまでに扱った泥棒や追いはぎとはわけが違うんです。案内したり修正したりといったことは依然私の手中にあるんです。それより何より、話さないでいることだってできるんです。そうやって私は今でも私の物語の父であろうとしてるんです。(*ibid* : 153)

まさにこの点において、スーザンの沈黙とフライデイの沈黙はその異質さをあらわにする。フライデイは自らの物語について語りえないだけではない。ことばを奪われているということは、同時に、他者によって語られる自分についての物語を、スーザンのように否定する術をもたないということだ。スーザンの沈黙が自らの物語の真実を守るためのものであるのに対して、フライデイの沈黙は、他者のことばを否定することができないことで、スーザンの語るいかなる物語をも「真実」としてしまう。スーザンがあくまでも拒否しようとするのは、そのようにして、他者がなにものであるかを自分が語ってしまうこと、すなわち他者の「真実」を表象する主体となることなのだ。

フライデイは言葉は何もできませんし、他人の欲望に従ってだんだん違う形に造り変えられていくのを防ぐ手だては何もないのです。私が彼は人食い人であると言えば、彼は人食い人になるのです。

洗濯夫であると言えば、洗濯夫になる。フライデイの正体は何なんでしょう？（中略）彼が彼自身にとって何であろうと（中略）、私が彼について考えるものが世界にとっての彼になるのです。（*ibid*.: 151-2）

フライデイの「真実」を決定するということにおいて、自らがある決定的な特権を行使するということ、すなわち、彼を彼女の言説に隷属させること――それは、結局のところ、奴隷の舌を抜く白人の主人とどこが違うのだろう――を、スーザンはあくまでも禁欲する。フライデイ自身を、ことばによって何であるか規定できない以上、スーザンは彼との関係を規定することもできない。こうして、フライデイはいつまでもスーザンの言説の外に位置し、いつまでも表象不能の他者のままであり続ける。

おそらく私たちは、沈黙の深海へと降りてゆくことでしか、ことばなき世界のなかで、私たち自身がことばを奪われて、フライデイの声なきことばに身を打たれることによってしか、フライデイに出会うことはできないのだろう。『敵あるいはフォー』の最終章は、表象零度のトポスにおける他者との邂逅を実に美しいイメージで描いている――それは、ことばによらない他者との出会いの可能性をことばで表現するという、おそろしく困難な課題を、作家の、非凡な創作的エネルギーによって実現したものだ。

口が開く。彼の中から一瞬の止めどもなくゆったりとした流れが出てくる。それは彼のからだを通って出てきて、私に注がれる。船室を抜け、難破船を抜けて、断崖を洗い、島の岸を洗い、北へ南へ、地球の果てへと流れていく。柔らかくて冷たくて暗くて絶えることのない、それは、私の瞼を打つ。

私の顔の皮膚を打つ。（*ibid* : 198-9）

他者に代わって真実を語るという権利を、私に、保障するものは何なのか――「書く」という営為にまつわる、この他者の表象の問題にクッツェーはあくまでも拘泥する。黒人女性であることが、アフリカ女性の「真実」を語ることを自動的に担保するかのようにふるまうウォーカーと、クッツェーの態度はこの点において、決定的に異なっている（人種と表象をめぐるスチュアート・ホールとポール・ギルロイの議論は、ここでもウォーカーにおいて欠落している、ある問題意識について指摘してくれるだろう――Gilroy et Hall 1996）。

フライデイ／ショアー――表象不能の真実

性器手術はフライデイの口である。それが私たちを魅了してやまないのは、そこに真実が隠されているからだ。それは空洞であるがゆえに、私たちは、アフリカの女性たちの「真実」をいかようにも表象することが可能となる。スーザンのことばを借りるなら、私たちが彼女たちについて考えるものが、世界にとっての彼女たちになるのだ。だが、そのようにして語られた他者の「真実」とは、実は真実からもっとも遠いところにあるのではないか。フライデイの「物語」のように。「もし今の彼女たち（アフリカ女性――引用者）には読めなくても、その娘たちが読めたらいいと思って、すじだてもおもしろく読めるように、ミステリー仕立てにしたのよ」（Walker 1995b）というウォーカーのことばは、他者の「真実」の表象という問題において彼女が、クッツェーの問いを決定的に欠落させていることを示していよう。それはスーザンの漂流譚を人喰い人種やら海賊やらのエピソードによっておもしろく粉飾しようとする作家フォーを想起させるが、自らが領有する「真実」の粉飾を「読者の人材」という言説によって担保するウォーカーは、他者の「真実」を物語るという営為を、闇夜に商売する娼婦になぞらえてみせるフォーの自嘲とも無縁である。

たしかに、ウォーカーのテクストにおいても「真実」はなかなか明らかにならない。しかし、物語の時系列をシャッフルすることで生じるような謎としての「真実」とは、他者の真実の表象不能性に徹底的にこだわることで、クッツェーが辿り着こうとする真実とは、まったく異なるものだろう。そもそも真実とは、ことばによって表象できるものなのだろうか？　真実が真実であるのは、それがことばによっては表象しえないものであるからではないのか？　他者の真実とは、まさにそれが真実であるがゆえに表象不能の暗い深淵であり、私たちは、その深淵のふちを手探りで辿ることによってしか、あるいは、その深淵を満たす圧倒的な沈黙の重みに静かに身を委ねることでしか、触知することができないのではないか。少なくともクッツェーにおいて、真実とはそのようなものとしてある。では、ウォーカーにおいてはどうか。

ぼくはタシの苦しみを、女の普遍的な痛みとは考えたことがなかった。彼女の身になされたことは、特異なこと、固有なものと思っていた（アダム）。（Walker 1995a : 201）

だが、本当のところ、あたしらがやっていることはこどもの虐待そのものではないだろうか？（マ

リッサ)。(*ibid* : 265)

喜びの秘密は抵抗である。(*ibid* : 333)

『喜びの秘密』における「真実」とは、明かされてみれば結局のところ、こうした明示的な「ことば」の数々によって容易かつ直截に語りえてしまうものである。だが、「このような紋切型の文章が、『わが愛しきものの神殿』の最良の部分ではないにしても、読者を立ち止まらせるには十分である。解放を語るまさにそのことばが二番煎じのものであったなら、いったい解放がどれだけの深みにとどきうるというのだ」(Coetzee 1993 : 26) というウォーカー作品に対するクッツェーの批判は、『喜びの秘密』においても当てはまるのではないか。

私は、女性に対するほかのあらゆる暴力同様、性器手術を許しがたい暴力であると考える。そう考えるがゆえに、性器手術について「女性の性器切除を文化と呼ぶなんて、言語道断です。強姦、子供の虐待、奴隷制度を文化と呼ぶ? 性器切除もそれと同じこと。文化などであろうはずがない。女性に対する暴力、まさに拷問よ」(Walker 1995b) と語るウォーカーの、「すじだてもおもしろく読めるように、ミステリー仕立てにしたのよ」というようなことばにはこだわらざるをえない。そこには、他者の表象、「真実」の表象という問題に対する度しがたい鈍感さ、安易さがあるように思われてならない。それは、ホロコーストを「感動的」に描いてみせたスピルバーグの鈍感さ、安易さに通じるものである。『喜びの秘密』とスピルバーグの『シンドラーのリスト』に共通するのは、他者の表象、真実の表象の(不)

可能性という問題に対する、致命的なまでの問題意識の欠如である。

ショアー（ホロコースト）すなわちナチス・ドイツによるユダヤ人殲滅とは、それを記憶し、証言する者さえも存在しないという体験、体験者を自己表象不能な他者とせしめる体験である。したがって、ショアーの記憶として語られることばはすべて、実はショアーを体験「しなかった」ということの証言である。そして、ショアーもまた、当事者こそがことばを奪われているという点において、フライデイの口と言えるのではないか。ショアーの真実とは、表象不可能であるがゆえに、同時に、いかなる表象も可能にしてしまう表象の絶対零度のトポスである――事実、ショアーなど存在しなかったという言説さえ、そこでは可能なのだ。

こうして、ショアーの「真実」をシンドラーの物語として語ることも可能になる。しかし、ショアーとは死者の真実であり、『シンドラーのリスト』が描いているのは、生き残った者たちの物語であるという点において、それはショアーの真実とは決定的に隔たった世界に属している（シンドラーの救出リストに載りながら、誤ってアウシュビッツに送られた女性が口走る「何かの間違いよ、私たちはここに来るはずじゃなかったのよ」ということばは、間違いなくそこに来るはずであった者＝死者となるべき者、すなわちショアーの体験者と、「私たち」が決定的に異なる者であることを自ら明らかにしている）。にもかかわらず、それをショアーとして表象するという行為は、実は、ショアーの真実とショアーの犠牲者の尊厳に対する鈍感さ以外のなにものでもない。

映画のクライマックスのひとつは、誤ってアウシュビッツに送られた女性たちが、髪を切られ、衣服をはぎ取られて、ガス室と思われる大きな部屋に送られる場面である。

閉じこめられ、明りが消える。天井から突き出た注ぎ口を凝視する目。一瞬なにかが放出され、悲鳴があがると、そこからはただ冷水が吹き出している。本当はシャワーだったという転倒である。このどんでん返しは、実のところ『インディージョーンズ』のそれとどこが違っているのだろうか。

(岩崎 1994:180)


同時に、ショアーをこのようなものとして語ることは、ショアーなど存在しなかったと語るのと、どこが違っているのだろうか。

ショアーの真実とは、それを「真実」として語った瞬間に消失してしまうものである。したがって、私たちにできることは、その暗い深淵のまわりを永久にまわり続けることで、そこに表象不能の真実があることを示唆することだけだ。クロード・ランズマンのドキュメンタリー映画『ショアー』において、延々と走り続ける列車は、そのような運動性を表わしていよう。殲滅されるべきユダヤ人を載せてアウシュビッツへと向かう列車。しかし、彼らは本当にアウシュビッツへ到着したのか。もし、到着したのなら、それを証言する「当事者」は存在しない。だから、列車は走り続けねばならない、永遠に辿り着かない真実に向かって。列車のこの運動性だけが、その先に真実があることを保障するのである。

スピルバーグの『シンドラーのリスト』は、ショアーの表象不能であるはずの真実を、表象可能なドラマとして描くことで、ショアーの真実に関して決定的に誤解させるものである。にもかかわらず、まさにその安易な表象のゆえに、大量の観客動員を果たし、風化しつつあったホロコーストの記憶を世界的に呼び覚ましたという点で、高く評価されている。それと同じように、ウォーカーの『喜びの秘密』も、アフリカ女性の表象をめぐる、その根源的な問題にもかかわらず、性器手術の問題に対して世論を喚起したことで評価されるのだろうか。しかし、『喜びの秘密』をそのようなものとしてしか見ないならば、それは、結局のところ、性器手術の「野蛮さ」を訴える、単なるプロパガンダ的テクストにすぎないということになる。

「自分のまわりの「性器切除」は何か、と考えることができれば、そこでアフリカの女性たちと連なることができると思います」（Walker 1995b）というウォーカーのことばは、彼女が、「欧米の女たちは、クリトリスの外科的な除去こそ受けていないかもしれない。しかし彼女たちは、文化的・心理的なクリトリデクトノミー〔陰核切除――引用者〕の犠牲者である」（Saadawi 1988 : 25）というサアダーウィーの認識を共有していることを示している。事実、テクストは、主人公タシをめぐるさまざまな登場人物の声を交錯させることで、性器手術をアフリカの女性に限定されない問題として、これらの人々の間主観性において、普遍的な問題としてとらえようと試みてはいる。たとえば、ニューオリンズの白人女性に、子供のときにクリトリスを切除された事実を語らせることで、あるいは、フランス人女性リセットに、先進国の女もまた精神的に去勢されていると語らせることで、父権制の暴力がアフリカ社会固有のものでないことを描こうとはしている。

わたしには教会で行なわれる結婚式で、花嫁が誓う「従います」という言葉が、精神的、あるいは肉体的に自分自身が豊かになるということに、どうしても結びつかなかったの。その言葉は、女を罠

におとしめるものだと思ったのよ。(Walker 1995a : 46)

でもわたしたちのように動物の皮とか絹とかダイアモンド、または恐怖でつくられた貞操帯をつけている女。(*ibid* : 169)

西洋の女性も父権制の犠牲者であるとして、アフリカの女性たちと対等な地平で連なりたいと、ウォーカーが意図していたにせよ、そのテクストはしかし、性器手術されたアフリカ女性には遠ざけられている「真実」を、西洋人女性リセットには自明な真理として語らせることで裏切っている。ここでもテクストは、登場人物が語ることばとは裏腹に、「真実」を保有し、自らのことばで表象しえる者(西洋人女性リセット、精神分析によって「真実」を理解した白人女性)と、しえない者(アフリカ女性)を決定的に分断することで、西洋女性とアフリカ女性が、むしろ決して対等ではないことを語ってしまうのである。

さらに、これまで「第三世界」の女性たちが抵抗してきたのも、この、父権制の犠牲者という「女の普遍性」によって、彼女たちとあたかも同一の地平に立っているかのような身ぶりで連なろうとする、「先進国」の女性の欲望に対してではなかっただろうか。タシは、彼女の苦しみを女の普遍的な苦しみとして共有しようとするリセットの誠意を頑なに拒むが、物語の最後で性器手術の真の意味が明らかになったとき、今は死者となったリセットにはじめて心を開く。女をめぐる「世界」の分断を乗り越えた、女の連帯の可能性を示唆しているかに見えるそれは、しかし、果たしてそのようなもの、なのだろうか。テクストが構成しているのはまさに次のようなことである。すなわち、「第三世界」の女性が、女の普遍性において連なろうとする「先進国」の女性の差しのべる手を拒絶するのは、彼女ら「第三世界」の女性たちが、普遍的な真理を知らないからである、という言説である。ここでもテクストは、「第三世界」の女たちを、「先進国」の女による真理の教化の対象として位置づけることで、女たちの平等な関係性に基づいた連帯よりも、ヒエラルキカルな関係性による分断をもちこんでしまう。

「自分が属する民族の集団的苦難を表象し、その苦難の証言者となり、いまなお残る試練の傷痕をたえず喚起し、記憶を更新するという、この重要なことこのうえもない責務に加えて（中略）、危機を普遍的なものととらえ、特定の人種なり民族がこうむった苦難を、人類全体にかかわるものとみなし、その苦難を、他の苦難の経験とむすびつけることである」（『知識人とは何か』1995 : 75-6）とサイードが語る知識人の責務を、「先進国」社会の作家であるウォーカーが意図していたにしても、それは、「自分の民族をおそった惨事を、他の民族がこうむった同じような苦難とむすびつけないかぎり不十分であ」り、「自分が舐めた辛酸を、それも自分自身が舐めていたかもしれない辛酸を表象しているからといって、自分の民族が、いま同様の犯罪行為を他の民族に対しておこない犠牲者をだしていることについて、いっさい沈黙していてよいということにはならない」（*ibid.*）のである。私たちもまた「切除」の犠牲者であることを認識することにもまして、私たち自身が実は、他者に対して「切除」を行なっているのだ、という認識をもちうるかどうかこそが、「普遍」に至る困難な道程として、ここで問われているのである。ウォーカーは、死の床にあるアフリカ人男性にヨーロッパの製薬会社による搾取について語らせることで、西洋世界がアフリカを経済的に搾取している事実を示唆しているが、知識人として表象にかかわる者すべてに対してサイードがつきつけるこの問題が、そのような事実を示唆するだけで、容易に解消されうるものであるのか疑問である。

テクストのなかで語られることばとテクストの身ぶりが語るものの分裂――それが『喜びの秘密』の大きな特徴である。テクストの表層で発せられる登場人物たちの具体的なことばは、テクストそれ自体の身ぶりによって否定される。私たちは『喜びの秘密』というテクストを読むことで、テクストの表層に綴られたことばとは別に、このテクストの身ぶりが語るものを意識の深層において内面化するだろう。そして、この作品が、アフリカ女性に関して、私たち他者がいかように表象することも可能であるということを、自ら実践してみせたテクストである以上、これによって触発された性器手術反対の言説が、アフリカ女性を一方的かつ恣意的に表象することの暴力性に対して鈍感なまま、私たちの深層意識において内面化された、ウォーカーのテクストに内在する差別性を再生産することは十分考えられるだろう。『喜びの秘密』によって喚起された、日本における性器切除反対の運動が、ウォーカーが望むように、アフリカ女性と真に連なるものとなるためにも、他者の表象をめぐる問題について、ウォーカーのテクストを批判的に再検討してみる必要がある。そうすることで私たちは、この『喜びの秘密』というテクストを、単なる性器手術批判のプロパガンダではない、私たちとアフリカの女性たちのあいだに新たな関係性を創出する出会いの場として、創りなおすことができるにちがいない。そして、そのとき私たちは、私たち自身の社会において私たちが、その痛みを感じとることなく「切除」してきた者たちとの出会いに、一歩、近づくことができるのかもしれない。

文化という抵抗、あるいは抵抗という文化

学生のころ、ソマリアを訪れたことがある。七月末のことだ。真夏の赤道直下の暑さはいかばかりかと、日本を発つ前、暑さに弱い私は心配したが、首都モガディシオはインド洋から吹き込む季節風で、東京よりはるかに涼しかった。

イタリア人の女性が経営するクローチェ・デル・スードという名のホテルに泊まった。イタリア語で「南十字星」のことだ（ソマリアはかつて、イタリアの植民地だった）。ソマリアで飲む紅茶にはいつも、カルダモンの黒い小さな粒がいくつか浮かび、独特の香りがした。

モガディシオの街を歩く。街を行き交うソマリアの女性たち。褐色の肌に、朱や緑の鮮やかな、色とりどりの薄い一枚布を器用に、何重にも巻きつけて、彼女たちはみな、すらりと背が高く、くりっとした大きな目にいたずらっぽい笑みを浮かべて、「見て見て、東洋人よ」とでも互いに囁き合っているのだろうか、すれ違いざま、私にさりげなく好奇の視線を投げかける。

あるとき、国立舞踊団の民俗舞踊の練習風景に遭遇した。収穫の豊穣を祈願するダンスは、あきらかに男女の交合場面を模したもので、私はどぎまぎしながら、イスラーム世界なのにこんなに大胆な踊りをしてもよいものかと、余計な心配をしたものだった。性に厳格なイスラームというのは一方でもちろん事実ではあるけれど、その土地土地で人々は——女も男も——猥雑なエネルギーに満ち満ちてもいる。

学校がない地方部には寺子屋とでも呼ぶべきコーラン学校があって、藁を葺いた日陰で幼い子どもたちが

アラビア語の読み書きを教わっていた。みな、ノート代わりに木製の板をもち、墨汁を使って書いていた。書いた文字を消すときは、駱駝のミルクで墨を洗い流す。ソマリアの人々の滋養となる駱駝のミルクが、イスラームという精神の滋養を得るためにも欠かせないものであるということ。

車で数十分も走ると果てしないサバンナが広がる。地理の教科書の活字でしか知らなかったサバンナというものを、私はそのとき初めて見た。ところどころに繁る木々は、日本で見かける杉などのほっそりとした針葉樹とも、また、四方八方に枝を延ばした桜のような広葉樹とも違う、時たま降る雨をその身に可能なかぎり、一滴でも多く受け取ることができるようにと、枝々を斜め上方へ延ばして、遠くから見ると、まるで平たい大きなお皿を天に向かって掲げ持っているかのよう。雨が降れば、この草原一面に、色とりどりの花々が咲きほころぶのだとアマンは言う(『裸のアマン』)。それは、色鮮やかな布をまとったあの、ソマリアの女性たちのような花々だろうか。咲き乱れる花のあいだで、アマンが子鹿のように飛び跳ねながら、草原に佇むあの木々のように、両腕を高く天に向かって広げ、祝福のように降り注ぐ雨を受けとめようとする姿が目に浮かぶ。

『砂漠の女ディリー』(Dilie and Miller 1998 = 1999)という本がある。ワリス・ディリーは、ソマリアの遊牧民の娘で、一四歳くらいのとき、父親の決めた、年の離れた相手との結婚がいやで家出し、紆余曲折あった末、アメリカに渡り、スーパーモデルとして成功した女性である。彼女もまた、ソマリアの遊牧民社会の女性たちの多くがそうであるように、性器手術を受けている。現在では、この習慣の廃絶を訴えて、国連の人権大使として活躍する。

『砂漠の女ディリー』は、ワリス自身が、この習慣の暴力性を告発している本であり、また、彼女がソマリアを離れて、アメリカで暮らしているのも事実であるけれど、それは決して、ソマリアが何もない砂漠の国で、ソマリアの生活や文化のなにもかもを彼女が否定しているから、というわけではないだろう。

先日、NHKで放映された「未来への教室」という番組は、ニューヨークのハーレムにある学校の生徒たちが、ワリスを講師に呼んで、授業をしてもらうというものだった。一〇代の、ソマリアもアフリカも知らない生徒たちに、ワリスが故郷の話をする。あなたたちの暮らしとは随分、違うのだけれど、と言ってワリスは話し始める。その語りには、故郷への愛着と、そこで生まれ育った者としての深い誇りが感じられた。アマンの語りを貫いているのも、その誇りだ。私たちの想像を絶するような、苦しい、困難な経験をしながら——そのなかには、性器手術の経験も含まれる——、しかし、自らを育んだソマリアの自然と文化に対する揺るぎのない誇り、家族への強い愛情と信頼——その家族のなかには、自らの身に性器手術を施した者もいる。事実、ワリスは本の最後で次のように語っている。

女性性器切除の習慣を私が批判しているので、私が自分の文化を評価していないと考える人たちがいます。でも、それは、とんでもない間違いです。ああ、私は毎日、自分がアフリカ人であることを神さまに感謝しています。毎日、です。自分がソマリア人であることを私はたいそう誇りに思っていますし、自分の文化を誇りに思います。(中略) 割礼を除けば、私は、自分が生まれ育ったその環境を、ほかの誰とも交換したいなどとは決して思いません。(Dilie and Miller 1999 : 362)

私たちは、ソマリアについて、あるいは、アフリカについて、そこで生きる女たち、男たちについて、彼女ら、彼らが何を喜びとし、何を悲しみ、何を苦しみ、日々を生きているかについて、いったいどれだけのことを知っているだろうか。彼女ら、彼らの歴史について、文化について、何を知っているだろうか。ソマリアの文学について、ソマリアの小説について、ソマリアの詩について、ソマリアの音楽について私たちは何を知っているだろうか。ソマリアの作家について私たちは、一人でもいいから名を挙げることができるだろうか。私にはできない。それでは、ソマリアには、小説もなく、詩もなく、作家もいない、ということなのだろうか。そんなはずはない。私たちがただ、知らないだけだ。私たちが、単に無知なだけだ。だが、時として私たちは、私たち自身のこの無知を忘れてしまい、私たちが彼女たちの社会について何も知らないということを、彼女たちの社会にそうしたものが何もないかのように解釈してしまう。ソマリアの人々にとっての自然の豊かさ、砂漠というものの豊かさを知らないために、ソマリアは何もない砂漠の国だと考えてしまうように。

ソマリアの、あるいはアフリカの人々の生の営みの細部、そこに織り込まれている彼女ら、彼らの感情の襞、彼女らの歴史、彼女らの記憶、そういったもののすべてを——と、あえて言おう——私たちは知らない。それらを描いた、たとえば小説や映画があったとしても、それはアフリカの専門家が読んだり観たりすべきもので、一般の者には関係ないと思ってはいないだろうか。合州国やフランスの人々が織りなす人間的葛藤のドラマは、それこそ歴史物語から俗っぽいソープオペラにいたるまで、茶の間で観ることができるというのに。

人間とは、葛藤を生きる多元的、多面的な存在であるはずだ。私たちは、映画やテレビ・ドラマ、そして小説を通じて、そのような「人間」としてのアメリカ人やフランス人に数多く出会っている。それは、悩みを抱え、傷つき、あるいは、喜び、怒り、人間の美しさと醜さ、偉大さと卑小さをあわせもった、私たちの共感を誘う、等身大の人間たちである。私たちに阻まれているのは、そうしたさまざまな葛藤を生きる、私たちの理解可能な、多元的で真に人間的な存在としてのアフリカ人、あるいはアラブ人と私たちが出会うということである。

合州国の東海岸の弁護士事務所に勤める新米女性弁護士が恋や仕事で一喜一憂するその健気な姿——それは、彼女にとってはどんなに深刻な悩みであったとしても、合州国社会の内部にあってさえ、きわめて特権的な、中産階級のエリート女性の問題である——を描いたドラマ(『アリーMyラブ』)が日本のテレビで放映されて人気を博する一方で、ソマリアやケニア、あるいはエジプトで、ごく普通の家庭の人々がどのような問題を抱え、何に悩み、何を喜びとし日々生きているかといったことは、気まぐれのようにたまさか開かれるアラブ映画祭とかアフリカ映画祭といった、それ自体が特殊な催しで垣間みられるにすぎない。この受容コードの違い――テレビ・ドラマの日常性と映画祭という特殊性――が、そこで紹介される文化の受容のあり方と無関係だなどということがあるだろうか。モハンティの言う「第三世界差」がこうして形成される。アメリカ東海岸の中産階級エリートの文化という、私たちにとってさえ実はきわめて特殊であるはずの世界が「日常的」なものとして受けとめられ、私たちのなかにそのようなものとして内面化されていく一方で、もしかしたら、私たちにとっても馴染みのある世界かもしれない、アフリカやアラブの人々の日常が、特殊な文化として受容されていくことになる。

「アメリカ映画やハリウッド映画の文化的普遍性なるものは、一つの歴史的暴力の結果、もたらされたものです」と、モロッコの映画製作者ムーミン・スミーヒーは言う。「もし、文化帝国主義という牽引車がなかったなら、シカゴのギャングたちの世界や西洋のプチブルたちの恋物語といったもののすべてが、依然として、大多数の公衆にとって分かりづらいものであったでしょう」。(Trinh 1991 : 189)

以前、モロッコの日本大使館に三年ほど勤めていたことがある。そのとき、大使館のモロッコ人職員の女性たちと何本かの日本映画を観る機会があった。彼女たちの感動をとくに誘ったのが、小津安二郎の『彼岸花』(一九五八年)だった。勝手に結婚を決めてしまった娘(有馬稲子)に対する父(佐分利信)の微妙な感情をコメディタッチで細やかに描き出した小津作品に、彼女たちは異口同音に、これは私たちの社会と同じだと語った。小津ワールドは、もしかしたら現代の私たちにとって以上に、依然、大家族が多く、家族の絆を大切にする八〇年代後半のモロッコの人々にとって、「異文化」であることを意識させない、日常世界であったのかもしれない。こんなとき、「アラブ・イスラーム世界の家父長制」といったものが――それがたしかに、根深く強固に存在し、彼女たちの生を現実に抑圧しているにしても――、そうしたことばだけでは、彼女たちが現に生きる生のリアリティに到底とどきえないし、また、大切なものを摑みとり損なってしまうと感じたものだ。

私たちの日常の暮らしのなかで、私たちの共感を呼び、理解することのできる、人間的な——つまり多元的かつ重層的に描き出された——アフリカ人像／アラブ人像／ムスリム像に、私たちが出会う機会はほとんど、ない。佐分利信と有馬稲子の物語をスペンサー・トレーシーとエリザベス・テーラー（『花嫁の父』一九五〇年）に重ね合わせて想像してみることはできても、アフリカ人やアラブ人、あるいはムスリムの家庭で同じドラマを具体的に想像することはできない。

彼女ら、彼らの歴史、その生の営み、そして、彼女ら彼らの生をさまざまに分節し、独特の意味や価値を与え、彼女ら彼らの生を根底から支えているもの——それをさしあたって「文化」と呼んでもよいだろう——、そうしたものを私たちは知らない。彼女ら彼らが生きている生の現実についての、私たちの、この度しがたいまでの無知の真空状態に、ある日突然、たとえば「女性性器切除」といった出来事が登場する、生々しいディテイルをともなって。切除は女性にとって拷問にほかならない、こんなものは文化ではない、暴力だ、ということばによって、私たちは、アフリカ人とは、こんな暴力行為を文化だと思っている者たちかと思ってしまう。そして、事実、それはそのとおりなのだ。性器手術は、当事者にとって紛れもない文化、なのである。だとすれば、こんな野蛮な行為を「文化」として肯定するようなアフリカの文化それ自体が、私たちにとっては、唾棄すべき対象となるにちがいない。アフリカの、当事者の女性たち自身が、性器手術は、女性の身体を傷つける暴力であり、文化ではない、と言っているという事実が、彼女ら彼らの文化に対する私たちの否定的思いにお墨つきを与える。私たちは、性器手術を「文化」と見なすようなアフリカの文化を否定し、こんな暴力を文化や伝統と考えて、その維持にかかわっている者たちすべてを憎むだろう。

なぜ、こんな野蛮な習慣がなくならないのか？　それは、ファラオの時代から続いてきた伝統だから。アフリカの男たちが女を暴力的に支配したいから。手術を施すことを生業にしている女性たちが、それにともなう報酬という特権を手放したくないから。手術を受けないと結婚できないとか、子どもが生めないというう迷信を信じているから……等々、最大多数の公衆にとどかせようとして、説明は単純化され、単純化された説明がセンセーショナルに強調される。

たとえば、「ファラオの時代から」云々という説明を聞いて、私たちは、アフリカ社会とは、表面的にはビルが建ったり自動車が走ったりして近代化されたように見えても、その本質的な精神の部分は、数千年前と変わっていないのかと思ってしまうかもしれない。こうした説明が暗黙のうちに発しているメッセージとは、そのようなものなのだ。不変のアフリカ。歴史の外部におかれた世界。ウマ・ナラヤーンは、こうした歴史性を消去した語りの問題点を指摘し、これらの語りがはからずも植民地主義の時代さながらの語りを反復し、植民地主義的な効果を発揮していると主張する(Narayan 1997 : 43-80)。

あるいは、この習慣の廃絶を訴えるために、アリス・ウォーカーが総指揮をとって製作した『戦士の刻印』(プラティバ・パーマー監督、一九九三年)というヴィデオ作品がある。そのなかで、セネガルの活動家アワ・チワムが、ウォーカーのインタビューに答えて、性器手術(とくに縫合手術)について、それが、夫の不在時には再び、縫い合わされることを指摘し、続けてフランス語で次のように語る。

「夫は、まるで、ただの物を管理するのと同じように、妻を管理するのです」。

チアムはここで、男性がその都合に合わせて妻の身体を扱っているということ、つまり、女性がその人格を無視されて物扱いされているということを批判しているのだが、この部分の日本語字幕は、「性器手術は夫の快楽のため、女性はその道具にされてしまうのです」となっており、チアム自身の発言にはなかった「夫の快楽のため(の道具)」というニュアンスが挿入されている。

おそらく、性器手術の暴力性を強調したいという字幕翻訳者や日本語版製作者の思いが、「夫の快楽のため」という一文を挿入させることになったのかもしれないが、まず、チアムの発言にはそのようなニュアンスは含まれていないし、さらに問題なのは、こうしたニュアンスが加味されることで、快楽のために女性の性器を切り裂いたり縫い合わせたりするアフリカ男性という、アフリカの人々について実に暴力的で、差別的なイメージが生み出されてしまうことである。

そうした男性は、おそらくいるだろう。日本にもいるし、アメリカにもいるし、アフリカにだっているだろう。しかし、問題なのは、アメリカで女性が何分に一件という割合でレイプされ、FBIの統計によれば一年間に一四〇〇人もの女性が夫に殴り殺されている(Narayan 1997 : 98)と知っても、私たちは、アメリカ人男性をそういった、たった一つの否定的なイメージだけで理解したりはしない。なぜなら、優しい父親や夫、理解ある恋人といったアメリカ人男性のさまざまなイメージを私たちはすでにもっており、また、アメリカ社会やその文化のすばらしい面についても多々、知っているからである。けれども、アフリカ社会やそこで生きている人々について、そして、アフリカの文化について、それこそ植民地時代と大差ないイメージ以外ほとんど何も知らないで、妻の身体を自分の快楽の道具にして切り裂いたり、縫い合わせたりするアフリカ人男性というイメージが強調されたら、それは、私たちのアフリカ認識にどのような効果をもたらすだろうか。

また、『戦士の刻印』には、ウォーカーがある村を訪れて、手術を施す女性たちにインタビューする場面がある。私が気になるのは、性器手術の廃絶を求めて運動している、先のアワ・チアムをはじめとする活動家や女性知識人、そして、ウォーカーの発言が、ですます調を基本とする丁寧な、あるいは「女らしい」日本語に訳されている一方で、これら手術者の発言が、ぶっきらぼうな、野卑な印象を与える日本語に訳し分けられているという点である。彼女たちに割り振られたそれらのことばは、ウォーカーの前に正装して、威厳をもって現われた彼女たちの姿と、あまりにも似つかわしくない。なぜ、そのような訳し分けが行なわれねばならないのだろう。規範的で「女らしい」日本語は、高等教育を受けてフランス語や英語を操れる者、あるいは、都市中産階級の者の専用なのだろうか。高等教育も受けておらず、地方で暮らして現地語しか話せないと、規範的な日本語に訳してもらえないのだとしたら、それは、レイシズムではないのだろうか、階級差別ではないのだろうか(日本語における、この、無意識の訳し分けとして現われるアフリカに対するレイシズムは、私たちの日常のいたるところで発揮されている。たとえば民族集団について、それが西洋世界の者たちであれば「＊＊人」と訳す一方、アフリカであれば自動的に「＊＊族」としてしまったり、社会を律する法を西洋であれば「法律」や「規則」と訳すのに、アフリカだと「掟」や「戒律」と訳すという態度である）。

日本語字幕は彼女たちに、教育を受けた教養ある女性であればそうした話し方はふつう日本ではしないと思われる非規範的なことばを喋らせることで、彼女たちの無知蒙昧ぶりを強調する。彼女たちの無知蒙昧ぶりが強調されればされるほど、罪のない少女たちがそうした無知の犠牲になっているという性器手術の習慣の暴力性が際立つという効果がある。

子どもたちのどの部分を切るのですか、というウォーカーの問いに、手術者の女性は、それは秘密だから答えられないと応じる。それに対してウォーカーは、私たちは性器切除が何なのか知っている、どこそこを切りとり、縫い合わせることもある、それはもう秘密などではなく周知のことだと答える。ウォーカーのこの発言によって、手術者の女性の無知がさらに際立つ。彼女たちが後生大事に守っている秘密とは、もはや秘密でも何でもないということを彼女たちは知らないのだから（ウォーカーはここで、自分の小説を無意識に反復していると言えよう。すなわち、他者の「真実」はここでも、他者自身ではなく、先進工業世界の「私たち」によって領有されているという形で）。

私たちの目から見て、彼女たちが無知であることはたしかだ。だが、アワ・チアムが、性器手術は暴力であるという自らの信念を語っているように、彼女たちもまた、正装し、ウォーカーの問いかけに真剣に耳を傾け（おそらくは英語が分からないにもかかわらず、彼女たちはウォーカーのことばを頷きながら聴いている）、自らが正しいと信じるところを誇りをもって答えているということも事実である。彼女たちの信じるものが、私たちにとってどんなに誤っているものであり、批判されねばならないものだとしても、彼女たちの無知だけをとりあげて強調し、彼女たちの生を支えているその誇りや自尊心まで、そんなものは一顧だにする必要もないかのように、平然と踏みにじってしまってよいものだろうか。

誇りを支える「秘密」——グァテマラの先住民の活動家、リゴベルタ・メンチュウが人類学者のエリザベス・ブルゴスに、グァテマラ政府によるすさまじい先住民弾圧の実態について語った証言集『私の名はリゴベルタ・メンチュウ』(Burgos 1987) において、これは私たちの民族の秘密だから、もうこれ以上は誰にも話せない、人類学者であろうとジャーナリストであろうと、誰もそれについて知ることはできない、と繰り返し繰り返し語っていたことがここで思い出される。ある集団の抵抗を支えるため、生き抜くために必要とされる、集団の「秘密」というもの。手術者の女性たちにとって、そして、手術を「伝統」として、その身に受けている多くの女性たちにとってもまた、「秘密」とは、彼女たちが、私たちには想像もつかない過酷な生を、誇りをもって生き抜くために必要としている抵抗の力の源泉なのではないだろうか。

リゴベルタの「秘密」を尊重するならば、私たちは、彼女たちの「秘密」をも尊重すべきなのではないか。それは、手術を批判すべきでない、とか、手術は存続すべきだ、ということではない。手術を批判しつつ、しかし、同時に、それを「秘密」として、抵抗の力として、過酷な生を生き抜いてきたこれらの女性たちの、その強さとその痛みに対して共感するということである。

性器手術が「文化」であるとはそういうことだ。彼女たちの社会の歴史についても文化についても何も知らない私たちには、性器手術の暴力性、野蛮さだけしか見えない。だから、それが文化であると言われても、そんな文化全体を否定したところで何の痛痒も覚えない。しかし、性器手術は女性の肉体に対する紛れもない暴力であると同時に、それが文化である以上、そこには、彼女たちのアイデンティティ、過酷な環境を生き抜くための誇りや抵抗の力もまた織り込まれているのである。さらにまた、植民地主義支配の歴史のなかで、文化を否定され、民族の尊厳を否定された者たちにとって、「文化」というもののもつ意味、「伝統」というもののもつ意味はとてつもなく重要である。

性器手術は拷問であり暴力である、そんなものは文化ではない、と考える者は、性器手術を「文化」だとみなすような社会の文化それ自体を抑圧的で、女性にとって有害なものだと考えるだろう（事実、ホスケンの性器手術批判は、そのような論調で書かれている）。そうした者たちにとっては、いや、そこには、彼女たちのアイデンティティ、なかんずく抵抗の力や誇りもまた織り込まれているのだなどということばは、だから、性器手術は文化だからよいのだと、切除を擁護するために語っているものとしか聴こえないかもしれない。だが、これらの者たちが捉え損なっているのは（そして、その捉え損ねの結果として、意図しないまでも人種差別的な、あるいは植民地主義的な語り方でもって性器手術の批判をしてしまうのは）、「文化」と「暴力」が、実はそうそう単純に対立的なものであるわけではなく、むしろ、解きほぐしがたく錯綜したものであるという事実だ。これらの者たちはおそらく、性器手術など「文化」ではないと言ってこれに抵抗するアフリカ女性たちの、その抵抗の力、その主体性を、「文化」に抵抗しているのだからという理由でアフリカの文化と対立的なものとして捉えてしまう。だが、そうではないのだ。ワリスが、父親の決めた男性と結婚するのがいやで家出したとき、彼女は、自分自身の意志でそれを実行したことを思い出してほしい。アマンもまたつねに、自分の意志で行動し、人生を選択していた（その選択は、しばしば裏目に出ることもあったが、アマンはその結果を毅然として受け入れた）。ソマリアの文化には、性器手術や、父親が娘の結婚相手を有無を言わせず決めるという、紛れもない父権主義的な抑圧もある。しかし、また同時に、ワリスやアマンが、こんなにも幼くして自律を志向し、それを実行するという、彼女たちのその自律性や抵抗の力を育み、培ったものもまた、ソマリアの文化だということを私たちは忘れてはならないだろう（私がここで思い出すのは、二〇世紀初頭、エジプトのフェミニズムの指導者であったホダー・シャアラーウィーである。ホダーが、強制された結婚に自ら終止符を打ち、婚家を出るという、彼女の「人生の中でもっとも果敢で威厳に満ちた行動をとったのは」（Ahmed 1992 = 2000 : 257）、彼女が西洋的な価値観に触れる前、わずか一三歳のときのことだった）。

性器手術の痛みを日々生きているアマン自身が、自らの手術を施された性器を誇りに思うように、性器手術をはじめとする父権主義的な抑圧、植民地主義の抑圧、今なお続く経済搾取、そうした、彼女たちが被っている諸々の抑圧に対して、彼女たちが抵抗する、それを生き延びる、それもただ生き延びるのではなく、誇りをもって生き抜く、その抵抗の力、その誇りを彼女たちに与えているのは、逆説的にもたとえば、性器手術であったりもするのだ。彼女たちの抵抗の力が、文化のなかに織り込まれているというのはそういうことだ。批判し、抵抗し、乗りこえるべき対象が、同時に、それに対する抵抗の力を生み出すものでもあるのだということ。この逆説。だが、文化とはそのようなものだ。そして、文化とは、その逆説を自らのダイナミズムとし、つねに、新たなものへと発展生成している。

　彼女たちが向き合っているのは、彼女たちの誇りやその抵抗の力を生み出す源泉としての「文化」の力は保持しながら、いかにして、たとえば性器手術という女性に対する抑圧的な行為（とそれに付随する父権主義的価値観）を批判し、廃絶にいたらしめるか、暴力と抵抗の力が分かちがたく織りあわされた、この「文化」というタペストリーをどのように解きほぐし、どのように、別の新たな、解放的な紋様に織り直していくことができるのか、という困難な問いである。そして、その作業には、必ずや痛みがともなうだろう。自らのアイデンティティが深く織り込まれたものを否定し、そこから我が身を引き剝がさなければならないのだから。異文化に生きる私たちは（しかも、植民地主義の時代、彼女たちの抵抗の力を涵養するその文化を否定し、根こそぎにしようとした歴史をもつ社会に生きる者たちは）、彼女たちのこの困難な闘い、すなわち、「文化」というこの、複雑なタペストリーの解きほぐしと織り直しという、痛みをともなう作業に、どのように協力し、いかなる貢献をすることができるだろうか。私たちに問われているのは、そのようなことである。西洋社会における性器手術の批判のあり方に対するサアダーウィーやAAWORDをはじめとするアフリカのフェミニストたちの反批判とは、実は同時に、彼女たちのこの困難な闘いへとともに参画することを私たちに呼びかける、そうした連帯への呼びかけの声でもあるのだ。私たちは、その呼びかけに、どのように応えることができるだろうか。

　繰り返し言おう。性器手術は批判されねばならない。性器手術の習慣を批判することがレイシズムなのではない。植民地主義的なのでもない。私たちがそれをいかに語るか、その批判のあり方が問われているのだ。したがって、その批判とは、アフリカ社会が太古の時代から不変であるかのように没歴史的に語ったり、また、アフリカの男性たちをことさらに野蛮に描いたり、伝統によって支えられて生きる者たちや、伝統に誇りを見いだす者たちの無知をあげつらったりすることによってではなく、たとえば彼女たちの無知を永続化させている物質的な諸条件――北側先進工業世界が彼女たちの社会の政治や経済を支配したり、経済的に搾取したりすることも、そうした諸条件の一つである――こそを明らかにし、その解体を自らの課題にするものでなければならない。そして何よりも、彼女ら彼らを、複雑な現実と変容する歴史のなかで痛みや葛藤をもって生きる、人間的な陰翳をもった存在として描き出すものでなくてはならない。そうしてなされる手術批判は、レイシズムやステレオタイプ、彼我のあいだの植民地主義的な関係性の再生産とははるかに隔たった、私たちのアフリカ理解と新たな関係性の構築にこそ貢献するものであるにちがいない。

Ⅱ　発話の位置の政治学

「文化」をどこから語るか

「ニュートラルな語り」は存在するか

ノーマ・フィールドの『天皇の逝く国で』(Field 1994)は、何よりもまず、彼女が紡ぐ、その言葉のたたずまいが特筆に値しよう。入念に彫琢された言葉の背後には、入念に彫琢された思惟があるのだが、細い指先で丹念に選りすぐったかのような珠玉の言葉の連鎖は、その繊細さにおいて、『苦海浄土』における石牟礼道子のそれを彷彿とさせる。むろん、アメリカ人の父と日本人の母をもち、シカゴ大学教授をつとめる日本文学研究者ノーマ・フィールドと、水俣に生きる作家、石牟礼道子の社会的境遇が大きく異なるように、この平和と繁栄の時代に敢えて天皇制に対して孤独な闘いを挑まざるをえなかった三人の市民に取材した『天皇の逝く国で』と、天に祝福された「水俣」の人々の、その地に寄せる思いを綴った『苦海浄土』とでは、作品のテーマも語りもまったく異なるはずだが、いや、果たして、そうなのだろうか。粗暴さの微塵もない、言葉を手繰る両者の手つきの相似は、この二人がたたずむ場所の、実は思いの外、近いことを自ずと明らかにしてはいまいか。

「ヒロヒトと書くのには気まずさがともなう。日本では君主をそうなれなれしく呼ぶことは絶対にないが、英語ではこのファースト・ネーム使用は標準的で、したがって表向きはニュートラルに見える。日本の新聞流に「天皇陛下」と書くと、官僚風のしゃちほこばった尊崇を匂わせてしまう。かといってヒロヒトと呼ぶと、そこには戦争中のアメリカの敵意に満ちた罵りと、戦後の恩きせがましい友好的な口調の、両方の残響が聞こえもする」(*ibid*：25)。

天皇という象徴的存在をめぐって、いずれの呼び方をするにせよ、彼女が覚えずにはおれない違和感が象徴的に示唆しているのは、人が「文化」について語ることの、ある困難についてである。だが、実は、その困難を自覚することの方が、はるかに困難なのではないか。とりわけ、その社会のマジョリティを構成する支配的グループにとっては。

フィールドが「文化」について語ることの困難を鋭敏に感知するのは、彼女が二つの文化を――あるいは、その「あいだ」を――生きているからにちがいない。彼女の言葉を借りるなら、「太平洋の上空に宙づりの状態」だから。その出自が、彼女をアメリカ人としても、日本人としてもマイノリティにしている――自分自身のなかの「他者」が、つねに自分を見つめている。アメリカ人として語る何気ない一言に、痛みを覚える日本人の自分がいる。日本人として語る何気ない一言に、傲岸さを覚えるもう一人の自分がいる。だからこそ、一九九六年八月一五日の国民文化会議にパネリストとして出席したフィールドは、かつて日本軍の「慰安婦」とされた女性たちに対する国民基金について、経済的繁栄を享受している日本人だからこそ、「金の問題ではない」などと言ってはいけない、と語ったのだ。フィールドが国民基金に賛同しているわけではもとより、ない。飽食する日本人が「金の問題ではないのだ」と語ることと、日本人によって人間としての尊厳を蹂躙され、今なお、日本人政治家によって誹謗され、踏みにじられているこれら女性たちが、生活苦のなかにあってさえ「金の問題ではないのだ」と語ることとは、決して同じことではないはずだからだ。

果たして、個々の人間が、好むと好まざるとにかかわらずおかれているそのポジション——性や民族や階級といった——とはまったく無縁に、ニュートラルに語ることは可能なのか。人間である以上、性やエスニシティや階級といった属性からフリーの者など存在しないとすれば、透明でニュートラルな発話もまた、存在しえないのではないか。近代の諸学問において普遍的真理とされてきたものが、実は、「西洋」の「中産階級」の「男性」——さらに言えば、障害をもたないヘテロセクシュアルの——という、きわめて限定的な視点によって構築されたものであったことが、今、明らかであるように。

「『ナヌムの家』は日本人を糾弾していない」?

たとえば、「慰安婦」とされた韓国の女性たちの現在を追ったドキュメンタリー映画『ナヌムの家』の東京における上映会で、消火器の噴霧という暴力を行使した上映妨害があった。暴力による上映妨害に抗議し、上映を支持する署名が集められ(私も名前を連ねた一人であるが)、抗議の集会がもたれた。残念ながら集会には参加できなかったが、後日、集会に参加した友人から聞いたところでは、日本人支持者によって表明された上映妨害に対する抗議のなかには、次のような趣旨のものがあったという——『ナヌムの家』は、戦争における女性に対する性犯罪を告発したもので、日本人の糾弾を意図したものではない。

実際、上映に先だって来日した韓国人の若き女性監督自身がこのように語っており、この言葉は彼女の言葉をそのままなぞったものにすぎない。すぎない？　でも、本当にそれは、なぞったものにすぎないのか？　発話の主体が異なっても（いや、「異なる」どころではない。ここでは「被害民族」と「加害民族」が入れ替わっているのだ）、発話の価値はまったく等価なのか。発話の意味は何の変容も被ってはいないのか。

映画を撮りながら、常にボスニアの女性たちのことが頭にあったというビョン・ヨンジュ監督自身の言葉どおり、この映画が、その全体的な結構によって告発しているのは、たしかに、戦争において女性を蹂躙する者たちであり、その意味では、決して特定の民族が糾弾されているわけではない。とはいえ、映画のなかの元「慰安婦」の女性たちは、紛れもなく、日本を、日本人を告発している。毎週、欠かさず行なわれる、ソウルの日本大使館前での抗議行動が、それを雄弁に語っている。彼女たちが謝罪を求めているのは、日本に対してであり、この犯罪の責任者に対してであり、そして天皇に対してである。それは、「天皇」の名による暴力であったのだから。

監督は、これらの女性たちの声を自分の声として、作品に前景化することもできたはずだ。ちょうど、彼女たちといっしょに、日本大使館に向かって抗議の声を投げつける韓国人男性のように。「同じ韓国人」なのだから。

だが、彼女はそうしなかった。それは単に、映画が日本糾弾という特定のイデオロギーによって規定されるプロパガンダ作品となるのを避け、世界の女性に対して普遍的なメッセージをもちうるものとするため、ばかりではないだろう。

元「慰安婦」の女性たちが語るのは、日本に対する恨みだけではない。日本の敗戦後も、解放された彼女たちの生に光が戻ったわけではなかった。「慰安婦」とされたがゆえの不当な苦しみは、戦後も果てしなく続くのである。日本を語るときの熱い怒りとは対照的に、戦後の生活を語る彼女たちの口は決して軽くない。だが、ビョン監督は、そんな彼女たちの言葉の断片や、それ以上に、その沈黙を丹念にすくいあげることで、彼女たちの無念の思いを伝えている。彼女たちの沈黙の言葉によって告発されているのは、戦争の犠牲者であるはずの彼女たちを、戦後五〇年間、見捨ててきたビョン監督の社会であり、その意味では、ビョン監督自身でもあるのだ。「同じ韓国人女性」としてビョン監督が語るためには、何よりもまず、自らに向けられる沈黙の告発を、それとして受けとめねばならない。そして、彼女は、これらの女性たちと生活を共にしながら、それを自らスクリーンに刻みつけたのだった。作品の終盤近く、ビョン監督に向けられた「髪を切ったんだね」という、おばあさんの言葉、その親密な感情の発露は、監督自身の、そのような困難な営為の末にようやく可能となったものだ。『ナヌムの家』という映画がすぐれているのは、他者の痛みを償うことが、もし、可能であるならば、それはいかにして可能なのか、という困難な問いに対する一つの答えを作品に刻印していることにある。だからこそ作品は、明確な責任すらも否定したまま、「国民基金」なるものでお茶を濁そうとする態度の卑劣さに対する、紛れもない批判となっている。

しかし、そうだとするならば、この作品の上映を支持する日本人によって表明された先述のような言葉は、紛れもなく自らに向けられている告発を、それとして受けとめるのに失敗しているという点で、支持しているはずの作品のメッセージをむしろ、裏切ってはいまいか。つねに戦争において、その性を蹂躙されてきた女、という「普遍」において語ろうとするならば、それを可能とするためにはまず、受けとめなければならないものがあるはずだ。

ここにおいて、この映画とそれを観る日本人の関係性はある奇怪な捻れを呈することになる。スクリーンに向けて消火器を噴霧した男性は、元「慰安婦」の女性たちの言葉が、紛れもなく自らを告発するものであると、ある痛みをもって受けとめたからこそ、このような破壊的な行為に及んだのだと思われるからだ。元従軍「慰安婦」の女性たちの日本告発に、暴力的に反応したこの男性と、この映画は普遍的な、戦争による性犯罪を告発しているのであり、日本を糾弾するものではないとする日本人のいったいどちらが、作品のメッセージを受けとめているのだろうか。自らと国家を同一視するナショナリズムは徹底的に批判されねばならない。しかし、そのことは、国家に対して紛れもなく向けられている告発を日本人自身が否定してみせることと同じであってよいはずがない。いずれにせよ、一つだけ明らかなことは、自己の加害性をそれとして受けとめないかぎり、真の連帯などありえないのではないかということだ。

「女性割礼は文化ではない」？

「慰安婦」問題のように、日本人の加害性が疑問の余地なく明らかな場合でさえ、何か普遍的なるものを主張することで、自己の加害性を問わぬことができるのなら、そうした加害性が不可視の、歴史的、構造的なものだったとしたらどうだろうか？　たとえば、主にアフリカのいくつかの地域で行なわれている、いわゆる「女性割礼」（女性性器の切除と場合によっては陰部の縫合）をめぐって、日本において展開されている議論にも、映画『ナヌムの家』をめぐる語りと同じ問題がありはしまいか。

性器手術廃絶の運動を推進する日本の女性は、集会に参加した日本の女性たちに向かって、「私たち女は、同じ、家父長制の犠牲者なのだ」と語るが（女が家父長制の犠牲者であるという事実を私は否定するものではない）、安逸な生活とともに、冷房の効いた部屋で、アフリカの女性たちの人権について語る特権を享受する北側先進工業国の女性が、単純に「生きる」ということにおいて厳しい闘いを強いられているアフリカの女性たちと「同じ女」として語ろうとするならば、自らの被害者性を強調することによってではなく、まず、自らが加害者として位置づけられる、この構造的暴力に対して主体的に取り組むべきではないだろうか。果たして、自己の被害者性は、加害者性を相殺するのだろうか。少なくとも、ビヨン監督の答えはNOだった。

あるいは、「性器切除」を批判する日本の女性たちによって主張される、「性器切除は文化ではない、拷問だ」という言葉。アフリカの女性自身が、そのように訴えているという事実が、その主張を支える論拠となっているのだとすれば、『ナヌムの家』の上映支持者――「日本を糾弾しているのではない、と監督自身が言っているのだから、この作品は日本を糾弾するものではない」――と同じようにそれは、発話の主体が批判的思惟を欠落させている点で、発話者が主張しているとする連帯をむしろ、裏切る結果になるだろう。

女性の割礼が文化などではなく、暴力であると、アフリカの女性自身がそう認識し、社会に向けてそう発言するようになるまでに乗り越えなければならない困難とはいかばかりであろう。そして、そうした困難の末に彼女たちが「割礼は文化ではない」と自らの社会に向けて言うとき、彼女たちのその言葉が強く訴えているのは——女性の肉体を傷つけることをもって「文化」とする社会のありようが端的に示しているように——、何が「文化」かを決定する主体から、女性が排除されている事実であると同時に、何が「文化」であり、何が「文化」でないかを決定するのは自分たちであるという宣言にほかならない。この発話は、それ自体において、不当に奪われた女性の主体性の奪還が、遂行的に実践されているのだ。

だとすれば、「性器切除が文化でない」と思考することと、そう発言することのあいだに、いかほどの困難もともなわない、この日本という環境において、「アフリカの女性たちがそう言っているから」ということをもって、自らそう語ることの正当性を担保しようとするなら、それは、発話者の主体性と責任の放棄でしかないだろう。主体性の奪回を目指す、それ自体、主体的なアフリカ女性たちの闘いに、私たちが連帯しようとするなら、私たち自身の主体的責任をまず、全うしなければならないはずだ。

さらに、アフリカの女性が、自らの社会において何が「文化」かを決定する主体として「割礼は文化ではない」と語るのと、日本の女性たちが、異なる文化について、そう語るのとでは、決して同じではない。「文化」が、人間の手によってまったき自然から人間を区別し、人間を「人間」なるものにする営為だとするならば、性器手術もまた、紛れもない「文化」である。そして、「文化」であるということと、「暴力」であるということは、いささかも対立するものではない。いや、人間を、その意志とは無関係に「人間」たらしめる「文化」とはむしろ、その根源において、そもそも暴力にほかならないのではないか。「割礼は文化か、暴力か」という単純な二項対立を支えているのは「文化は良いが、暴力は悪い」という、同じように単純な言説である。「戦争はいけない、悪いのは戦争である」といった言葉と同じく、これらの発話が示しているのは、発話者における批判的思考――思考とはそもそも批判的なものであるはずだが――の停止と、発話主体の責任放棄である。したがって「割礼は文化ではない、暴力である」と日本人が語るのであれば、少なくとも発話者の責任として、まず、「文化」と暴力の関係性が徹底的に思考されなければならないのではないか。

たとえば、アリス・ウォーカーの小説『喜びの秘密』において、主人公タシは最後に、自分に性器手術を施した老婆を殺害する。それは暴力ではないのだろうか。良い暴力と悪い暴力があるのだろうか？ 小説（＝文化）ならば、それは暴力にはならないのか？ もし、そうなら、女性を貶めるポルノ映画（＝文化）は暴力ではないのか。それとも良い文化（文化）と悪い文化（暴力）があるのだろうか。文化と暴力のあいだに、その二つを分かつ境界線を引くのは誰か。自明な答えなど存在しない。答えがもし、あるとすれば、それは、徹底的に思考することによってしか辿り着かないのではないか。

もう一つ、日本人が「割礼は文化ではない」と語ることは、次のような意味においても、発話者の批判的思考を要求する。かつてアジアの国々を侵略し、特に朝鮮半島において、彼女たちの文化を否定し、日本の文化を強要したという歴史性を負っている以上、他の社会の文化を「文化でない」と発言することに対して、私たちは可能な限り敏感であるべきだろう。過去の負の遺産は未だ清算されていないのだから、なおさらである。だが、同時にそこには、アフリカの女性自身が「割礼」の暴力性を自ら訴えることがまだまだ困難な現在の状況において、外国の女性たち、とりわけ自国政府が当該国の政府に対して圧力を行使できる「先進国」の女性たちが、これを主張することで有効な圧力となりうるという現実もある。だが、何が自国政府にそのような圧力の行使を可能にしているのか、私たちは問うてみるべきだろう。たとえば性器手術を禁止する立法措置をODAの付帯条件にすることによって、アフリカ諸国に対し実効的な圧力を現に行使できるということ、そのような事態を可能にしている構造の暴力性について、果たして私たちは、無知であってよいだろうか。このとき、発話者が自らの発話の位置をひとたび考えたならば、同じ言葉を語るのに、ある困難と痛みが不可避的にともなわずにはおれないだろう。

被害者であることが自己の加害性を相殺するなら、パレスチナ人から祖国を奪ったイスラエルの加害性は、六〇〇万とも言われるユダヤ人のホロコーストによって相殺されるのだろうか。事実、イスラエルは、自国の占領政策に対する批判を、その内実を問わずに、「反ユダヤ主義」(その言葉は、ホロコーストの記憶と否応なく結びついている)として、逆に批判してきた。ドイツはユダヤ人に対するナチズムの犯罪ゆえに、イスラエルを一貫して支援し、歴史的にユダヤ人を差別し、迫害してきた過去をもつ他の西欧諸国も、イスラエルに対する批判には積極的ではない。だが、そうした態度は、結果的に、イスラエルによるパレスチナ人の迫害を容認することで、これに加担することになる。自らの歴史的加害性を十全に認識しながら、しかし、私たちはなお、他者を批判しなければならない。そのとき私たちは、どのように言葉を紡げばよいのか。私には分からない。だが、少なくともそれは、黒か白かの二者択一を暴力的に迫るものではないだろう。そして、おそらくその言葉とは、被害性と加害性が分かちがたく輻輳する人間という存在の深奥に触れるものであるだろう。

「文化」についての語りをめぐる、発話者の位置という問題は、日本社会のマジョリティにおける思考(あるいはその欠如)のありかたの一端を垣間みせてくれる。それが、この国の「文化」の今日的状況の否定しがたい一部であることは間違いない。

「グローバル・フェミニズム」の無知

「普遍的人権主義」は普遍的か

フェミニズム、アジアン・フェミニズム、グローバル・フェミニズム、シスターフッド・イズ・グローバル……

母国の大学で日本語を専攻したのち日本に留学し、現在、東京の大学で日本の家族制度について研究している友人のアラブ人留学生が、過日、都内のある女性学の研究会に参加した折のこと、そこに同席していた一人の日本人女性が語っていたという言葉「これからは、日本がリーダーシップをとって、アジアにもフェミニズムを教えていかなくてはね」。その言葉を紹介しながら、「でも、これって」と彼女は堪能な日本語で呟いた「知的コロニアリズム（植民地主義）ですよね」。小さな嘆息、そして沈黙。

シスターフッド・イズ・グローバル（姉妹愛は国境を越える）あるいはグローバル・フェミニズム。だとしたら、私たちのこのアラブ人姉妹の、そのささやかな嘆息と沈黙が、私たちと無縁だと切り捨ててしまうことはできないだろう。しかも、それは、私たちのフェミニズムに対して洩らされた、小さな嘆きの声であるのだから。

では、この日本の女性の言葉の、何が、知的コロニアリズムなのか。

たとえば、アフリカにおけるいわゆる「女性割礼」あるいはFGSの習慣をめぐる議論において、先進工業国のフェミニストによって示されるある態度、チャンドラ・モハンティがあの有名な論文「西洋のまなざしのもとで――フェミニストの学問研究と植民地主義的言説」（Mohanty 1991）で「西洋フェミニスト」と定義し批判する者たちの態度に対してなされる、アフリカの女性たちの批判を、その批判の内実を検討することなくつねに、「普遍的人権主義か文化相対主義か」という二項対立に回収してしまいがちなこの国のフェミニズムの言説の現状を考えるなら、おそらく、日本のおおかたのフェミニストは、アラブ人である彼女のことばを、こう考えるのではないか。フェミニズムをアジアに広めることをコロニアリズムであると、彼女――しかも、アラブ人のイスラーム教徒（！）女性――が言うのは、女性の権利も人権であるという普遍的人権主義に基づいた「フェミニズム」という西洋的な価値観を、文化的背景を異にするアジア社会には適用できないと彼女が考えているからだ、と。すなわち、彼女は、アラブにはアラブの、西洋のフェミニズムとは価値観を異にする文化があるのだという「文化相対主義」を主張しているのだ、と。

ここで先進工業国のフェミニストが「文化相対主義」を持ち出すのは、決して、自分たちのエスノセントリズム（自文化中心主義）に批判的まなざしを忘れないため、ではない。自分たちが主張する「普遍的人権主義」の、その普遍性にもしかしたら潜んでいるかもしれないエスノセントリズムを、もう一度、批判的に検討してみるため、ではない。それは、「私たちには私たちの価値観があるのだ、西洋の人権概念は、私たちの文化では通用しないのだ」といって、国内の人権問題に対する国内外からの批判を「文化相対主義」を根拠に受けつけまいとする、当該国の支配グループのエスノセントリックな言説と同じように、これらフェミニストにおける「文化相対主義」も、自分に向けられる批判を一切、受けとめまいとする、限りない自己肯定のための道具である。

「普遍的人権か文化相対主義か」という図式は、一見、客観的な議論のための中立的な問題提起のように見える。けれどもそれは、自分を批判している相手の言い分に十分、耳を傾け、それを理解した上でもう一度、自分のあり方を問いなおしてみようという、普遍主義の存立に必要不可欠な批判的態度から生まれたものではない(ここで言わずもがなの蛇足を記せば、ここでいう「理解する」とは、決して「それを容認すること、それに同意を与えること」と同義ではない。対象を批判するためにも、私たちはまず、それを十全に理解することが要求されるはずだ。「理解すること」と「容認すること」の意味論的分析は、現在の私たちにとって目下の急務である。なぜなら「自由主義史観」グループにおいて、過去の状況を「理解する」とはすなわち、そのようなものとして事態を容認することであり、過去の事態に対する私たちの「合意」とそれによる免罪こそがもくろまれているからだ)。

さて、問題を「普遍的人権か文化相対主義か」というような二分法に還元するフェミニストの主観的事実において、彼女のフェミニズムとは「普遍的人権主義」であり(彼女にとって「普遍的人権主義」は疑いの余地なく、ということは、あらためて検討してみるまでもなく正しいものであり)、そのフェミニズムに対する批判とは(それがいかなる観点からなされる批判であれ)すなわち「普遍的人権主義」に対する批判となり、彼女が「普遍的人権主義」を絶対的に正しいと考えている以上、その批判は「誤り」ということになる。したがって、彼女のフェミニズムを批判する者は、普遍的価値観を認識できない者（私たちにとってはこんなにも自明なことをいまだに理解していない者＝知的開発途上者）として、彼女のフェミニズムの教化の対象となる。まさに、「日本がリーダーシップをとって、フェミニズムを教えていかなくては」ということになる。

冒頭の日本人女性の発言に対する、ということはすなわち、彼女の言葉にその一端が窺われるような、日本のフェミニズムのあり方に対する、私たちのアラブ人姉妹の批判は、実はこの点においてなされているのだということを、そして彼女の嘆息は、そのような批判さえ結局のところ、アラブやイスラームといった「（知的）開発途上」地域の女の無知や「文化相対主義」に還元し、その批判の真意を永久に捉え損ない続ける私たちの「フェミニズム」の無限の自己肯定に対してなされたものだということを、いったい、日本のどれだけのフェミニストが分かっているだろうか。

私たちは何を知らないのか

私たちは知っている、何を？　フェミニズムを、普遍的人権を。でも、彼女たちは知らない、フェミニズムを、普遍的価値観を。だから、教えてあげよう、私たちが、知っている私たちが、普遍的価値観を知っている私たちが、彼女たちに、知らない彼女たちに、いまだフェミニズムを知らない、普遍的価値観を知らない――遅れた、無知な、かわいそうな、貧しい、開発途上の――彼女たちに。

匿名の集団のなかのほんの一握りの人間で、彼女たちより「不運な」姉妹のために道をひらくという特権をもっているときには、「特別」と感じざるをえないのだろう。この特別な人間という誉れは、他の女はしない（できない）ということを基盤に、〈それをやった私〉と〈それをやれなかったあなた〉とのあいだに、たやすく距離――区分でないにしても――を作ってしまう。（トリン・T・ミンハ――Trinh 1995）

私たちは知っている。でも、彼女たちは知らない。私たちの知っている普遍的価値観、私たちの「知」。彼女たちが、私たちのこの普遍的な「知」の主体（subject of）になること。彼女たちが私たちの「知」に従属（subject to）すること。フェミニズムに充溢する、この覇権主義的な欲望。私たちが専有する、この「知」をめぐる――

彼女の嘆息。そのような、日本のフェミニズムに対する失望、諦め、あるいは軽蔑の声。グローバル・フェミニズム。シスターフッド・イズ・グローバル。でも、私たちのフェミニズムは、彼女の小さなため息のなかに、私たちが聴き取るべきものさえも、いまだ見いだしてはいない。アジアの女性たちが、アフリカの女性たちが日々、洩らしている呟きにさえ触れたことがなくて、彼女たちの嘆息の意味さえ知らないのに、彼女たちのことばさえ知らないのに、私たちは、いったい、だれに、何を教えるというのだろう。知らないのは、私たちの方ではないのか。学ぶべきは、私たちの方ではないのか。

弱冠二五歳の一留学生の目に、きわめてクリアーに映じているものが、私たちの目には見えていない。だのに、なぜ、私たちが教えたりできるだろう。だのに、なぜ、私たちは教えることができる、などと考えられるのだろう。この慢心、この驕りは、いったいどこから来るのか。

「女」という言葉が示すもののなかに、第三世界の「女という人間」はめったに含まれない。（ibid）

フェミニズムを知らない彼女たち、私たちが享受している（あるいは享受しようとしている）男女平等、男女同権の権利を知らない彼女たち、二〇世紀の世紀末にいまだ前近代のごとく、男性の権威に隷従している彼女たち。だから、彼女たちを主体的な「女」にしよう、私たちと同じような、主体性に目覚めた「女」に、家父長制に対して立ち上がる「女」に、私たちのような「女」に。でも、

彼女たち（非西洋世界の女性たち）が拒否しているのは、女たちはほとんどあるいはまったく権利をもっておらず、ほとんどあるいはまったく独立していない劣った存在で、あまねく存在する男の権威にただ隷属しているだけという西洋の見方なのだ。（ibid）

「フェミニズム」ということばが、近代西洋社会において誕生したのが事実であるにしても、それは、近代以前に、あるいは非西洋社会で、女性たちが闘ってこなかったということをいささかも意味するものではないはずだ。いや、「フェミニズム」や「人権」といったことばが、それとして語られるようになる遥か昔から、人は――女は――闘ってきたのではないか。それが一見、私たちの目には隷従に見えたとしても、そこに彼女たちの抵抗が存在しないなどと、どうして言えるだろう。私たちの目には一見、

隷従あるいは体制順応的な行為に映る、そのような行為のなかにも、実は、彼女たちの不断の抵抗の意志がたしかにあることに、彼女たちの日常的な営為において表明されている、その抵抗に目を向けることなく、女の人権を訴えて本を書いたり、街頭行進したり、国際会議で訴えたりというような、私たちに分かるやり方で、すなわち私たちのやり方で、私たちと同じ言語によって彼女たちが異議申し立てをしてはじめて、彼女たちがようやく「闘い始めた」「立ち上がった」などと言うとしたら、先進工業国の女の傲慢以外のなにものでもないだろう。ここでもまた、どのような行動が女の闘いとして認知されるべきか「知って」おり、それを「定義」できるのは「私たち」であるということが、暗黙の前提になっているのだ。

オビオマ・ナエメカは、先進工業世界の女たちのこのような知的態度を指して「新たなる蒙昧主義」(New Illiteracy)と呼ぶ。ナワール・エル＝サアダーウィーは「西洋は私たちに人権を教える側ではない」と断言する。そして、アラブ人の友人は、日本のフェミニズムに対して、小さくため息をもらす。彼女たちが一様に言わんとしているのは、知らないのは私たちの方だ、ということだ。私たちは知らない。いや、それだけでなく、私たちは、自分たちが知らない、ということすら知らない。この二重の無知。知らないことを知らないという無知、知らないことを知らないからこそ、私たちは知っていると思っている、その傲慢。

「同じ女」であるということ

ここ数年来ずっと、私の頭の、一隅と呼ぶにはあまりに大きいかなりの部分を占めている問題がある。

それは、アフリカにおける女性性器手術（ＦＧＳ）の問題の、この国における語られ方、あるいは、そのような語りのあり方において、その一端が如実に現われていると思われる、この国のフェミニズムに代表される「知」のあり方のことだ。

　女性性器の切除という行為に対して賛成か反対かと問われれば、私は、女性のからだや心にとって有害な行為やシステムのすべてに対して反対である。したがって、「第三世界」の構造的搾取の上に成立し、これら社会の女性たちの心身や権利を抑圧する現在の世界システム、そして、これら社会の構造的貧困をむしろ固定化し、強化する方向で作用している（その結果、「第三世界」の女性たちの生存権、人間として生きる権利、人権をさらに抑圧する）国際的な経済政策に反対であるのと同じように、ＦＧＳに反対する。たとえそれが、近代的な病院で、衛生的な環境において、医師の手によって安全に実行されようと、女性のセクシュアリティが彼女自身のものでありえないような現実に対して、私は反対である。したがって、女性の性が「一人」の「男性」に帰属すべきものであるという価値観に基づいて規定されているこの国の戸籍制度に対して反対であるのとまったく同じように、ＦＧＳに対して反対する。

　私は、ほかの社会の女性たちが、私たちに向けて呼びかけるその声に、私たちは応えなければならないと考える。日本の女が、自分の問題だけを、この小さな日本の社会のなかの、日本人の女の問題だけを考えていてよいはずはない。しかし、ＦＧＳが是か非かという問題、私自身がこれに対して反対であるということとは別に、私が、現在、日本における（反）ＦＧＳの語りのあり方をどうしても問題にせざるをえない一つの理由は、それが、ＦＧＳという問題だけにとどまらない、私たち自身の社会のありよう、たとえば、過去を免罪し、自己をナルシスティックに肯定しようとするような態度と、クリティカルに結びついているためである。それは、端的に言ってしまえば、私たち女性のあいだの差異を無視して、シスターフッドや連帯を語る、あるいは語りうると考えるような態度について、である。もっと具体的に言えば、北側先進工業国に生きる日本の女性、「南北構造」のなかでアフリカをはじめ「第三世界」の女性に対する経済的搾取、人権抑圧に構造的に加担している日本の女が、自らのおかれた、そのような位置、加害性を問わずに、アフリカ社会の家父長制を批判することで、アフリカの女性と連帯しうると考える態度のことである。

そのような連帯が可能であると考える根拠になっているのは、私たちはみな、階級、人種、民族を越えて、「同じ女」である、という考えである。そして、ジェンダーを同じくするということが、階級、人種、民族を越えて、連帯の根拠になりうる、という考えが成立するのは、ジェンダーこそ第一義的な問題であり、そのほかの要素、階級、人種、民族といったものに優先すると考えるからである。そのように考える者にとっては、ジェンダーが（彼女の主観的事実として）第一義的な問題である、ということはまちがいない。しかし、階級や人種や民族を異にする女性、たとえばアフリカやアジアの女性にとってもそうであるのだと、彼女はどうして知っているのだろうか。ここで私は、アフリカやアジアの女性にとっては、階級や民族といった問題の方がジェンダーに優先する、などと言いたいのではない。私が問いたいのは、どうして私たちは「それ」を、階級の違う、民族の違う彼女たちが被る抑圧が何であるかを知っているのか、あるいは、知っていると思うのか、という点である。

あなたは世界の女性に共通の課題があるということをどこで知ったのか。実際私の出身地であるべンガルの、あるいはその社会の底辺の農民や最下層のカーストの女性の日常の問題について、あなたは一体なにを知っているのか。そもそも知ろうとしたことがあるのか。（鵜飼 1996 によるガヤトリ・C・スピヴァックの引用）

私は生まれてずっとカイロに住んでいるけれども、フィールド調査もしないで〔エジプトの〕地方の女性について語る資格が自分にあるとは思いません。だのに、あなた方は、あんなに遠くにいらして、私たちのことを決めるなんてことがどうしておできになるのでしょうか。私たちの文化も、背景も、開発の程度だってご存じないというのに。（エジプトを訪れたアンジェラ・デイヴィスに向かって、エジプトのフェミニスト、シャヒーダ・エル＝バーズが語ったことば――Davis 1990 : 121-2）

北京女性会議で、アフリカの女性たち自身が、反FGSを訴え、世界の女性たちに支援を要請しているから、アフリカの女性自身が「女性性器切除は、究極の女性支配」と言っているから、というのがその答え、なのだろうか。当事者であるアフリカの女性がそう言っているのだから……では、なぜ、過去二〇年にわたって、反FGSを訴える当のアフリカの女性自身が、先進工業国の女による議論のあり方を批判してきたこと、FGSを擁護するためなどでは毛頭なくて、FGS廃絶のために闘っている当の女性自身が、FGSを社会的、世界的な全体的コンテクストから切り離して論じることを批判してきた、その批判の声には応えないのだろうか。そして、過去一貫してアジアの、アフリカの女たちが告発してきた、私たちがその構造の不可分の一部である北側先進工業国による「南」の経済搾取という問題には、応えなくてよいのだろうか。

性器切除を無知、反啓蒙主義、搾取、貧困等のコンテクストに位置づけることなく、また、このような状況を永続化させる構造的、社会的関係を問うことなく、性器切除と闘うことは、「白昼に太陽を見まいとする」に等しい。これは、しかしながら、多くの西洋人がとっているアプローチであり、極めて疑わしいものである。なぜなら、西洋の者たちが、アフリカの人々、女性たちの搾取から直接的、間接的に、利益を得ているからである。（AAWORD 1980）「研究と発展のためのアフリカ女性協会」が一九八〇年、コペンハーゲン会議の前に出した声明──

先進工業国の女性、すなわち私たちに向かって投げかけられている、「第三世界」の女性たちのこのような声が、あたかも存在しないかのようにふるまうとしたら、結局のところ私たちは、自分たちの聴きとりたいものだけを、自分たちの耳に心地よいものだけを聴きとっているのにすぎない、ということになるだろう。

もし連帯が、ただ気分の良い、快適なものであるだけなら、その連帯というものは十分大きな連帯、幅広い、広範囲な連帯とは呼べない。（Trinh 1995 による、ヴァーニス・ジョンソン・レーガンの引用）

自己の加害性を問わずに「連帯」を語れるか

ＦＧＳに反対する議論のあり方にこのような批判を加えることに対して、女の分断を招く、女の連帯に水を差す、運動の足を引っ張る、というような意見もあるらしい。そうなのだろうか？　階級や民族といった差異によってもたらされる歴史的、物質的現実を、「私たち」「彼女たち」のあいだの関係性を批判的に問わなければいけないのではないかと問うことは、「連帯」に分断をもたらすのだろうか。そのような差異がまったく存在しないかのようにふるまうことで、連帯が可能なのだろうか。自らを批判的に問わないですむような連帯や運動がありうるのだろうか。

シスターフッドはジェンダーに基づいては規定することができない。それは、具体的な歴史的、政治的実践と分析のなかで形成されねばならない。(Mohanty 1991)

本土の安全保障のツケを押しつけられて戦後五〇年、犯され、殺され続けてきた沖縄の女性たち、銀座線渋谷駅の通路で新聞紙もダンボールもなく地べたに寝ていたあの女性、かつて日本兵に蹂躙され、今なお侮辱され続けている元従軍「慰安婦」の女性たち、日本人に刃物で切りつけられるチマ・チョゴリの女子学生、あるいは、私たちが享受している快適な生活の代償を支払わされているアジアの、アフリカの女性たち、これら女性たちと私たちのあいだに、たしかに存在する暴力的な隔たり。その隔たりが、「わたしたちはみな、同じ女である、家父長制の犠牲者である」という魔法の一言で果たして消え去るのだろうか。もし、そう考えるとすれば、それは、彼我のあいだにそのような隔たりを生み出している暴力の存在を忘れているからではないのだろうか。そのような暴力を行使する側に私たちが歴史的、構造的にいるということを、彼女たちが日々生きている物質的な現実を私たちが問題にしなくてよいから、言いかえれば、彼女たちの痛みが結局は他人事であるから、ではないのだろうか。階級を、民族を越えた女の連帯、シスターフッドを実現するなら、それは、私たち女のあいだに存在する差異があたかも存在しないかのように、あるいは「シスターフッド」や「連帯」ということばを唱えさえすれば、そのような差異が消滅するかのようにふるまうことによってではなく、厳然として存在するその隔たりを、その隔たりを生んでいる暴力を、私たち自身がいかに克服するか、その具体的な政治的実践によってしか可能ではないのではないか。私にそれを教えてくれたのは、パレスチナやアフリカやアジアの女性たちであり、また、「フェミニズム」ということばを敢えて使うことなく、植民地主義の歴史と植民地主義的な関係性の解体について、何十年にもわたって地道に考え、運動してこられた日本の女性たち男性たちである。私は、彼女たちの営為をフェミニズムと呼びたい。アジアン・フェミニズム、グローバル・フェミニズムというものがもし、あるとしたら、私にとってのそれは、そのようなものだ。これらの人々にとってはきわめて自明なそれが、私たち日本の女のフェミニズムにおいてもし、本質的なことでないならば、そのようなフェミニズムが唱えるアジアン・フェミニズムもグローバル・フェミニズムも、日本の女の単なる覇権主義にすぎない。

ジェンダーをベースにすることで、私たちは、自己の加害性を問わずに、「連帯」や「シスターフッド」を語る／騙ることができる。そして、そうした美名のもとに、自己の加害性を隠蔽し、これを不問に付すことができる。南北構造という世界システムのなかで、あるいは歴史的現実のなかで、いま現在まさに、私たちが負っているこの構造的加害性を問わないですませることができるなら、従軍「慰安婦」問題や戦争責任など、過去における自らの加害性もまた、問わずにすませることができるだろう。

フェミニズムは「あらゆる女を解放するために戦う政治理論であり、政治実践なのだ……。全面的な自由というこのヴィジョン以外のものは、フェミニズムではなく、単なる女の権勢の拡大にすぎない」(Trinh 1995 によるバーバラ・スミスの引用)。

置き換えられた女たち

第三世界の女のエクリチュール——トリン・T・ミンハを中心に

「第三世界の女のエクリチュール」と私たちの視線

「女性のエクリチュール」特集における、この、私の論考で、さしあたり私に求められているのは、「第三世界の女のエクリチュール」について、なにごとかを書くことであるのだが、だとすれば、そこでは、エクリチュールの生産者たる「第三世界の女」という存在が前提されていることになる。だが、そもそも「第三世界」とは何なのか、「女」とは何なのか、なかんずく「第三世界の女」とは何なのか。

第三世界を見つけようとするのは、歴史とか故郷とかは実在するものだと思い込んで、いま自分のいるまさにその場所にそれらを位置づけようとはしない、そういう姿勢に似ています。(Suleri 1992：32)

「第三世界」についてそう語るサーラ・スレイリは、次のような言葉でその自伝的作品の第一章をしめくくる——第三世界に女はいないのですから。

あるいはトリン・T・ミンハは、次のように語る。

「女」という言葉が示すもののなかに、第三世界の「女という人間」〔female person〕はめったに含まれない。（Trinh 1995 : 157）

パキスタン（スレイリ）、ヴェトナム（トリン）という「第三世界」出身の女性たちのエクリチュールに刻まれる、第三世界の、そして第三世界の女の、この非在性。

「第三世界」ということばが、その命名の契機に「第三身分」のアナロジーを含んでいたにせよ、現在一般に、たとえば「開発途上国」ということばとかぎりなく同義のものとして——その含意するところは、貧困、抑圧、後進性、民主主義の不在、原理主義、暴力といったものである——実体的に語られるとき、「第三世界」が、私たちとの関係性のなかで生成する世界であることを、今あらためて確認しておくことは大切だろう。そして、「第三世界」の女のエクリチュールが、「第三世界の女のエクリチュール」として生成する場、言いかえれば、「第三世界」に出自をもつ女性が生産するテクストが「第三世界の女のエクリチュール」として見いだされる場もまた、そのような関係性のなか、すなわち私たちの視線のなかにおいてである、ということも。テクストが、読み手の、まさに読むという行為においてはじめてテクストとして生成するように、「第三世界の女のエクリチュール」もまた、彼女（たち）を他者として見いだす私たちの視線なくしては生成しない。だとすれば、「第三世界の女のエクリチュール」

を考えるとは、ほかならぬ私たち自身の視線を考えることだ、ということになるだろう。

位置を明確に意識しながら、差異を生みつづけること

トリン・T・ミンハの話を中心に――

トリン・T・ミンハ、ヴェトナム系アメリカ人の女性作家、詩人、批評家、ドキュメンタリー映画作家……彼女をそのように語るとしたら、そう語った瞬間、それは、トリンの境界横断的なエクリチュールと、あるいはそうしたエクリチュールによって実践的に表明されているトリン自身の存在と、もっとも隔たったものになってしまうだろう。なぜなら、

境界や境界線を横断するということは、カテゴリーやレッテルがもたらす病を明確に主張しながら生きることである。それはものごとを単純に分類しようとする企てや、分類のなかで落ち着くことや、分類可能な作品を生み出すことなどから得られる安逸に抵抗を試みることを指す。(Trinh 1996 : 156)

のだから。トリンのエクリチュール、トリンの思想に触れるとは、まず、私たちの視線の、そこかしこに発動しているそのようなカテゴリーの政治学《ポリティクス》の陥穽に対して、私たち自身が意識的になることにちがいない。

彼女が「ヴェトナム系アメリカ人」であるのは、ヴェトナムで生まれ、アメリカへ渡ったから(そののちフランスへ行き、アフリカへ渡る)。映画作家と呼ばれるのは、彼女が映画を撮るから、私たちの植民

地主義的なまなざしを、覇権主義的な思考を攪乱するために。トリンが批評家と呼ばれるのは、彼女が批評するから、私たちを「真実」なるものについての支配的な語り《マスター・ナラティヴ》の呪縛から解放し、多声的な語り《ポリフォニック》の世界へと開くために。「渡る」「撮る」「批評する」、このような動詞の数々によって表わされる不断の実践的営為、それこそがトリンであり、そのダイナミックな運動性のなかに、無数のトリンがいる。私たちがトリンに出会えるとしたら、そうした運動性の瞬間のなかでしかない。なぜなら、

発見されるのを身を潜めて待ちかまえる隠された統一体などないのだから。あなたのもの。おそらく複数の出会いの一つ一つの瞬間、あるいは、単一の意義ある兆候が飛び立つ。それを実体として摑み取ろうとすることは、靴跡を靴と見紛うことにひとしい。それを純粋な瞬間、純粋な兆候として固定することは、それを空無に戻すことにひとしい。(*ibid* : 77-78)

彼女を「ヴェトナム系アメリカ人」とか「映画作家」といった私たちにとって既知の、スタティックなことばで分類することは、トリンの挑戦的な思想を私たちの認識のなかに囲い込み、馴致し、トリン「について」私たちが語ることを、そのように語る主体の位置を私たちが何の疑問も抱かずに採ることを可能にするが、トリンの、その運動的なエクリチュールのそこかしこで示唆されているのは、まさにそのような主体のありかたに対する批判的意識を、私たちが自己の内部にいかに涵養していくか、ということではないのだろうか。

だから、過日、都内で催された「トリンを感じる日〜越境への誘惑〜」と銘打たれた集いにおいて、

日本の女性たちがトリンに対する共感を口々に語っていたことに、私は限りない違和を覚えずにはおれなかった。なぜなら、それらの共感は、「有色の女」トリン、花鳥風月を愛でるトリン、俳句や高良留美子の詩を引用するトリンに対して日本人として覚える親近感のうちに語られていたからである。

そのなかにも、自らが批判されるべきものとしてトリンのことばを読んだという発言、あるいは従軍「慰安婦」の問題についてや「在日」の立場からの発言があったことも付記しておく。しかし、これらの問題提起は、そこに集っている者たちから何の応答（respond）もないまま、一個人の感想として相対化され、宙づりにされてしまった。言いかえれば、トリンのエクリチュールに触発される形で〈他者性〉の閉域から私たちのもとへと辛うじて越境してきた声が、個人的感想という閉域のなかにふたたび置き換えられてしまったのである。私が問題にしたいのは、抑圧＝暴力の再生産に対する批判として展開するトリンのエクリチュールを語る場が、新たな暴力の作用する場となってしまうような、私たちのこの応答性（responsibility）の欠如についてである。

トリン「について」、「有色の女として二重の抑圧を受けてきた」といったレトリックが容易に紡ぎ出されるのも、彼女を「ヴェトナム系アメリカ人」というようなカテゴリカルな語りに包摂することに何の疑問ももたないからだろう。黒人として、女として、そして黒人の女として幾重もの抑圧を受けてきた誰それ……おなじみのクリシェ。しかし、彼女（たち）が被っている抑圧とは、彼女（たち）をそのようなものとして――黒人の女、中国の女、在日の女、アジアの女、アラブの女、イスラームの女……として、そのようなクリシェで、ステレオタイプで見る視線のことではないか。「抑圧されたアジア人の女」とは、オリエンタリズムの、植民地主義のクリシェである。クリシェ、すなわち「自動化」した言語。トリンがそのエクリチュールにおいてことさらに詩的であろうとするのは、そのようなクリシェ、「有色の女」として彼女をカテゴライズするそのような自動化した視線、植民地主義的な視線――とはとりもなおさず、他者に対する私たち自身の視線にほかならない――それに対する批判を、その異化をこそ意図しているからにちがいない。

たとえばトリンのテクストにおいて引用されるミツエ・ヤマダのことば――

「他人事に首をつっこむような真似さえしなければ、この国のイラン人たちに反対するつもりはない。デモをしたり、政府の悪口を言ったりして、私たちのもてなしを踏みつけにする恩知らずのイラン人たちだけに反対しているんだ」。こう私の学生たちが言うとき、私は彼らが私のことを話していると意識している。（*ibid*：114）

では、彼女のこのことばを私たちが読むとき、私たちは何を意識しているのだろうか。

ミツエ・ヤマダが日系の女性だということで、私たち日本の女は、私たちの方が、アメリカのイラン人より彼女に近いと、果たして言いうるのだろうか。日本の「イラン人」よりも私たち日本の女の方が、あるいは「在日」の女性たちよりも私たちの方が、「日系」ゆえに彼女に近いと、そして、それゆえ、彼女の痛みを共有しているのだと、私たちは言いうるのだろうか。アジア人としてトリンのエクリチュールに共感すると語るのは、そのようなことであるだろう。しかし、ミツエ・ヤマダが、そして彼女のことばを引用してトリンがここで言う「彼ら」とは、「日本が嫌なら朝鮮へ帰れ」と語る、あるいは、コンビニで、ファミリーレストランで、往来で、遊園地で、「イラン人」を潜在的犯罪者とまなざす私たちのことではないのか。

トリンがそのテクストにおいて私たちに要求している、自己の位置に対する批判的思考を、みごとにすっぽりと欠落させたまま、トリンのエクリチュールをめぐって私たちが「同じアジア人」や「同じ有色の女」として共感を語るとしたら、それは、とんでもない錯誤のように私には思われてならない。そのような共感は、「アジア人」とか「女」といったものの「本質的差異」を前提にしなければ語れないはずだ。だが、

> 本質的差異という概念は、それに依存する人たちが安心して固定的な考えに落ち着くことを可能にする。（*ibid*：106）

ものなのだ。コロニアリズムの根底にあるのは、他者に本質的差異を見いだす、そのようなまなざしである。さまざまな声の断片を織り込みながら、トリンの多声的なテクストが脱構築しようとしているのは、私たちのまなざしに潜むコロニアリズムではないのか。

「花鳥風月を愛でるアジア人」など「抑圧されているアジア人女性」と同じくらい植民地主義的なステレオタイプであるにちがいない。『愛のお話』をはじめとするトリンの映像作品が、作為的なオリエンタル・イメージを過剰に演出することによって、他者の視線に内面化されたステレオタイプなイメージの可視化をもくろんでいるとすれば、彼女の文章テクストもまた然りである。彼女のテクストのなか

で、日本は「第三世界」と位置づけられ（Trinh 1995 : 160）、俳句をはじめさまざまな引用がなされているが、それは、彼女が、自らのテクストの第一の宛て先である西洋社会というコンテクストにおいて、その植民地主義、覇権主義、あるいはロゴセントリズム、現前の形而上学に対して批判的思惟を要求するために書いていることと密接に関連している。コンテクストが異なれば、当然、語りも変化しよう。たとえば中国に関して、アジアというローカルなコンテクストでは、ヴェトナムに対するその覇権主義を批判するが、アメリカ社会というグローバルなコンテクストにおいては、むしろアジアのシンボルとして中国の側に立って語るとトリン自身が語っているように（一九九六年九月六日、「女性・ネイティブ・他者」をテーマに、東京都写真美術館で開催されたトリンの講演会におけるトリンの発言から）。

境界を修正する営みにおける挑戦とは、位置を明確に意識しながら、なおかつ移動しており偶発的でもあるような差異を生みつづけることにある。（Trinh 1996 : 151. 強調引用者）

私たちがこの日本で、日本社会というコンテクストでトリンのテクストを読むならば、まず、私たちの社会の歴史的、構造的「位置を明確に意識しな」ければならない。植民地主義、覇権主義を批判するトリンのテクストが「彼ら」として指し示しているのが、もしかしたら私たち自身であるかもしれないことに気づかなければならない。しかしながら、読み手に、ほかならぬ批判的思考を要求しているはずのトリンのエクリチュールを、「感じる」べきものとしてとらえるような読みが端的に象徴しているように、日本におけるトリンの受容には、そのような意識がむしろ、明確なまでに欠落しているのではないか。そのような意識を欠いた読みは、戦術的な引用を本質的差異へと還元し、自己に向けられているはずの批判を、ナルシスティックな共感へと読みかえていく。自己の批判的位置づけを欠落させたまま、境界だけを修正し続けるなら、それは限りなく自己の責任を曖昧にすることにほかならない。そして、それこそまさに、この国が戦後一貫してとり続けてきた態度なのではないだろうか。トリンのテクストとは、この社会の、このようなメンタリティを鮮明に可視化する。「第三世界の女のエクリチュール」のプロブレマティックとは、おそらく、そのようなものではないだろうか。

置き換え＝移動の戦略の可能性と危険性

さまざまな声が織り込まれた（＝引用された）トリンのテクスト。引用とは、テクスチュアルな越境、あるいは置き換え（displacement）である。ヴェトナムからアメリカへ、そしてフランスを経てセネガルへ。越境を繰り返すトリンの実人生さながらに、彼女のエクリチュールとは絶えざる越境の実践である。

置き換え＝移動の戦略は、分断された世界とそれが生み出す従属のシステムに挑戦する一方で、次々と移動する創造の現場を驚きという情熱で埋め尽くしつづけることを意味する。（*ibid*：33）

トリンの、それ自体境界横断的なエクリチュールが示唆するのは、周縁化された存在が、「女」や「民族」の本質主義や自己同一性の罠に陥ることなく、境界横断的であることの、異種混淆的であることの、その創造性と解放性である。

私たちのこの二〇世紀が目撃したのは、抑圧と他者の支配に抗する人間の、その抵抗と解放という不断の営みの歴史であったと同時に、おそらくはそれ以上に、解放が新たなる抑圧と化すという歴史そのものであったのではないか。たとえばボスニアでルワンダで、民族間の憎悪が大量虐殺となって顕現し、ドイツやフランスで、文化を、民族を異にする者に対する排斥があからさまに主張されるように、民族という自己同一性が抑えがたい暴力となって現われる現代において、「抵抗の道具を作り出す過程で、参照すべき価値体系そのものを集中的に検討するという批判的な営みを活性化」し、たとえば民族というような自己同一性へと暴力的に回帰することなく創造を実現するというトリンのメッセージが、ことさら重要であることは論をまたないだろう。民族服の女性たちが切りつけられる一方で、「自民族」に対するナルシスティックな視線を限りなく肯定する、自己愛に満ちた歴史が語られるこの国の今、それはとくに言えるのではないか。

「あいだ」の空間にむしろ積極的に生きることで、強制的な置き換え＝移動を、創造的、解放的な特権へと転じること。母＝祖国からひき剝がされたブチ・エメチェタ、ベシー・ヘッド、ジーン・リースにおける母／国とエクリチュールの関係を考察したエレイン・S・フィドの論攷（Fid 1992＝1997）が、その結論において示唆しているのも、置き換えられた者（displaced）のエクリチュールの、文化横断的な創造性と可能性である。しかしまた、私たちが、日本というコンテクストにおいてトリンのテクストを受容するとき、トリンの主張する置き換えの特権的な創造性と解放性を普遍的言説として称揚することの問題性に対して、私たちは無自覚であってはならないだろう。なぜなら、その置き換えの起源には、紛れもない暴力があったのだから。その起源の暴力に無自覚なまま、自己同一性の暴力性のみを批判し、越境することの素晴らしさのみを称揚するなら、そのような言説自体が、他者に対して、ある暴力として作用するにちがいない。フィドが論じるエメチェタ、ヘッド、リースのエクリチュールにあるのは、彼女たちの生の、根元的な引き裂かれの経験なのである。その「引き裂かれ」を私たちが十分に自覚することなしに、彼女たちのエクリチュールの解放性を論じることはできない。

他者によって強制的に置き換えられた者は、「あいだ」の空間に生きることを、まさに生きることの必要性から、創造性、解放性に転化するのだが、置き換えを強制した側がそれを「解放的」「創造的」と言って賛美するのは、グロテスクな戯画以外のなにものでもない――「労働は自由にする」。ナチス・ドイツの強制収容所の門に掲げられた、あの標語のように。周縁化された他者が、民族にせよ宗教にせよ、ある自己同一性へと暴力的に回帰していかざるをえないような構造的な抑圧や暴力が存在するときに、そうした抑圧や暴力を生み出した側に歴史的、構造的に位置づけられる者が、他者の自己同一性の暴力のみを批判し、絶え間なく自己の境界をずらし、たとえば何年か前にはやったように「在日‐日本人」などと気取ってみせるなら、それは自らの責任をかぎりなく曖昧にし、無化することにひとしい。しかし、日本社会とは、そのような欲望が浸潤した社会なのではないか。この点にもし私たちが無自覚であるなら、普遍的な解放性を装いつつトリンの言葉をなぞりながら、私たちは実はきわめて反動的な欲望を語っていることになる。およそ侵略とは越境であり、帝国主義とは越境への欲望であるとすれば、「越境への誘惑」を肯定的に語ることなど、私たちの越境によって置き換えられた者の存在を忘却するかぎりにおいてしかありえない。そして、そのような忘却が可能になるのも、私たちが、これらの者たちを、ある〈他者性〉の閉域に囲いこんでいるからである。

ポスト・モダン、ポスト・コロニアル、カルチュラル・スタディーズ、さまざまな思想が知的意匠として、そのラディカルさを骨抜きにされて受容されるこの社会で、トリンの思想もまたそのようなものの一つとして、あるいは、全体主義の再生産に対する彼女の絶えざる自己批判の営みが、そのまったく逆のものとして消費されうるであろうことは、十二分に予想される。だとすれば、私たちがこの日本というコンテクストにおいてトリンのポスト・コロニアルな思想を語るとしたら、私たちの社会のこのような問題を、その語りのなかで、つねに可視化する努力なくしてはありえない。

他者にとどく声をもつ者ともたない者

全体主義の再生産に対する批判的営みとしての置き換え＝移動の戦略。

〈他者性〉があらかじめあたえられたものではなく、再創造されたものであるとき、差異に備わる批判力が強められるだろう。（*ibid*：103）

しかし、私たちがそれを称揚するなら、それが特権的議論であることを忘れてはならない。なぜなら、与えられた〈他者性〉のうちにとどめおかれている者たちがなお、いるのだから。移動の戦略を行使する術どころか、自らの声を私たちのもとへと送りとどける術すらもたないこれらの者たちの、その声に呼応すること（responsibility）が私たちに求められているときに、与えられた〈他者性〉を再創造しうる者、移動の戦略を自らとりうる者のエクリチュールの創造性だけを私たちが語るとしたら、それは、〈他者性〉のなかにとどめおかれている者たちの存在を、言いかえれば、私たちの責任を忘却することにひとしい。

いまだ与えられた〈他者性〉のうちにとどめおかれている者、他者のもとへと、その声を送りとどける回路をもたない者。そのような者たちこそ「第三世界の女」であると考えるなら、「第三世界の女のエクリチュール」とは、他者のもとへ自らの声、エクリチュールを送りとどけることのできる者、言いかえれば、そのような力(=権力)をもつ者と、そのような力をもたぬ者の問題を抜きにしては考えられない。他者、すなわち不在の第三者のもとへ、自らの声をとどけることのできない者のエクリチュールを語ることができるのは、彼女たちの語りの直接の宛て先となりうる者、多くの場合、彼女たちと親密さを分かちあう者の特権である。

だが、エクリチュールとは何か。文学テクスト、あるいは映像テクストといった特権的なものだけが、エクリチュールなのではない。「第三世界」の女たちの語り、笑い、歌声、絵、あるいはその唇に引かれたルージュ、愚痴、嘆き、呟き、そして沈黙。彼女たちの、その感情の発露のすべてが、彼女たちのエクリチュールであるだろう。たとえば、かつて日本の植民地支配のなかで従軍「慰安婦」とされた女性たちの証言も、そのような意味で、「第三世界の女のエクリチュール」である。そして、韓国のビョン・ヨンジュ監督による映画『ナヌムの家』とは、これら女性たちのエクリチュールを私たちに伝える作品であると言えるだろう。

『ナヌムの家』は、ビョン監督が、私たちに宛てた彼女自身のエクリチュールであるが、映画のなかの女性たちのことばは、私たちにではなく、ビョン監督に向けて語られたものである。女性たちのそのことばは、ビョン監督によって、私たちに差し向けられたことばとして、彼女のテクストのなかに引用＝置き換え（displace）られる。強制的に移し換え＝置き換えられた彼女たちの、置き換えられたエクリチュール。繰り返される、彼女たちのこの置き換え（displacement）。その置き換えもまた、ある種の暴力であると言ってはいけないだろうか。それが、暴力でもありうるということを見逃すならば、「第三世界の女のエクリチュール」のプロブレマティックも見えなくなる。彼女たちの置き換えの起源に暴力がたしかに存在したように、そして、その結果、彼女たちが、ある〈他者性〉のなかに暴力的にとどめおかれたように、彼女たちをその〈他者性〉のなかから開き、その声を外部へととどけようとするエクリチュールもまた、暴力なのだ。「第三世界の女のエクリチュール」とは、暴力の問題と不可分なのである。

たとえば彼女たちの声――エクリチュール――を、可能なかぎりその〈他者性〉のなかにとどめおこうとする者たち――彼女たちを「公娼」というカテゴリーに分類し、「犯される女」というその本質的同一性に依存することで「安心」する者たち、そして彼女たちに関するささやかな記述を教科書から削除（displacement）することを要求する者たち――は、次のように言う――それは、偽証罪が成立する条件下での証言ではないから信用できない、と。彼女たちのエクリチュールの信憑性が保証されるためには、偽証罪という懲罰（＝暴力）が必要であると、この者たちは言うのだ。そして、彼女たちの証言は公的な権威によって暴力を保証された空間においてなされたものでないがゆえに否定されるのであるが、〈他者性〉のなかにとどめおかれるとは、すなわち、そのような私的なエクリチュールしかもちえない、ということではないか。彼女たちと私たちを分かつ境界を自ら侵犯して、その〈他者性〉の空間のなかへ歩み入った者だけが特権的にその宛て先となりうるような、個人的な、親密な語りしかもちえないということなのだ。したがって、そのように言って彼女たちの証言を否定することは、彼女たちがそのようなエクリチュールしかもちえない〈他者性〉の空間に、彼女たちを置き換え、とどめおいた暴力の起源を忘却するという身ぶりにおいて、紛れもない暴力である。

あるいは、彼女たちのなかには日本人兵士と心をかよわした者もいたというような証言――それは当然のことながら、私的な語りとして、ある特定の人物に宛てて語られたものであるが――それが特定の意図のもとに、ことさらにクローズアップされて不特定多数の日本人の読者に差し向けられるとき、彼女たちの声――エクリチュール――の引用＝置き換えが、ある暴力として顕現していることはまちがいない。女性たちの声を自らのテクストのうちに引用しながら、ビョン・ヨンジュ監督の『ナヌムの家』がそのようなテクストと決定的に異なるのは、そうすることで、私たちが彼女たちを「他者」とまなざすその視線によって彼女たちがとどめおかれてきた〈他者性〉の閉域の、その境界を自ら開こうとするビョン監督の営為においてである。言いかえれば、そのような営為なくして、他者のもとにとどく声をもつ者が、そのような声をもたない者たちのその声を、自らのテクストに引用＝置き換えるなら、それは、彼女たちに対する真正の暴力となる、ということだ。

トリンの『姓はヴェト、名はナム』ほど、テクスチュアルな引用＝置き換えに暴力がともなっているという事実を、自ら可視化してみせたテクストを私は知らない。『姓はヴェト、名はナム』は、ヴェトナムの女性たちのさまざまな証言をコラージュしたものであるが、たとえば自らの物語を語っている女性の映像に、あるときは、今まさに語られているそれらのことばが、画面いっぱいに文字となって重ねられることで、彼女の証言の内容以上に、その証言が、ある力によって置き換えられたものであることが前景化される。そして、終盤近く、これらの証言が、実は証言者とは別の人物たちによって演じられていたことが語られ、証言者そのものが置き換えられていたことが明らかになる。トリンは自分に向けて語られたヴェトナムのさまざまな女性たちの声を、おそらく彼女のこの映画がなければ、その声が私たちのもとへとどくことがなかったであろう彼女たちの声を、自らのエクリチュールに編み上げて私たちのもとへと差し向けながら、しかし、そこにはある権力作用が不可分なものとして働いていることを、そのような権力の媒介がなければ、彼女たちの声が他者のもとへとどきえないことを、そして、これら女性たちの語りとテクストのあいだにズレがあることを不断に示し続けることで、これら女性たち――他者にとどく声をもたぬ者――のエクリチュールと、他者にとどく声をもつトリン自身のエクリチュールの差異を、そのテクストに書き込んでいるのである。〈他者性〉のうちにとどめおかれている者のエクリチュールを、私たちが他者のもとへ送りとどけようとするとき、私たちが、私たちと彼女（たち）の、そのふたつのエクリチュールの差異を明確に意識することがなければ、彼女（たち）の声はふたたび、私たちのエクリチュールにおいて、ある〈他者性〉の閉域に囲い込まれることになるだろう。

第三世界に女はいない

私は授業で第三世界の文学を教えるとき、第三世界というのは便宜上の言い方としてしか位置づけることができないのだと説明しようとして、たくさんの時間をとられてしまう。第三世界を見つけようとするのは、歴史とか故郷とかいうのは実在するものだと思い込んで、いま自分のいるまさにその場所にそれらを位置づけようとはしない、そういう姿勢に似ています――こう言ってはみるものの、その声がわれながらばかみたいに聞こえる。すると、横槍がはいる。一つの顔、腑に落ちない表情の、注意を集中した、私と同性の一つの顔が、聡明さをひびかせて質問してくるのだ。先生は第三世界の文学を教えていらっしゃるのに、なぜ講義要目に女性作家にも平等なスペースを与えないのですか？私は顔をあげる。事情に通じている権威、ばからしい役どころ。平等とはいえないイメージが私の頭のなかで優先順位をあらそう――威厳あふれるイファットがいる、庭にたたずむママがいる、洗濯女のハリーマもいる、山羊をつれた不気味なダーディがいる。だが私自身がつけたくなるハンディをぐっと抑えて、言わねばならないことはわかっているのだ。なぜって、と私はゆっくりと答えるだろう、第三世界には女はいないのですから。（サーラ・スレイリ『肉のない日』より）

第三世界の女のエクリチュール／私たちのまなざす／引用＝置き換え／displacement／その暴力の。

ポジショナリティ

「ポジション」（位置）という空間的語彙が示すように、ポジショナリティの思考が問題化するのは、人間の空間的布置である。「私」は、この社会、この世界において、いかなる空間的位置を占めているのか。ポジショナリティについて思考することは、「私」とは何者なのかという問い、すなわち、これまでアイデンティティの問題として考えられてきたものを、空間的な配置という観点から再考することによって、自己同一性の思考を脱臼させる——dislocate＝転位させる、これも空間的語彙だ——ものとして意図されていると言えるだろう。

たとえば、在アメリカのインド系女性研究者ウマ・ナラヤーンの著書『転位する文化、あるいは文化を脱臼させること』（Narayan 1997）は、第三世界フェミニズムの観点から、アイデンティティと第三世界の「伝統」を論じた作品である（ここにも、アメリカ／インド、北と南、大英「帝国」の「地方」としてのインドといったさまざまな空間的布置を私たちは読みとることができる）。その、とくに第二章で著者ナラヤーンが、サティ、すなわちインドにおける寡婦殉死の習慣について行なっている言説分析は、発話する者のポジションを問題化することが発話の主体のアイデンティティを脱臼させる好例となっている。そして、アイデンティティの政治が、結果として何を隠蔽し、何に奉仕しているかを私たちに教えてくれる。

ナラヤーンがここで主たるテクストとしてとりあげるのは、メアリー・デイリーの『ガイン／エコロジー』（Daly, 1978）である。同書は、「ラディカル・フェミニズムのメタ倫理学」という副題が示しているとおり、ヨーロッパにおける魔女裁判や、アフリカのいわゆる「女性割礼」、インドのサティ、中国の纏足といった文字どおり世界各地の、女性に対して抑圧的な「伝統」の事例――著者デイリーの表現によれば「サド的儀礼」――をとりあげ、「女」が洋の東西を問わず、歴史的にも、父権主義、男性中心主義の犠牲となり、抑圧されてきたことを告発するラディカル・フェミニズムのマニフェストとなっている。

さて、インドにおけるサティの習慣を論じた章でデイリーは、植民地期の、西洋人の男性東洋学者ジョゼフ・キャンベルがサティについて記した文章をとりあげて、彼がサティを「いくらかぞっとさせはするものの、オリエントの古代の魂の沈黙の深淵を燦然と照らし出す一瞥」（強調はデイリー）と描写していることに対し、女性を焼き殺すという行為のおぞましさに「いくらか（somewhat）」という留保をわざわざつけたり、「燦然と照らし出す（illuminating）」などと肯定的な評価を下していることを、女性の苦痛を一顧だにしない男性支配主義として糾弾している。焼き殺される当の女性の苦痛に対して思いをいたらせることなく、殺人行為を称揚しさえするかのような発言が学術的な言説として流通しえたことに、デイリーは、学問それ自体が父権主義的イデオロギーによって色濃く染め上げられている事実を暴き、そして、西洋の男性もインドの女性の抑圧の共犯者となっていることを烈しく告発している。女性の苦痛を忘却する「男性」――サティという「伝統」の遵守を主張するインド人男性、およびこの習慣を肯定的に評価する西洋人東洋学者の男性――との関係性において、デイリーは自らを、これら男性の父権主義的暴力によって「他者化」される「女性」に同定し、そして、それに抵抗する「フェミニスト」として定位する。キャンベルに対するデイリーの批判は、彼女の「フェミニスト」としてのアイデンティティに基づいてなされている。

女性であるがゆえに、この男性中心主義的な社会で差別され、周縁化され、抑圧されていると感じている、言いかえれば、男性の父権主義的暴力によって他者化される存在として自己同定する多くの女性たちがきっと、デイリーのキャンベル批判を、フェミニズムの主張として共感的に受けとめるにちがいない。デイリーのキャンベル批判は、決して間違いではない。キャンベルによるサティの叙述は、デイリーが指摘するように、明らかに女性の苦痛という視点を欠いているし、また、そのような発言が、無批判に学問的な叙述として受け入れられるとすれば、学問なるものそれ自体が、男性中心的な価値観に支配されていることを物語ってもいよう。

だが、ナラヤーンがここで問題にするのは、デイリーが、キャンベルの父権主義に対する憤りをあらわにしている一方で、キャンベルの同じ文章中にある、たとえば「オリエントの古代の魂の沈黙の深淵」などという、あからさまに没歴史的かつ本質主義的な——一言で言えば、オリエンタリズム的な——植民地主義的表現については、これをまったく等閑視しているという事実である。サティを論じるキャンベルにおいて女性の苦痛という問題が思考の埒外に置かれているとすれば、キャンベルを論じるデイリーにおいては、これら当然、批判されて然るべき植民地主義的な語彙を見逃すことによって、植民地主義の問題が忘却に付されているという事実をナラヤーンは指摘する。女性がその身に被る暴力を忘れ去ることによって、キャンベルがサティを唱導するインド人男性とその父権主義において共犯関係を結んでいるなら、植民地主義の暴力を忘却することによって、デイリーははからずもキャンベルと結託している、ということになるだろう。

ナラヤーンは書く。

もし、デイリーが批判するこの種の〔女性の苦痛とは〕〝切り離された〟父権主義的な学術研究が女性の利害や苦しみを一顧だにしないことによって責められるべきであるとすれば、デイリーの著書のようなフェミニズムの著作もまた、その分析がはらみもつ植民地主義的な含意を等閑視することによって、強く抗議されねばならない。(Narayan 1997 : 56-57)

ナラヤーンは、デイリーが無意識にキャンベルの身ぶりを反復していることを指摘することによって、アイデンティティが脱臼を起こす地点を指し示している。自らを学者として定位するキャンベルは、しかし、ジェンダーの権力作用という問題を思考の埒外におくことによって、むしろ、ジェンダーの権力関係を自ら演じている。そして、自分が他者化している「女性」から、「父権主義者」として再定位され、彼が信じているであろう中立普遍の「学問」なるものが、実はジェンダー化されたものであり、父権主義的な価値観によって浸潤されたものであることを暴露される。しかし、彼の学問的な言述は同時に、植民地インドの文化を没歴史的、本質主義的に表象し、植民地主義のイデオロギーに規定されたものであることを証しているが、デイリーにそれが見えないのは、彼女もまたキャンベルと同じように、植民地主義の権力作用を思考の外に置いているからにほかならない。こうしてデイリーも、「他者」を忘却したその語りにおいて、植民地主義的な権力関係を自ら反復し、忘却に付した「他者」から、植民地主義的位置に再定位されることになる。

　デイリーがフェミニストであることは疑いえない。しかし、彼女のフェミニズムは同時に、植民地主義の歴史や関係性を忘却することによって、植民地主義的であることを免れなくなる（デイリーの主張に無条件に共感するフェミニストたちに対しても、同様の批判が当てはまるであろう）。そして、事実、第三世界の女性と文化について論じたデイリーのテクストは、歴史性の消去、ディテールの欠如などナラヤーンが植民地主義的スタンスと定義するさまざまな態度を反復しているのだ。

　だからといってナラヤーンは、デイリーが植民地主義者だと、言いたいわけではない。フェミニズムというものが、自動的に植民地主義であるのでもない。植民地主義的なスタンスを反復するということと、植民地主義者であるということは、決して同じではない。だが、問題はまさにそこにこそ存在するのだ。デイリーのテクストの詳細な分析によってナラヤーンが示しているのは、主観的にも客観的にも植民地主義者ではない者が、しかし、テクストの効果としては、紛れもなく植民地主義的なポジションを占めている、という事実である。

　私たちがデイリーのアイデンティティに依拠して思

考するかぎり、男性の父権主義的な暴力によって抑圧される「女」という同一性のもとで、西洋の女性も第三世界の女性も「同じ女」として考え、自分と同じ西洋人の男性を批判するデイリーが「植民地主義的」であるとはなかなか考えにくいだろう。だが、ナラヤーンが言うように、「デイリーのテクストでは、「父権主義的慣行の犠牲者」か西洋白人女性の「同情の対象」のどちらかとして第三世界の女性を位置づける。それによって、宣教師的なポジションが反復されている。これはデイリーが意図したことではなかったかもしれないが、彼女のテクストの「効果」としては紛れもなくそうであり、第三世界のフェミニストたちにとってデイリーのテクストを問題の多いものにしている」のである（*ibid*：57-58）。

デイリーのテクスト、デイリーのナラティヴに書き込まれている、植民地主義的な含意に対する彼女の無頓着さ、第三世界の女性や文化に対する植民地主義的なスタンスの反復、それらは彼女が、植民地主義的な暴力を被り傷つく側ではなく、その暴力を行使する側にいるということ、あるいは、そうした暴力を行使してきた社会や世界で、あたかもそのような暴力など存在しないかのようにふるまうことができる位置にあることを示している。発話者のポジションを問うことによって問題化されているのは、このようなことだ。決して、発話者デイリーが西洋人であるから即、植民地主義的なのだ、とか、西洋人の女性が、第三世界の「伝統」を批判するから植民地主義的である、などというわけではない。西洋人であるから植民地主義的であるとか、第一世界の人間が第三世界の文化に批判的に介入すれば即、植民地主義的だと前提するのは、女として、あるいはフェミニストとして発言しさえすれば、他者の女性に対するあらゆる抑圧を免れていると前提するのと同じくらい、本質主義的な考え方であり、見当ちがいであるだろう。

もう一つ大切なことをデイリーの例は、教えてくれる。それは、発話者のポジションがいかなるものであるかということは、発話という行為が完了してはじめて、その発話から事後的に明らかになる、ということである。発話者の位置とは、何事かを語ることにより、その結果として、「私」がは、か、ら、ず、も、占めてしまった位置のことである。「私」の語りの結果として、他者との関係性において「私」がいかなる位置を占めているかが、炙り出されるのである。

逆に言えば、私たちは、自らの発話がいかなるポジションから語られるかを、発話に先だってあらかじめ自分で規定することは原理的に不可能だということになる。なぜなら、自分の位置が他者との関係性において決定されるとするなら、自分が何者として語るかを自ら知るためには、私たちは、他者との関係性のすべてを勘案しなくてはならない。しかし、キャンベルやデイリーの事例が示しているのは、私たちが何者であるかを決定するのは、私たちが忘却している他者の存在であり、言いかえれば、私たちにそのような特権的な忘却を可能ならしめているような場――あらかじめ忘却された場――に私たちが立っているという事実なのであるから。そして、私たちが誰を忘却しているか――それはまた、私たちがいかなる者であるか、ということでもある――は、私たちがことばを発するという、まさにその行為によってはじめて、明らかになるのだ。何も語られなければ、そこにおいて、何が忘却されているかも分かりはしない。だからこそ、私たちは語らねばならない。私たちが誰を忘却しているのかを知るために。私たちがそのような忘却を生きることが可能な特権的位置にあったことを知るために。そして、そのような忘却を私たちに可能にしていた歴史的、社会的、物質的、さまざまな条件を明らかにし、その解体に取り組むために。

もちろん、ことばを発するに先だって、他者との関係性をあたうかぎり吟味することは絶対に必要なことだ。だが、私たちの発話の位置を明らかにするのは、そうした私たちの意識的な吟味からつねにとりこぼされる者たち、私たちがその存在を忘却している他者との関係性なのだ。しかし、そうであるからこそ、語ることに意味があるのではないか。フェミニストとして語っていたと思っていた自分が実は、他者の女性に対して植民地主義的な位置から語っていたということを知るために。アラブ文学研究者として発言していたと思った自分が、あるいは、反ナショナリストとして、植民地主義の歴史に対する自らの反省を累々と語っていたと思っていた自分が実は、まぎれもないエスニック日本人の特権的位置から語っていたということを知るために。すべての女性たちの解放などと自分が語っていた、その「女性たち」のなかに、トランス・ジェンダーの女性たちやトランス・セクシュアルの女性たちは入っていないのではないかと、突きつけられるために。自分がこの世界でいかなる位置を占めているか、そして、自分が忘却している自己の位置について知るために。私たちが忘却している他者からの批判に、私たちが突然さらされ、私たちのアイデンティティを脱臼させることによって。

だが、えてして私たちは、自らのアイデンティティに深刻な脱臼をまねくことで、他者との新たな関係性の構築に向けて自らを開くことよりも、自己申告したアイデンティティを無傷のままで保持しようとする。私たちは自分のことばが、私とはこのような者だと自ら名のる、そのようなポジションから語ったことばとして、その場にいるほかの者たちにも共有されうると、無邪気に信じているのではないだろうか。キャンベルのように、デイリーのように。そして、多くの場合、そのとおりになる——だからと言って、私たちのことばが、私が自分とはこのような者だと考える、そうしたポジションからなされたものであるとは限らない。キャンベルのように、そして、デイリーのように。

私たちのことばが、私とはこのような者だと自分が名のった者のことばとして受け入れられ、私たちが、アイデンティティの脱臼という事態を免れるとすれば、それは、私たちが、誰が忘却された他者であるかをあらかじめよく知っているからであるというよりも、私たちがいかに徹底して、他者の存在を忘れ去っているかということであり、その忘却を私たちに可能にするすさまじい力関係のなかで、他者の存在が徹底的に抑圧されているからである。自らの発することばが、私とはこのような者だと自分が考える、そのような者のことばとして、みなに無条件で受けとられ、共有され、自らのアイデンティティが無傷でパスする場とは、そのかぎりで、不可視の権力が支配している場なのである。それを、植民地主義的な権力と言ってもよい。私たちの目にはいかにニュアンスに富んだ、多様な意見が展開されているように映っても、自己申告したアイデンティティが無条件に受容されるという共同性が暗黙のうちに保証されているということそれ自体が、忘却された他者から見れば、一枚岩的な植民地主義的権力の場ということにしかならないだろう。その圧力に抗して、忘却された他者が痛みをともないながら自らの存在を開示する、だが、その声は無視されるか、彼女の差異化されたアイデンティティの自己主張として相対化されるか、あるいは、「貴重なご意見」として拝聴されて終わってしまう、これ自体がまさに、植民地主義的な権力の行使であることは言うまでもない（岡 1998a 参照）。

　デイリーのテクストの植民地主義的ポジションに対するナラヤーンの批判的指摘は、しかし、同時に、そうした植民地主義的な関係性を解体し、別の新たな関係を、同じ地平でともに構築していこうとする呼びかけでもある。だとすれば、私たちに問われているのは、自らの自己同一性を脱臼させながら、他者のその呼びかけの声に私たちがいかに応えるか、であるだろう。このときもまた、私たちは、いかなる者として応えるかを発話に先だって、自ら選びとることなどできはしない。他者のこの呼びかけの声に対する私たちの応答のあり方が、私たちが他者といかなる関係をきり結ぼうとしているかを自ずと証すことになるだろう。

Ⅲ

責任＝応答可能性《レスポンシビリティ》

蟹の虚ろなまなざし、あるいはフライデイの旋回

なぜ刑事は引き金を引いたのか

アメリカ映画『セブン』（一九九五年）において、ブラッド・ピット扮する若き刑事ミルズが、その男――人間の七つの大罪を神に代わって罰する妄想狂の男――の頭を拳銃でぶち抜くのは、男が自分の妻――しかも身重の――を殺したからであるが、しかし、相棒の老刑事サマセット（モーガン・フリーマン）の制止にもかかわらず、ミルズに拳銃の引き金を引かせるほど彼を憤激に駆り立てたもの――やがて彼は、その憤怒を、自らの命をもって償うことになるだろう、ここにおいて、七つの大罪を罰するという犯人の妄想的計画は、犯人自身の死後、成就することになる――、それは、彼が最愛の妻を殺された、という怒りであったのではない。妻を殺されたという怒りが存在しなかった、というのではない。しかし、もし、その憤激の内実が、彼が妻を殺された、という怒りだけであったなら、刑事である彼が――たとえ、いささか自制心に欠けた、血気にはやる青年であったとしても――先輩刑事の必死の忠告を振り切ってまで、復讐を果たしたかどうかは定かではない。それがもし、彼自身の怒りであったなら、彼は、それを抑えることも可能であったはずだ。妻を殺された、という個人的な怒りを、刑事という自分の公的責任と天秤にかけて、いずれかを選択することもできたはずだ。いや、それでもなお彼は、自分の私的感情を優先させて、復讐を果たすことの方を選んでいた、ということもありえよう。しかし、もしそうであったなら、もし、刑事による犯人の射殺が、彼自身の選択の結果としてあったならば、この映画を見終わったあとの、あの、いやあな感じ、嫌なものを見てしまった、見なければよかったというような気持ちを、抱くことはなかっただろう。あれがもし、相棒の説得にもかかわらず、公的責任の自覚にもかかわらず、そうしたもろもろにもかかわらず、彼が、それでもやむをえないこととして、自ら選びとった行為としてあったなら、少なくとも映画は、ある種のカタルシスを見る者に与えていただろう。刑事が私的報復によって犯人を殺すという道義的問題は依然、残りはするものの、少なくともそこには「勧善懲悪」というメッセージがあるのだから。今や殺人犯となった刑事はむしろ、進んで自らの責任を引き受けて、刑場へと赴いていったことだろう。だが、映画のラスト、車の中に廃人のように座っているミルズの姿は、彼の復讐が、決してそのようなものではなかったことを物語っている。それはおそらく、「復讐」ですらなかったのだ。

犯人が、自らの計画の成就を、つまり、ミルズが自分をその場で撃ち殺すであろうことを、確信していたのはなぜか。彼の思っているとおりにミルズが行動するということに、露ほども疑いを抱いていなかったのはなぜか（そして、実際にそのとおりになる）。それは、妄想者特有の自信過剰のせいだろうか。彼が知能が高く、ミルズが直情的であったからか。それとも、あれは賭だったのだろうか。刑事は彼を撃ったかもしれないし、撃たなかったかもしれない。彼が引き金を引かない可能性はいくらでもあった。

もしかしたら、ミルズは犯人が考えるほど直情的な人間ではないかもしれない。刑事としての自覚が最終的に勝利するかもしれない。相棒が力づくで彼を抑えるかもしれない。犯人は一か八か、そうではない方の可能性に賭けて、そして、それがたまたま当たったのだろうか？　そうではあるまい。ミルズがもしかしたら撃たないかもしれない、というこれらもろもろの可能性がある、にもかかわらず、犯人は知っていい、い、たのだ。引き金が必ずや引かれることを。その確信はどこから来るのか？

撃つ／撃たないが選択の問題であったなら、ミルズが撃たない方を選択する可能性はいくらでも考えられる。あるいは、さまざまな偶然が、撃つという彼の意志を挫かせるかもしれない。犯人が自らの予言の成就を確信できたのは、それが、ミルズの意志とは無関係に実行される、ということを知っていたからだ。

撃つか、撃たないかが、ミルズ自身の意志に委ねられていたなら、たとえ、彼がどんなに感情的な、どんなに自制心のない人間であったとしても、彼が撃たないかもしれない、という万分の一の可能性を排除し去ることはできない。なぜなら、人間の意志ほど当てにならないものはないからだ。お前の妻を殺したという犯人の挑発的な告白に直面してミルズは煩悶する。しかし、あのとき彼が見せた煩悶は、夫として犯人に復讐すべきか、刑事として思いとどまるべきか、言いかえれば、理由がどうあれ自ら人を殺すということの是非に対する倫理的な煩悶ではなかった。そうであったとしたら、それはもっと、内面的な苦しみとして現われたはずだ。だが、ミルズの苦悶は、もっと直接的、身体的なものだ。彼は全身で抗っているように見える。それは、何かもっと別のもの、殺すか殺さないかという自分の意志とはそもそも無関係なところで、彼に暴力的に引き金を引かせようとする「それ」の圧倒的な力に対する、彼の「意志」（その意志には、「殺す」という選択肢を自ら選びとることも含まれている）の絶望的な抵抗を表わしている。まるで、『遊星からの物体X』（一九八二年）で、謎の生命体に身体をのっとられた者たちが見せる、あの、自らの意志とは無関係な身体の悶え方だ。

たとえば、犯人を追いつめた主人公が、引き金を引く前に、犯人に向かってことばを発するのはなぜか。Make your day. その一言を発したために引き金を引くのが遅れる、その一瞬の遅延が犯人に反撃の隙を与えないとも限らないのだが（そして多くの場合、犯人に追いつめられた絶体絶命の主人公が形勢挽回するのは、主人公に銃口を突きつけた犯人が、この最後の勝利宣言を行なう、まさにその隙をついてのことであるが、同じことは、逆の場合には生じないらしい）、これらのことばは何のためにあるのか。それは、最終的な勝利宣言であると同時に、死刑執行の宣告でもある。だが、それだけではない。これらのことばは、今からなされる殺人が、発話者の主体的意志によるものであるという、責任の主体を明確化する行為としてある。この殺人は、なにかのはずみで行なわれるのではなく、他ならぬ私自身の、明確なる殺意によって、実行されるものであることをここに宣言するという行為。これらの発話がたいていの場合、命令形――「私は」お前に命令する――であることは、それを示唆しているだろう。だが、犯人を撃ち殺すミルズの、あの投げ遣りな、いかにも唐突な拳銃の発射は、Make your day の対極にある。彼は、殺人という行為の主体を担ったが、それは、彼自身の意志に逆らって行なわれてしまったのである。私たちの意志とは無関係な主体化。犯人の確信の根拠はそこにある。人間の意志とは無関係に、人間を行動する主体に駆り立てるものの、その圧倒的な力の暴力性を、彼は確信していたのだ。だが、「それ」は何なのだろう？

刑事を暴力的に殺人に駆り立てるもの、それは、自分の妻を殺された、ということではなく、妻が殺された、ということのなかにある。「妻を」と「妻が」の、この格助詞一文字の違いは、しかし、大きな意味をもっている。そして、それは、自らの処刑の現場として犯人が選んだあの場所に、なぜ、殺された妻の生首が送り届けられねばならなかったか、ということとも関係している。

犯人からの贈り物――おそらくは妻の生首――は、表層的には、犯人が刑事の妻を殺したことの物的証拠である。犯人の自白だけでは当然、本当に殺したかどうかは分からないからだ。だが、贈り物の中身を確認するのは、相棒の老刑事であって、ミルズは「それ」を見ていない。ミルズは、犯人のことばだけで、彼が妻を殺したことを確信する。そして、それを確信するからこそ、彼には、贈り物の中身が何であるか分かるのである。したがって、妻の首が妻殺害の物的証拠としての意味をもっているのは、相棒の刑事と映画を観ているわれわれ観客にとってであって、ミルズにとってではない。もし、妻を殺されたことが彼を抑えがたい憤激に駆り立てるなら、「それ」があのとき、あの場にどうしても届けられねばならない理由はない。彼は、犯人のことばだけで、妻を殺されたことを確信しているのだから。ではなぜ、あの場に、「それ」は届けられねばならなかったのか。犯人が自分の残忍さを強調することで、刑事の復讐心を煽りたて、処刑をより確実なものにするためだろうか。だが、ミルズによる犯人の処刑が彼の復讐心、すなわち自らの手で犯人を処罰したいという彼自身の意志に依拠しているかぎり、そこには万分の一の不確実性がある。犯人は、不確実な可能性に賭けることになる。処刑を「絶対に」確実なものにするためには、ミルズを、彼の意志によってではなく、何か別のものによって主体化することが必要になる。それが、「それ」なのだ。

犯人のことばによって妻の殺害を確信するミルズには、向こうで、サマセットが見ている贈り物の中身が、ありありと分かるにちがいない。殺された妻の生首、虚空を見つめる虚ろなまなざし、半開きの物言わぬ口……その虚ろなまなざしにさらされて、彼の苦痛、自分の妻を殺されたという苦痛は突然、妻自身の苦痛になる。妻の苦痛、妻が被ったにちがいないと彼が考える苦痛を、彼は、その虚ろなまなざしに投影する。そして、そこに投影された苦痛に同一化する、妻の苦痛として。彼にとって耐えがたいのは、それ、妻の苦痛なのだ。そして、その苦痛を、妻自身が表明できないということである。物言わぬ口に代わって、彼は表明しようとする、妻の苦痛を。

もし、それが、彼自身の苦痛、「妻を」奪われたという苦痛であったならば、自分自身の意志で抑えることができたかもしれない。だが、それは、彼のものではない。妻自身の苦痛、殺されるとき、妻が感じたにちがいない（と彼が想像する）苦痛である。彼のあの、抑えがたく噴出する身体的煩悶は、そのような妻の苦痛に同一化した彼の苦痛である。煩悶する刑事に向かって犯人が語るのは、彼が「彼女を」いかにいたぶったかではなく、死を前にした「彼女が」どのようにふるまったかだ。犯人は「彼女が」いかに無力であったかを強調することで、刑事がますます妻の苦痛に同一化するよう仕向ける。贈り物の中身を確認して犯人の意図を理解したサマセットが、ミルズに向かって、犯人のことばに耳を傾けるな、と叫ぶのは、ミルズの妻が殺されたという事実を糊塗するためではない。ミルズが妻の殺害という事態を確信していることは、サマセットにも明らかだからだ。そうではなく、彼は、犯人の暗示によって、ミルズが妻の苦痛に同一化してしまうことに対して警戒を呼びかけているのだ。彼女がお腹のなかの子どもの命乞いをしたことが、犯人の口から語られるとき、刑事が苦しむのは、妻を殺された夫の、子どもを殺された父親の苦しみではなく、子どもを殺される女の苦しみを苦しむのである。彼の苦しみは、理不尽な暴力に翻弄された妻の苦しみである。そして、この他者の苦痛、あるいは他者の苦痛として投影された私たちの苦痛が、私たちを、私たち自身の意志とは無関係に行動する主体へと暴力的に駆り立てるのである。

だが、ここで一つ、留意すべきことは、妻のその苦痛は、もしかしたら、実は存在しなかったかもしれない、ということだ。妻が殺されたことが事実であるにしても、その殺され方は、もしかしたら、犯人が示唆するようなものではなかったかもしれない。つまり、刑事が同一化している妻の苦痛とは、妻が感じたにちがいないと、あくまでも、彼が思っているもの、自分が妻であったならば、そのように感じるにちがいないと彼が思う、彼自身の苦痛の投影にすぎない、ということだ。そして、妻が事実、苦痛を感じ、そして、彼女の感じた苦痛が、実際、彼の想像しているようなものであったとしても、彼によって彼女に投影された彼の想像する苦痛と、妻の実際の苦痛は、やはり同じものではない。

自らはいかなる感情も表明しない虚ろなまなざしは、そこに、いかなる意味も存在しないがゆえに、私たちが、私たちの個人的な解釈を投影できるスクリーンである。私たちは、自分がそこに投影した意味が、あたかも「それ」本来の内在的意味であるかのように、あたかも「それ」自体から発せられているかのように錯覚し、それに同一化する。そして、「それ」の代わりに行動することで、「それ」自身には表明できない、「それ」自身の意志を実現しようとする。だが、この映画において明らかなように、それは、「それ」の意志ではなく、犯人自身の意志であったということだ。刑事は、自らの意志で妻の復讐を果たしたのではなく、犯人の共犯者として、彼の犯罪を完成させることに手を貸したのである。

人間を自分の意志とは無関係に暴走する主体にするなど、たぶん、わけのないことなのだろう。鍋で茹でられている蟹の虚ろなまなざしに見つめられた少年が、思わず、母親を刺し殺してしまったように（Žižek 1996が引用するHighsmith 1945＝1990）。私たちに、それは必ずや苦痛であるにちがいない、私だったら耐えることなどできないだろう、と私たちが考えずにはおれないような苦痛を喚起する状況と、そして、そのようなものとして私たちが想像する苦痛を投影できるようなスクリーン、いっさいの意味の欠如した穴、虚ろなまなざしがあれば、私たちは、私たちが投影した私たちの想像上の苦痛に同一化して、「それ」に代わって行動する主体になるだろう。私たちにとって耐えがたいのは、苦痛が容易に想像されるにもかかわらず、「それ」自らが苦痛を表明していないこと、「それ」が「それ」でしかないということだ。「それ」に代わって、「それ」の苦痛を表明する主体になることで、私たちは「それ」を「それ」ではないものにしようとする。それによって、私たちは、「それ」が「それ」でしかないことの耐えがたさから逃れようとする。

刑事とはおそらく、そのような蟹の虚ろなまなざしにさらされることを宿命とする職業であるだろう。モーガン・フリーマン演じる老刑事サマセットは、それが、そのような防衛機制としての主体化でしかないことを承知している。「あと数日で引退なのだから」と彼が呪文のように繰り返すのは、図書館に足繁く通い、ミルトンやチョーサーといった古典的教養を培うのと同じように、自らをにわかに行動する主体にしてしまうような蟹の虚ろなまなざしの暴力的な力に抗するためにほかならない。蟹の虚ろなまなざしにさらされながら、彼は耐え続けるのである。その暴力に。

殺された妻の生首は、実は一度も画面に登場しない。そのようなものを実際に見せられることが、益にのった張りぼてのヨカナーンの首を見せられるのと同じように興ざめであるから、というだけではない。「それ」はぜったいに観客の目にふれてはならないのだ。なぜなら、もし、観客が「それ」に、虚ろなまなざしにさらされたなら、観客自身が妻の苦痛に、ということはミルズの苦痛に同一化してしまうからである。ミルズの苦痛は、観客である私たち自身の苦痛となって、刑事の殺人は、私たちをその苦痛から解放し、カタルシスを与えることで、積極的な意味をもつことになる。だが、あの殺人は、人間を暴力的に主体化する「それ」の、その暴力性を描いている以上、徹底的に無意味なものでなくてはならない。この映画の結末が、私たちを陰鬱とした気分にさせるのはそのためだ。

「それ」が「それ」でしかないことの耐えがたさに対する防衛機制として、行動する主体となることの暴力性を、私たちが認識することは大切である。たとえば、次のような事例は、それが必ずしも映画という作りものの世界のなかで、誇張されたものでないことを証明している。

被害者としての同一化

キャンプに帰る体力ももう残っていないのか、道に小さくうずくまる幼い難民の少女。その少女の背後には、一羽の、黒い巨大な鷹が、両翼を広げて、今にも、少女に襲いかかろうと、少女が力尽きて倒れるのを狙っている――スーダンの難民キャンプを取材していた、南アフリカ出身の青年カメラマンが、キャンプへの途上でたまたま遭遇した、この難民の少女の写真は、その年のピューリッツァー賞を受賞し、その写真は飽食している「先進国」の茶の間にも届けられ、見る者に大きな衝撃を与えた。

だが、その衝撃はやがて、異様な事件へと発展していく。アメリカで、この写真に衝撃を受けた人々が、カメラマンを一斉に非難しはじめた。なぜ、彼は、少女を救おうとはしなかったのだ、このあと、少女はどうなったのだ、写真を撮る前に、カメラマンは人間として、すべきことがあったのではないか……カメラマンは、非難の大合唱に対して、少女がやがて立ち上がり、キャンプの方へ歩いていくのを見届けてからその場を立ち去ったと釈明していたが、ある日、自ら命を断ってしまった。

カメラマンの自死の理由が、彼の写真に衝撃を受けた人々の、彼に対する「人道的」非難であるなら、彼は、自分自身の写真に殺された、ということになる。より正確に言えば、写真のなかのあの、少女に。

炎天下の路上にうずくまる、痩せこけた小さなからだ。写真のなかの少女は、黒い、小さな塊にすぎない。少女の背後で、欲望をあらわに翼を大きく広げている猛禽。だが、少女のなかには、それに対する恐怖もない。恐怖も、苦痛も、空腹も、もはや感情のいっさいがなくなってしまっているかのようだ。私たちにとって耐えがたいのはそれだ。当然、そこにあってしかるべき恐怖が、私が感じる恐怖が、苦痛が、少女によって表明されていないこと。少女が、ただの「それ」でしかないこと。私は私の苦痛を少女に投影し、それに同一化して語り出す。語れない少女に代わって——なぜ、助けてくれないの！　あなたなんか、人間じゃない。

もしも少女が、猛禽に対する恐怖の表情をいくらかでも表わしていたなら、結果は違っていたかもしれない。私たちは、少女が、私たちが感じているように感じていることを知って、安心したのではないか。少なくとも、少女に代わって、少女の恐怖を語る主体になりはしなかっただろう。

私たちが少女のなかに聴き取った少女の声、もし、少女に自ら語ることができたなら、語ったであろうと私たちが考える少女のことばとは、しかし、本当にそのようなものであったのだろうか？　この一件は、私たちが「それ」に投影するのが実は恣意的なものにすぎないこと、私たちが自分の経験から類推するかぎりでの、私たちが想像できるかぎりでの感情にすぎない、ということを物語っている。逆に言えば、私たちの想像外にあるものは、仮にそれこそが、「それ」の苦痛の原因であったとしても、私たちには見えないのである。たとえば、ほかならぬ私たち自身が「それ」の苦痛の元凶である、といったようなことなどは。私たちがつねに「それ」を被害者として見いだし、そこに、被害者としての自分の経験を投影し、被害者として「それ」と同一化するならば、「私」が「それ」に対して加害性をもっている、などという認識は、たしかに生じえないだろう。「それ」による私たちの暴力的な主体化の問題性とは、人をときに死に至らしめるほどの、文字どおりの暴力性である、というだけではない。私たちが恣意的に投影した私たちの声が「それ」の声となってしまうことで、もしかしたら、そうではないかもしれない、ほかのさまざまな声の可能性を抑圧してしまうと同時に、私たちが被害者として同一化することで、もし、私たち自身が加害者であった場合に、その加害性を都合よく隠蔽することにもなってしまうだろう。難民の少女に被害者として同一化して、カメラマンを非難することで、南北構造を固定化する世界システムのなかで飽食している私たち自身の姿がかき消されてしまうように。

空虚さの回避

難民キャンプ。カメラはまず、難民の子どもの枯れ枝のような手足を映す。それから、その異様に細い手足とは不釣り合いな、飢餓のために異様に膨れた腹部。そして、頭蓋骨の形そのままの頭部。顔のクローズ・アップ。瘦せこけた頰のせいで、強調される目、大きく見開いた二つの目。そこにはしかし、私たちが通常、見いだすはずのものがない。普遍的な子どものまなざし、いたずらっぽさを秘めた瞳。その代わりにそこにあるのは、焦点の定まらない、虚ろなまなざしだけ。

私たちが生きる、この地球社会に山積した問題の数々。民族問題、環境問題、南北問題、人権問題……それは、この世界に生きる私たち一人一人の問題でありながら、放っておいても、いつか、どこかのだれかが解決してくれるかのように、いつもは、他人事のように忘却を決め込んでいる私たち、これらの問題を紹介するテレビや新聞の特集や詳細なルポも、ワイドショーで報じられる芸能人の不倫ネタと同じような情報の一つとして消費してしまう私たちが、ある日、突然、変貌する。アフリカの子どもたちに毛布を送ろう、お米を送ろう、お金を送ろう……私たちを突如、行動する主体へと駆りたてるもの、通常、「ヒューマニズム」という言葉で語られるそれは、テレビ画面に大きく映し出されたアフリカの難民の子どもの、その虚ろなまなざしである。そのような視線にはからずも出会ってしまうこと、それが、私たちのトラウマとなる。そして、私たちを主体化する——暴力的に。

だが、難民の子どもの虚ろなまなざしにさらされることが、私たちにとって耐えがたい傷となるのはなぜか。そのまなざしが、自分の身にふりかかる圧倒的な暴力に対して耐えがたい苦痛を無言のうちに叫んでいるからではない。あるいは、そのような理不尽な現実に対して、年齢とは不相応の老成した諦観を表わしているからでもない。私たちにとって真に耐えがたいのは、そのまなざしが実は、苦痛や諦観、あるいは悲しみや抵抗といった、私たちが読みとり、同一化することのできるような、いっさいの意味を欠いていることだ。意味をもたない、ぽっかり空いた空虚な穴——鍋で茹でられる蟹の、その目のように。それは、人々をアフリカ難民救済キャンペーンに駆りたて、あのピューリッツァー賞受賞のカメラマンに対して非難の大合唱に駆りたて、若き刑事に引き金を引かせたのと同じものだ。もし、それを「ヒューマニズム」と呼ぶなら、私たちは、ヒューマニズムなるものの内実についてもう一度、よく考えてみなければならないだろう。

なぜ私たちは、意味づけられない空洞が、かくも耐えがたいのか、一人の人間を暴力的に死に追い込むほどまでに？　まなざしのその「虚ろさ」、意味の欠如、それが私たちを不安にする。そこにあってしかるべき、「恐怖」や「苦痛」といった感情が表明されていないこと。Ça ne dit rien.「それ」がまさに「それ」でしかないこと。

私たちをこの耐えがたさから救ってくれるものがあるとしたら、それは、「それ」自身が語ってくれることだろう、自らの言葉で、その苦痛について、その恐怖について。わたしはこんなに酷い目にあったの、わたしはこんなに辛かったの、わたしはこんなに……「それ」が、それ自身の、語りの主体になってくれること、私たちと同じように。そうすれば私たちは、いくらでも同情することができる。あるいは、否定することも。私たちは「それ」を、この世界のなかに、私たちとの関係性のなかに——肯定的であれ否定的であれ——位置づけることができるだろう。

私たちにとってどうしても受け入れがたいのは、「それ」がただ「それ」でしかないこと、つまり、「それ」が決して主体—Subject—主語の位置を占めないことだ。だから、私たちは次のように語ることで、「それ」に主体の幻影を見ようとする——「それは」ことばを奪われている。「それ」が語らないのは、言葉を奪われているからなのだ。ことばなき声、ことばにされることを待っている声たち。私たちにはその、声なき声が聴こえる、「私たちの声を届けて、私たちの声にことばを与えて……」。

私たちは行動するだろう、彼らのその、声なき声を受けて。私たちが「それ」に、声なき声を聴き取ることで、「それ」は「それ」であることをやめ、主体化されるだろう。だが、それは、結局のところ、私たちの声の投影、私たちが理解したかぎりでの声でしかない。「それ」を主体化すべく私たちが行動するのは、決して「それ」自身を苦痛から解放するためではなく、私たち自身を、「それ」が「それ」でしかないことの耐えがたさから解放するためではないのか。「この少女はそのあと、どうなったのだ？ 無事にキャンプへ戻ったのか？ カメラマンは、この子を救うべきではなかったのか？」と人々が、言葉をもたぬ少女に代わってカメラマンを非難したとき、そう語った人のすべてが知っていたはずだ。この少女は、もうどこにもいないことを。

虚ろなまなざしに「声なき声」を聴き取った著名なミュージシャンや小説家が、それに自分のことばを与えることで、現実に何百、何千万ものお金が集まることの実質的効用といったものは、たしかにある。現実にそれだけのお金があれば、何かの役には立つだろう。送られた毛布で、実際に寒さがしのげるように。だが、それは、あくまでも対症療法にすぎない。そのような主体化では、一大キャンペーンを打って、運動として一時的な盛り上がりを見せたとしても、根本的にはなにも変えることはできないだろう。

一〇年ほど前、アフリカの飢餓救済キャンペーンが世界的に（というのはつまり、北側先進工業世界的に、の意味だが）盛り上がったが、アフリカの飢餓状況が一〇年前より確実に改善されたという話は寡聞にして聞かない。当時は、英米同時チャリティライブが開かれ、世界的アーティストが総出演したのをはじめ、各国が、超豪華メンバー競演のチャリティ・レコードを発売し、何十億もの収益をあげた（それによる実際的恩恵は、たしかにあっただろう）。だが、その後、アフリカの飢餓救済キャンペーンが再び、同じような盛り上がりを見せることはなかった。一〇年たって分かったことは、あれが、一過性のブームであったということだ。近年、世界的に（というのはもちろん、北側先進工業世界的に、の意味だが）経済不況だということもあるが、要するに、終わってしまったのだ。アフリカの飢餓は少しも終わっていないのに（イギリスのミュージシャンによる「彼らはもうすぐクリスマスがやってくることを知っているのだろうか」は、クリスマス・ソングの定番として定着しているが）。今は、アフリカの飢餓よりもボスニア内戦だ。サラエヴォ・フォーエヴァー。いや、それももう古いかもしれない。今は何だろう？　アフリカの「女性性器切除」？　じゃあ、その次は？

虚ろなまなざし＝「それ」との遭遇が直接の契機として生じるようなキャンペーンの盛り上がりと短命さは、キャンペーンの誕生の起源それ自体に内在している。蟹の虚ろなまなざしに対する耐えがたさが大きければ大きいほど、私たちをにわかに行動する主体へと駆りたてる力は大きいだろう。その力が大きければ大きいほど、私たちは自ら主体となって、一大コンサートやシンポジウムを開くだろう。マス・メディアも積極的に報道する。キャンペーンの成功を保証するのは、私たちをこのように行動する主体に駆り立てずにはおかない、虚ろなまなざしの、その暴力性、衝撃性だが、運動がそのような衝撃性、あるいはセンセーショナリズムに依拠しているかぎり、それは消費されて、短命に終わらざるをえないだろう。「飢餓救済？　そういえば、We are the world、むかしはやったわね」。

私たちを主体化しているのが、蟹の虚ろなまなざしにさらされることへの「回避」、「それ」が「それ」でしかないという現実に対する「否認」といった防衛機制にすぎないならば、そのような主体化は、短期的な結果とは結びついても、「それ」が「それ」でしかない状況の根本的な変革には決して結びつかないだろう。私たちの加害的関与を隠蔽するような主体化であるならなおさらである。

フライデイとともに

ことばを奪われた者の声なき声を伝える――それは、言葉をもつ者の使命であるかもしれない。だが、それを自らに許す前に、私たちは今一度、自らに問うてみるべきだろう。「声なき声」などというレトリックはそもそも、詭弁にすぎないのではないか。私たちは自分たちに分かるかぎりでの、自分たちが聴き取りたいものを、「聴き取って」いるだけではないのか。それは、結局のところ、私たち自身の声にすぎないのではないか。私たちが「聴き取った」声なき声を、私たちが、彼らの言葉として語るとき、私たちはまさにそうすることで、実は、もしかしたら、そうではなかったかもしれない可能性をすべて奪ってもいるのかもしれない、と。

J・M・クッツェーの『敵あるいはフォー』(Coetzee 1992) は、「それ」が「それ」でしかないことの耐えがたさから「それ」に声を与えようとする、そのような主体化に徹底的に抗うことをテーマとした、類まれな、美しい、小説である。この小説で、蟹の虚ろな目とは、フライデイの口である。フライデイ、舌を抜かれた黒人のもと奴隷。彼の口のなかにはあるべきものがない。ぽっかりあいた空虚な穴。ことばによって、意味によっては充塡することのできない穴。だが、そこに暴力があったこと、苦痛があったことは、間違いない。生きた人間から舌が抜かれているのだから。

イギリス人女性スーザンが漂着した島には、老齢のロビンソン・クルーソーともと奴隷のフライデイが暮らしていた。一年後、三人は救助されるが、クルーソーは、イギリスに向かう途上、船で亡くなり、ロンドンに帰ってきたスーザンは、舌を抜かれたフライデイと暮らすことになる。彼女を悩ませるのは、フライデイがかつて体験したにちがいないその苦痛、なのではない。まさにその苦痛が、そこになくてはならないはずの苦痛が「ない」ということ、フライデイが苦痛を表明しないこと、いや、苦痛であれ何であれ、何かを表明するといった主体として彼が存在していないこと、彼が、彼女にとって感情移入や同一化のいっさい不能な「それ」でしかないことなのだ。

しかし、彼女は、フライデイの声なき声に、彼女自身がことばを与えることを頑なに拒む。彼女がどのようなことばを与えるにせよ、フライデイがそれを否定する術をもたない以上、彼女が与えたことばが、フライデイ自身のことば、フライデイの唯一の真実となってしまうという不条理を、あくまでも拒否するからだ。フライデイの舌のない口から彼女が恣意的に聴き取った声を、フライデイ自身の声だと主張することは、もしかしたら、そうではないかもしれない可能性をすべて奪うことになる。ある一つの声だけをとりあげて、真実として語ることは、他の無数の声を圧殺してしまうことになる。

生きた人間から舌を抜くなど、人間なら決して許すことのできないような暴力。なぜ舌を抜かれたのか、誰に、いつ、どのように、恐かったたか、痛かったのか、泣いたのか……フライデイの声を語る／騙る主体となるのをスーザンが拒む以上、そのようないっさいの意味を奪われたまま、彼女は、フライデイが舌を抜かれているという暴力的な事実だけと向き合わねばならない。「それ」でしかないフライデイを受け入れるということは、暴力の理不尽さそのものにスーザン自身がさらされ続けることである。だが、フライデイが被った暴力とは、そもそも、そのようなものではなかったか。

スーザンはフライデイにノートとペンを渡す。そして、舌を抜かれた苦痛について、彼自身に語らせようとする。だが、彼が描くのは、彼の口と同じように、意味を欠いた穴ばかりだ。

ときどきフライデイは旋回する、ぐるぐるぐるぐるぐるぐるぐる……憑かれたように何十分も回り続ける。彼がなぜそんなことをするのか、恣意的な意味づけを与えることを自らに禁じるスーザンにとっては、それは、あくまでも不可解な行為であり続ける。フライデイの旋回は、彼女にとって、彼の舌のない口と同じように、いっさいの意味を欠いた穴だ。フライデイがまさに「それ」以外のなにものでもないことを彼女に痛感させずにはおかない行為。ある日、彼女も回ってみる。フライデイと同じように。そして気がつくのである。フライデイは寒かったのだ、ということに。南洋育ちのフライデイにはロンドンの気候は寒かったのだ。体を温めるために、彼は旋回していたのだ。フライデイが寒かった、ということに、彼女は気がつかなかった。なぜなら、英国育ちのスーザンは、寒さを感じていなかったから。なぜなら、彼の空洞の口のなかに、彼女は、舌を抜かれるという非人間的な暴力の苦痛の声だけを聴き取ろうとしていたから。そこにほかの声があるなどとは、思ってもみなかったから。だが、スーザンはそれをフライデイに確認することはできない。「真実」はあくまでも、スーザンの主観的真実にとどまるのである。

私たちは、自分にとっていちばん苦痛だと思うことが、他者にとってもそうなのだと思いこんでしまう。それを他者に投影し、他者自身の声として、それを聴き取るのである。そして、ことばなき他者に代わって、私たちがその声を語り出す。彼／女の苦痛として。だが、それは結局のところ、私たち自身の苦痛、私たち自身の声にすぎない。もしかしたら、彼／女にとって目下、最大の苦痛とは、私が彼／

女に一枚のセーターをやらないこと、なのかもしれない。私自身が彼／女の、苦痛の原因であるかもしれないのだ。フライデイの旋回のように、「それ」の声とは、実は、私たちが思いもよらない方法で、語られているかもしれないのだ。

秘められた声

他者の声なき声を伝える、ということが、もしことばをもつ者の使命であるなら、それは決して、「それ」が「それ」でしかないことの耐えがたさから私たち自身が逃れるために、「それ」に代わって「それ」の苦痛を語るような主体に私たちがなることではないだろう。私たち自身の声をそこに投影し、投影された自分の声を聴き取って、それを語ることでもない。スーザンがフライデイの旋回に、自分の声を投影しているかぎり、彼が寒い、という単純な真実にも気づくことはなかっただろう。「それ」が「それ」でしかないことの暴力性に私たち自身がさらされながら、その苦痛のなかで、私たちをにわかに行動する主体へと駆り立てるその暴力的な力に抗しつつ、フライデイといっしょに、私たちも回ってみること、両腕を広げて、フライデイのように、ぐるぐるぐるぐるぐる……と。私たちが、私たちにとって意味をなすようなものしか探さないかぎり、私たちが見落としてしまうような無意味な身ぶりのなかに秘められた声に耳を澄ますこと。フライデイとともに旋回しながら。

＊

本稿は、『現代思想』のジジェク特集（一九九六年一二月号）に向けて書かれた論文がもとになっている。ジジェクは

『快楽の転移』で、シチューの具として鍋で茹でられている小動物が、少年をして母の殺害に駆り立てるという、パトリシア・ハイスミスの短篇について論じており、この小動物の虚ろなまなざしが、ジジェクと拙論の交点になっている。しかしながらこの小動物は、ハイスミスの原作においても、また、ジジェクの作品においても、「蟹」ではなく「すっぽん」である。拙論を書くにあたって、すっぽんがいったいどういうわけで蟹に変容してしまったのか、今もって謎である。

Becoming a Witness

出来事の分有と「共感」のポリティクス

二つの「共感」

たとえば福音書の善きサマリア人の喩え話は、他者の苦痛に対する「共感」が必ずしも人間にとってア・プリオリなものではなく、むしろ例外的な事象であることを語っている。人間が単に人間であるというだけでは、瀕死の旅人を目にしたからといって、その苦痛に対して必ずや憐れみ——compassion——を抱くとはかぎらないのだ。であればこそ、旅人を介抱したサマリア人は、永遠の命を約束されることになるのだが。

他者への「共感」はア・プリオリに措定できない。

しかしまた、その一方で、ソフィスティケートされたメディア戦略によって、人間の情動に、五感に、直接訴えかける音楽、映像、画像によって、他者に対する同一化はいとも容易に組織されえたりもする。ハリウッド映画によって得られるカタルシスは、観客の、スクリーンのなかの人物に対する同一化作用によってもたらされる。他者に対する同一化というその作用自体が悪というわけではない。この同一化作用こそ、映画や小説、あるいは漫画といったメディアがもつすぐれた特性であることは疑いない。だが、映像をいかにモンタージュし、いかなる音楽をあて、いかなるナレーションを施すかによって、観客——すべての観客ではないにしても——をある特定の「共感」へ向けて誘導することは容易である。ヒロシマ、ナガサキへの原爆投下が、平和を希求するがゆえの正当な行為として表象されるとき、これに「共感」する人々が現に存在する。被爆者の苦しみに対する「共感」は、たとえば人間の普遍的な感情としてア・プリオリに前提することはできないのである（果たしてヒロシマ、ナガサキの被爆者は、国籍や民族の違いにかかわらず、日本人の「共感」の対象として想起されていただろうか）。

スミソニアン航空宇宙博物館の原爆展が、合州国の退役軍人団体の圧力によって中止に追い込まれたことは周知のとおりであるが、「歴史」の言説をめぐるこの闘いの根元には二つの「共感」の対立がある。だが、その「共感」とはいかなるものなのか。原爆が戦争の終結に貢献したのだとし、博物館側の企図に反対した退役軍人たちの主張がナショナリズムに基づくものであるとしても、被爆者の苦痛に対するヒューマニスティックな「共感」とナショナリスティックな「共感」がにわかに対立するわけではない。なぜなら、よきアメリカ人であればこそ、国境を越えた人間の苦痛に「共感」するヒューマニストたれという言説を組織することも一方では可能であるからだ。このとき、対立する二つの「共感」は、ナショナリズムによって共約可能となるのだが、よきアメリカ人なるものが——誇りある日本人なるものと同様——きわめて恣意的なものであってみれば、ナショナリズムを共約可能性とするかぎり、この二つの「共感」は、実は容易に反転しうるのである。であるとすれば、二つの「共感」の対立を前にして、私たちに要求されるのは、対立する二つの「共感」の共約可能性を探るのではなく、むしろ、この二つの「共感」が、実は決定的に共約不能であることを明らかにすることであるのかもしれない。

「慰安婦」への共感と国家への共感

他者への「共感」はア・プリオリに措定できない、とすれば、私たちは、なにごとかに対し、なにゆえに「共感」するのか。「共感」とはそもそも何であるのか。

たとえば大越愛子さんの次の文章は、元「慰安婦」の女性たちの苦痛に対する大越さんの深い「共感」を表わしているだろう。

元「慰安婦」たちが、戦争中に起こったおぞましいできごとの生き証人であることは、彼女たちの身体に刻印されたものによって如実に物語られている。（中略）彼女〔金学順さん——引用者〕の証言を直に聞いたときの衝撃は、忘れられない。事実を覆い隠していた厚い幕が一瞬にして切り裂かれ、直視することが躊躇されるような残酷な現実が全身で語られた。一七歳のときに受けた強姦、その後に続く「慰安婦」生活の後遺症のため、彼女の身体はぼろぼろであった。そうしてうめくように「私は女の歓びを知らない」と言われた。このような自分自身を切り刻むような証言は、彼女の身体の深みに基づくもの以外にはありえない。

だが自称愛国的な「歴史」学者は、このような彼女の証言を、さらには彼女の存在そのものを否定することしか知らない。彼女が少女時代キーセンの修行をする学校に通ったことを取り上げて、彼女は「売春婦」であったと蔑視し、「商行為」という言葉だけで、戦時での強姦、性的奴隷生活を告発する彼女の人間的権利を奪い取ろうとする。

（大越 1997：37–8）

私は、日本の侵略によって暴力的に「慰安婦」にされたこれら女性たちの苦痛に対する大越さんの「共感」と、「自称愛国的な「歴史」学者」に対するその怒りを共有しているつもりである。その場にいあわせたなら、元「慰安婦」とされた女性の証言に対しておそらく私もまた、大越さんと同じような想いを抱いたであろうと思う。

他方、いわゆる「自由主義史観」なる日本版歴史修正主義者たちは、日本の女たちは朝鮮やアジアの女性――他者の女たち――に同情するのに、お国のために戦った自分たちの父親や祖父を侵略者、強姦魔呼ばわりして貶めるといって批判する。これらの者どもが主張する国家への同一化とあからさまな血縁主義を私は断然、拒否するものであるが、しかし、ここで問題にしたいのは、他国の女に同情して、なぜ自分の父や祖父や国を誹謗するのかという彼らの批判は、父や祖父や国に同情して、なぜ元「慰安婦」を誹謗するのか、という批判を裏返しにした形で、それ自体は、実は同一のロジックに基づいているということだ。元「慰安婦」の女性たちの苦痛に対する「共感」と、父や祖父の苦痛に対する彼らの「共感」は、互いに相容れないまったく正反対のものとしてありながら、しかし、これら二つの「共感」のロジックは、裏返しであってみれば容易に反転可能であるのではないか。元「慰安婦」の女性たちの苦痛を情動に訴えることで、これらの女性たちに同一化し、その苦痛に「共感」しうるのだとしたら、同じことは、父や祖父に対してもなしうるだろう。元「慰安婦」の女性の苦痛に対する情動的「共感」を普遍的感情として要求するかぎり、彼らが要求する父や祖父の苦痛に対する「共感」の根拠を覆すことはできない。そして、父や祖父も侵略戦争の加害者であると同時に被害者でもあることを否定しえないとすれば、この二つの「共感」を共約したいという誘惑は、たとえば、アジアの二〇〇〇万の死者を悼むためにはまず、日本の三〇〇万の死者を弔わねばならないというような言説に容易に回収されてしまうかもしれない。

他者の苦痛に同化すること

他者に対する私たちの「共感」を、彼らの「共感」とはむしろ絶対的に共約不可能なものとして語ること。

ネイションとはそもそも「共感」の共同体であるとすれば、ネイションの歴史の記憶をめぐるこの闘いにおいて、「共感」なるものをあらためて批判的に検討することが今、必要なのではないか。他者の苦痛に対して「共感」するとは、いったいどういうことなのか。元「慰安婦」の女性たちの苦痛に対し、私たちが「共感」を覚えること、それ自体を否定しているのでは断じて、ない。その「共感」が、いかなる「共感」でありうるかが問題なのだ。

当事者として同じ出来事を体験していない者が、耐えがたいような出来事を体験した他者のその苦痛に「共感」するとは、どういうことなのだろうか。他者の痛みを分有するとは、他者が味わっているまさにその同じ苦痛を共有するということなのだろうか。それは、原理的には不可能であるが、唯一、苦しむ者に対する想像的な同一化によって可能になる。しかし、それは、あくまでも想像的なものである。そして、苦しむ者に対する他者の「共感」を促そうとして、その同一化を容易にするような言説戦略がとられるとき——出来事の暴力性を印象づけるために被害者の無垢悲惨さが強調されたりするのはその一例だが——、被害者は、被害者の苦痛に同一化しようとする者たちのイメージに合致するように構成されてゆく。そして、そのようなイメージに合わないような現実が暴露されると、えてして被害者に対する「共感」が裏切られたように感じられるものだが、それは、このような「共感」の根拠が実は、想像によるものにすぎなかったことを物語っていよう。さらに、同一化を容易にするために、私たちの——私と被害者の——同一性が強調される。同じ女性、同じ人間、同じ○○の犠牲者……だが、そのような「共感」は、本質主義的な同一性を前提とすることで、そのような同一性を共有しない他者を「共感」の可能性から排除することになるだろう（さらに、私／たちと彼女たちのあいだにたしかに存在するもろもろの違いをおおい隠してしまうことにもなるだろう）。そして、他者の苦痛に対する「共感」が、このような苦しむ者に対する想像的同一化として醸成されるとき、想像の「共感」共同体であるネイションに対する同一化の欲望は、いったいどのようにして否定されうるのだろうか。

私は彼女たちではない。だとすれば、彼女たちではない私の、彼女たちの苦痛に対する「共感」とは、私自身の他者性において求められなければならないのではないか。彼女たちに同一化することで想像的に共有される苦痛ではない、私自身の苦痛の固有性において追求されなければならないのではないか。私が、彼女の苦しみを苦しむのではなく、私自身の苦しみを苦しんではじめて、ひとつの出来事が彼女と私のあいだで分有される、その可能性が生まれるのではないか。

アーレント——他者の苦しみの証人となること

下河辺美知子さんは、ハンナ・アーレントにおけるコンパッションの問題を論じた論考において、ルソーが「苦しみとコンパッションの原光景」として紹介している、母親の眼前で野獣に食い裂かれる子どもと、その光景を牢獄の窓からなす術もなく見つめる囚人のエピソードについて次のように論じている。

ここには三つの苦しみと一つの暴力がある。引きちぎられる子供の死にいたる苦痛。我が子を獣に食いちぎられるのを見ている母親の悲嘆に満ちた苦痛。そして、それを目撃していながら何も手出しが出来ずにいる囚人の苦痛。この中で、コンパッションの原型とされているのは三番目にあげた囚人の苦痛である。

（下河辺 1997：201-2）

母親は他者でありながら、しかし、子どもの苦しみに対する母親の「共感」とは、想像的同一化の努力すら必要ない自他未分離の「共感」であるだろう。母親は他者であって、他者ではない。子どもの苦痛はそのまま、母親の苦痛である。他者の苦痛に対し、そのような位置に立てる者がいるとすれば、おそらく母親だけであるにちがいない。そして、およそ「共感」というものが、「他者」のあいだに生起するある感情のことであるなら、「共感」を語るかぎり私たちはみな、この囚人であるにちがいない。「慰安婦」問題をこのアナロジーで考えてみるなら、日本軍によって性奴隷とされた女性たちは、野獣に食いちぎられている子どもであることはすぐに分かる。では、この場合、彼女たちが味わったその苦しみに対し、自他未分離の苦痛を味わっている「母親」とは誰のことか。「慰安婦」にされた女性たちの母親だろうか。彼女たちの身内だろうか。朝鮮の女性たちだろうか。おそらく、そうではないだろう。彼女たちもまた「他者」であるかぎり、出来事に対してなにごともなしえないという点で、実は「囚人」なのではないか。「母親」の位置にあるのは、今、性奴隷とされた自らの苦しみについて証言する元「慰安婦」の女性たち自身である。母親が野獣に食い殺される子どもの目撃証人 witness であるように、証言する元「慰安婦」の女性たちは、野獣に引き裂かれる自分自身の苦しみの目撃証人なのである。そして、体験を共有していない者、出来事の外部にある者は、元「慰安婦」の女性たちの証言――「母親」の証言――を聞きながら、そこで起きている出来事に対して、その悲惨さにもかかわらず、なにごともなしえない。牢獄に繋がれた囚人が、その物理的制約によって、今、目の前で生起している出来事に対してなにごともなしえないように。ただひたすら、彼女たちの苦痛に、出来事の暴力性にこの身を打たれる以外は。だが、それによって、彼女たちの証言にひたすら耳を傾けることによって、私たちは、目の前で子どもを野獣に引き裂かれる母親の苦しみを目撃しながらなにごともなしえない囚人として、その出来事の新たな witness となるだろう。出来事は、witness としての私において分有される。出来事に対して、他者の苦痛に対してなにごともなしえないという私の苦痛は、ほかならぬ私自身のものである。このとき、出来事の暴力性は、他者の苦痛によって担保されることなく、私自身のこの圧倒的な非力さ、その固有の苦痛において語られるのではないか。

他者の証言を聞くということ、それは、単にある出来事の「情報」が当事者から他者へと伝達されることではない。私が他者の苦しみの目撃証人となることによって、実は、私自身がその出来事に対して徹底的に非力な存在として出来事を分有する。いいかえれば、出来事は、私を徹底的に無力な存在とする暴力として、私自身に対して生起するのである。他者の苦しみに対する私の「共感」とはまず、出来事の暴力に対する私自身のこの徹底的な非力さから発話されることになるだろう。

非力さにおける共感

他者に対する私の「共感」を、「彼ら」の「共感」とはむしろ絶対的に共約不能なものとして語ること。私の眼前に突きつけられた他者の苦痛に対する同一化による「共感」ではない、それとは異なった「共感」のことばを探すこと。元「慰安婦」の女性の「身体の深み」からわきあがる痛みの声に打たれながら、しかし、だからこそ、出来事の暴力性は、彼女たちのその苦痛とそれに対する私の「共感」は、彼女たちの「身体の深み」においてではなく、むしろ私自身の徹底的な非力さにおいて語られなければならないのではないか。

転がるカボチャ、あるいは応答するということ

小説という形式の植民地主義的欲望

人はなぜ小説を書くのだろうか、そして、小説を読むのだろうか。

この問いそれ自体は、おそらく、度しがたくエスノセントリック——自文化中心主義的——であるだろう。なぜなら、「小説」なるものが書かれたり、読まれたりすることは、この世界において必ずしも自明なことではないからだ。そもそも、文字などというものの存在しない文化も世界にはあまたある。文字があり、独自の散文文学の伝統をもっていたとしても、小説などという、このすぐれて近代西洋的な、特殊な知の形態を受け入れなくてはならない理由など一つもない。事実、この世界では、小説に対してそのような態度をとっている者たちの方が、数から言えば圧倒的に多いにちがいない。すなわち、小説なるものを書いたり読んだりするという行為は、人間にとって、いささかも普遍的なことではない。

むろん、それは必ずしも、小説という、この特殊な文学形式において表現されている問題が人間にとって普遍性をもたない、ということを意味するものではない。小説作品に対して与えられるノーベル文学賞とは、小説が表現する「問題」の、その普遍性において成立しているのであって、決して、小説といった文学形式それ自体の普遍性において成立しているわけではない。にもかかわらず、ノーベル文学賞という制度それ自体が、小説なるものの普遍性――それは、言いかえるなら、西洋近代の認識のありかたを人間の普遍として参照するような西洋中心主義的な態度のことである――を捏造し、再生産する政治的効果を発揮している。結局のところ、アジアやアフリカなど非西洋世界にも「偉大な小説家」がいることを証明することで、ノーベル文学賞という制度は、小説なるものの普遍性、つまりは西洋近代の知の普遍性を言祝いでいるのであり、自らの権威を確認しているにすぎない。

「なぜ、女に偉大な芸術家はいないのか」という問いと同じように、「非西洋世界にも偉大な小説家はいる」という主張が問題とされねばならないのは、単に西洋中心主義の内面化という事実だけにあるのではおそらく、ない。より本質的な問題とは、学術論文とかノーベル賞といった権威的制度のなかで表明されるそのような主張それ自体が遂行的に、非西洋世界の経験の排除と西洋による芸術なるものの専有という、植民地主義的な権力行使を実演してみせていることにある。

エスノセントリズム――通常、「自民族中心主義」とか「自文化中心主義」と訳されるこのことばを、私はもう少し緩やかに、自己の経験を普遍化するような態度というような意味で使いたいのだが――が決定的に《クリティカル》重要な問題として浮上するのは、それが権力を二者のあいだに不平等に配分するメカニズム、すなわち植民地主義的な権力の行使として実践されるときである。ポストコロニアルの議論において要請されているのは、したがって、権利の配分から排除されるべきものとして、ある特定のカテゴリーが設定され、それによってある特定の者たちだけが権力を専有するように、権力というものがエスノセントリックに組織化される、その差別的なメカニズム――トリン・T・ミンハにならってこれをヘゲモニーと言ってもよいのだが(1)――に対して、私たちがいかに批判的に介入し、いかにしてその解体をめざすかという実践であるだろう。

「小説」を書いたり読んだりすること、それは必ずしも自明なことではない。それは、この世界に生きる多くの人間たちにとって、贅沢なこと、非本質的で「余剰」の行為にほかならない。しかし、だからこそ、小説がいささかも普遍的なものではないからこそ、それでもなぜ人は小説を書くのか、そして小説を読むのか、という問いを問うことには意味がある。

小説とは人間にとっていささかも普遍的なものではない。にもかかわらず、非西洋世界において、現在、小説なるものが書かれ、かつ読まれるということそれ自体は、近代の植民地主義の結果以外のなにものでもない。ポストコロニアル文学批評において帝国の文学が内面化している植民地主義を掘り起こす作業がなされているが、小説を書く、そして読むという営為、端的に言えば「小説」という制度それ自体がポストコロニアルの問題構制と不可分なものとしてある。そして、それは、小説なるものが人間の普遍的真実を表象する形式であるという、すなわち「世界」を表象したいという欲望、「世界」を表象する自己への欲望という問題――そして、それこそ、「西洋近代」を特徴づける欲望、植民地主義の欲望ではなかっただろうか――と関連している。小説というものが、その形式においてそもそも、植民地主義的欲望と無縁でないならば、脱植民地化の経験を小説という形式によって表現しようという行為は自ずから、あるアポリアを胚胎せざるをえないことになる。とくに、それが、自らについて語りえない者たちの経験について代理＝表象するという場合には。

なぜ、「小説」を書くのか。

それは、かつて、アフリカで飢えている子供たちを前にして、文学／小説に何がなしうるか、と問いかけたサルトルの問いの問題構制のひとつでもあるが、たとえばアラブ世界のように、住民の多くが文字の読み書きを知らず、小説などという近代的な文学形式と無縁の生活を送っている社会において、その彼／女らの現実を、彼／女らが決して読むことはないであろう小説という形で表現する、それにはいったいどのような意味があるのか。

脱植民地化をテーマにしていれば、小説という形式や制度に内在する植民地主義的性格が自動的に解体されるのだろうか。エジプト人の作家がエジプトの民衆について書いていれば、パレスチナ人の作家がパレスチナの民衆について書いていれば、そこには、エジプトの、あるいはパレスチナの「現実」が描かれていることになるのだろうか。作家の民族的帰属が、テクストに描かれた「現実」の真正さを自動的に保証するのだろうか。それらのテクストは、作家と対象の民族的同一性という理由によって、かつて帝国主義の時代の、西洋の文化人類学者の「未開社会」の民族誌が内面化していたようなエスノセントリズムを免れているのだろうか。だが、ある社会の、当事者には当事者であるがゆえに分節できないと前提される何らかの意味や、彼／女らには、彼／女らがその一部を構成しているがゆえに把握できないと前提される現実の全体像を、彼／女らに代わって記述する、表象する、という行為それ自体は、小説も民族誌も同じではないのか――それらは、いずれも、近代西洋の欲望という同一の起源に由来している。記述の主体が、記述の対象と民族的帰属を同じくするということをもって自動的に、それがその社会固有の現実であり、真実であると語るなら、それ自体が実はレイシズムであり、オリエンタリズムであるだろう。

たとえば、エジプトの女性作家ナワール・エル＝サアダーウィーの小説『零度の女』は、男たちによる搾取と抑圧の末に自ら売春婦となることで自由と力を手に入れたひとりの女性（フィルダース）が、それを再び彼女の手から取りあげようとした男を刺殺し、殺人者として処刑されるまでを、処刑の前日、女医に対して語るという形で描いた作品である。この小説は、エジプトというアラブ・イスラーム社会の苛烈な家父長制度をエジプト人フェミニストが例証するものとして広く読まれているが、いったいいかなる意味で、これはほかならぬ「エジプト」社会の真実を描いていると言えるのだろうか（このように言うからといって、この作品がエジプト社会の「真実」を描いているということを、私が否定しているわけではない。そうではなく、小説というフィクションが、ある社会の「真実」を描きうるとすれば、それは、いかなる意味においてなのか、ということを問うているのである）。作者がエジプト人で、主人公がエジプト人で、作品の舞台がエジプトであれば、そこに描かれていることは「エジプトの現実」であると言えるのか？　殺人罪で死刑になる高級売春婦という例外的な女性の経験が、エジプト社会の現実を描いているとすれば、いったいいかなる意味においてであるのか？　エジプト人の脚本でエジプトで製作される、エジプトを舞台にエジプト人を主人公にした映画やテレビ・ドラマと『零度の女』は、これが同じ社会に生きる女性の物語かと思うほどかけ離れている。いったいどちらがエジプトの現実なのか？　映画やテレビ・ドラマに登場する女たちが嘘で、フィルダースの経験がエジプト社会の真実であるとするなら、その根拠はいったいどこにあるのか？

おそらく、映画やテレビ・ドラマが虚構であるとすれば、それと同じ程度に『零度の女』もまた虚構であるにちがいない。『零度の女』とは、家父長制におけるひとつの極限状況を描いた作品であり、その意味では、主人公フィルダースは、日本社会にもアメリカ社会にも存在する。だとすれば問題は、なぜ日本で『零度の女』が、エジプト社会あるいはアラブ・イスラーム社会固有の家父長制の抑圧の物語として解読される一方で、愛情で強く結ばれたエジプト人の男女の物語がエジプト社会固有のものとして見られないのかという点にある。私たちが、殺人犯の高級売春婦の経験をエジプト社会のネイティヴ・インフォーマントとして参照する一方で、愛情を確認しあう夫婦の経験をその対象から排除するとき、いったいテクストをめぐっていかなる力学が働いているのだろうか。私たちのそのようなふるまいは、フィルダースという特異な女囚を調査のインフォーマントにしようとした女医の傲慢な態度を想起させはしないだろうか。そして、『零度の女』というテクストが、実はフィルダースによって拒絶され主体性を否認された女医が、やがて彼女の呼びかける声によって、ある政治的主体へと変容する物語であることに気づくなら、テクストがまず批判しているのはフィルダースのインフォーマント化という事態であり、そうであれば、『零度の女』はエジプト社会の家父長制を告発した小説であると私たちがテクストについて語り、そのように語りうる主体としてふるまうとき、私たちはフィルダースの経験に応えているように見えて実は、テクストを満たしている彼女のはじまりの声を否定し、それに対する応答を拒絶していることになるだろう。

カナファーニーとパレスチナ難民の実践的関係

小説を書いたり読んだりするということが、余剰の行為ならば、人はそれ――書く／書かない、読む／読まない――を「主体的に」選択することができるだろう。趣味としての執筆、趣味としての読書。書く／書かない、読む／読まないは、その人の自由意志に任せられている。このとき人は、読む、あるいは書くという行為に先だって、自らの行動を選択する主体としてふるまう。しかし、であるとすれば、小説を書くことが、自らの命を危うくするかもしれないとき、それにもかかわらず、人がなお、小説を書くのは、書き続けるのは、なぜなのか？　たとえばガッサーン・カナファーニーは、三六歳という若さで爆殺されたわけだが、早すぎる死を自ら予期していたかのように彼が書き遺したいくつかの中編と五〇編以上もの短編小説に触れるとき、小説を書く、という行為における、主体と行為の、その抜き差しならぬ関係を考えないわけにはいかない（カナファーニーは、一九三六年パレスチナのアッカーで弁護士の家庭に生まれる。四八年、イスラエル国家の暴力的建国によって一二歳のカナファーニーは家族とともに難民となってシリアへ逃れ、苦学して難民救済機関の学校の教員となり、五六年ダマスカス大学を中退しクウェイトへ渡り教職につく。このころから短編作品の執筆をはじめ、六〇年、新聞記者としてベイルートに招かれ、六三年、ジャーナリストとして健筆をふるいながらＰＦＬＰ〔パレスチナ人民解放戦線〕の公式スポークスマンとして活動する。七二年、車に仕掛けられたダイナマイトによって姪とともに爆殺される。ガッサーン・カナファーニー『太陽の男たち／ハイファに戻って』解説参照）。

カナファーニーは、その膨大な作品群において、彼自身がその一部であったパレスチナ難民たちのさまざまな生の断面を描くことで、「パレスチナ問題」とは何か、そして「パレスチナ人」とは何かを追求したが、しかし、パスポートと他のアラブ諸国において専門職として迎え入れられる特殊技術／アートをもっていた、カナファーニー自身が帰属していた中産階級と、奪われた土地以外は故郷の記憶のほかに何一つもっていなかったパレスチナの農民たちとでは、無条件に同じ「パレスチナ人」であったわけではない。パレスチナという出自の共通性、パレスチナを追われるという体験の共通性だけでは語りえないパレスチナ人内部の階層的分断という問題がそこには、ある。しかし、それは、階層的「差異」にすぎないのだろうか。「分断」と「差異」をめぐって、たとえばトリン・T・ミンハは次のように語っている。

> もし「差異」というものを分断と同じように論じる人がいるとしたら、それは、その人が、次のような事実を見る能力がないということです。つまり、違いというのは必ずしも葛藤（conflict）を意味するものではないということ。（Trinh 1996：11）

> 別の言い方をすれば、差異というものは必ずしも分離主義を生むとは限らない。差異という概念は、さまざまな違い（differences）とともに、さまざまな類似性（simularities）をも意味している。（Trinh 1991：150）

難民となったのちのカナファーニーの道のりが決して平坦なものでなかったことは事実であるにして

も、作家、ジャーナリスト、そして政治的スポークスマンとしてある権力を行使しえた彼と、難民キャンプで難民という状況をひたすら生き延びるしかなかった難民たちに「さまざまな類似性」があるとすれば、それは、いかなる意味においてだろうか。パレスチナ出身であること、難民であること、だろうか。だが、難民として世界から、歴史からうち捨てられた被抑圧者ではあっても、小説という特権的言語によって世界に宛てて言葉を発し、その死後も自らの声の存在を世界に残すことのできる、自分たちの経験に反して構築されていく「歴史」の語りに抗して、自らの固有名によって介入する力をもったカナファーニーに対して、世界に向けて自らの声を届ける術／アートをもたない難民たちはさらなる被抑圧者であり、両者のあいだは決定的に分断されているのではないか。「パレスチナ出身」「難民」という出自や体験の類似性において「我々パレスチナ人」と語ろうとするなら、どうしても、そうとは語りえない現実、彼我を分かつ分断に直面し、葛藤せざるをえないのではないか。それを「分断」であると、架橋されねばならぬ分断であると認識するからこそ、その分断を乗り越えるための実践が模索されるのではないか。

性の違いも民族の違いも階層の違いも、「違い」それ自体は確かに「分断」ではない。そこには、そうした「違い」を横断するさまざまな類似点がある。しかし、問題は、そうした数多くの類似性にもかかわらず、ある種の「違い」というものが、彼我のあいだに権利／権力を不平等に配分するためのカテゴリーとして利用されることにある。ある「違い」によって他者を異なったカテゴリーに分かつことで、その者たちを権利の配分から排除し、自らに特権的力を割り振る差別的メカニズムのなかで、特権を割り振られている者が、これは解消されるべき「分断」ではなく「差異」であり、それは豊かさに結びつくものであって、必ずしも対立を意味しないと主張するとしたら、そのような主張自体が、「差異」なることばの意味を定義し行使する権利を専有するという形で、既存の差別的メカニズムそのものの作動にほかならず、そのなかで権力の排他的配分を再生産している。私たちの多様な違いが、豊かさや私たちの成熟につながるものであるということを否定しているのではない。「違い」が豊かさにつながるものになるためにこそ、差別的メカニズムによって彼我を厳然として分かつ「分断」を「差異」などという口当たりのよいことばにいいくるめるのではなく、自分たちが、その政治的実践によって乗り越えなければならないものと認識しなければならないのではないか。さまざまな違いを違いとしてはらみながら「私たち」というある主体が成立するとすれば、それは、私たちが抑圧する他者との政治的課題の分有においてであり、決して、パレスチナ出身であるとか、難民であるとかいった出自や体験の共通性に本質的に根ざしているのではないことを、カナファーニーの実践は教えてくれる。

カナファーニーの作品の多くは、まさに世界に対して語るべきことばをもたない者たちの私的な声、個人的な経験が物語られたものであるのだが、カナファーニーにとって小説を書くとは、まずもって、これら権力をめぐって分断されたパレスチナ人たちと、彼らの課題を分有することによって実践的な関係をきり結ぶための政治的実践行為としてあったことが分かる。フィクションという虚構世界に、カナファーニーによって分節されたパレスチナ人たちの虚構の現実があるリアリティをもっているとすれば、それは、パレスチナ人たちの生きていた現実が忠実に再現されているからではなく、カナファーニーが小説を書くという営為それ自体において、パレスチナをめぐる政治的課題の分有によって、彼がこれらパレスチナ人たちときり結ぼうとした実践的関係性が書き込まれているからである。

たとえば、カナファーニーの中編「太陽の男たち」（一九六三年）は、空の給水タンクに身を潜めクウェイト密入国をもくろむ三人のパレスチナ人難民が、炎天下の砂漠に放置されたタンクの焦熱地獄のなかで声をあげずに死んでゆくさまを描いているが、現実には、当時、密入国の失敗者はむしろごく少数の例外者であった。にもかかわらず、カナファーニーは、なぜ、これら難民の経験としてはむしろ例外的ともいえる悲惨な死を作品にしたのか。「パレスチナのブルジョワ層は、いとも優雅な飛翔を見せて近隣のアラブ諸国の資本に嫁ぎ、また多くの知識人層にも、他のアラブ圏で悪くない職が待ちうけていたが、そのいずれにも属さない多くのパレスチナの民衆は難民キャンプの生活を余儀なくされ、そこを脱出するには密入国という危険な手段に訴えなければならなかった。それらの、パレスチナ人であるということ以外に何の肩書きも資格も持たぬ民衆の辿る行手こそ、カナファーニー自身が模索し、描こうとしてやまなかったものだという」（奴田原睦明によるファドル・ナキーブの引用――奴田原 1978：269）。

五〇年代後半から暗殺されるまでの二〇年足らずのあいだに書き継がれたカナファーニーの一連の小説は、パレスチナを追われ絶望の淵にあったこれら難民たちが、やがて「パレスチナ人」という政治的主体として誕生しゆくさまを描いているが、カナファーニーにおいて、小説を書くという営為は、これらパレスチナ難民たちと「パレスチナ」という政治的課題を分有する、その実践であり、その実践によってカナファーニーは、彼らと同じ「パレスチナ人」となったのである。

テクストの誤配、そして対価なき応答としての贈与

カナファーニーのテクストが、パレスチナ人たちとの実践的関係性の体現であるならば、そのような

テクストを読むという行為も必然的に、読み手がパレスチナとの関係性のなかに巻き込まれることを意味するだろう。このような関係性の外部に自分を置こうとしても、すなわち客観的な外部観察者としての読みに徹したとしても、それ自体がすでに、テクストとの、いいかえればテクストが体現している「パレスチナ」という問題との、ひとつの関係性の実践ということになる。それは、「読まない」という場合についても言える。主体的に「読まない」ことを選択する場合であれ、(多くの日本人にとっておそらくそうであるように)パレスチナの小説を読むか読まないか、などという問題自体が選択肢としてすら存在しない場合であれ、それは、その者にとって「パレスチナ」がそのようなものとして、つまり、その存在を無視しても何の痛痒も感じないものとして、「無関係」という関係をもっている——実際に無関係であるかどうかは別にして、なぜなら、国際的な政治的、経済的力学のなかで、私たちはすでに十分関係してしまっている——ということになるだろう。私たちが、対象との関係を主体的に選択し規定する主体であろうとしても、実は、私たち自身が、関係性のなかですでに規定されてしまっている。カナファーニーが、彼の意志にかかわりなく、その他の難民たちとの関係性のなかですでに特権的な知識人として規定されていたように。自分が主体的にふるまえると考えているとすれば、そのようなものとしてふるまいうる特権を自分に割り振っている差別的メカニズムの存在を否認しているか、あるいは都合よく忘却しているかのどちらかであるだろう。

当時のパレスチナの中産階級のつねとして、カナファーニーもミッション・スクールでフランス語をエクリチュールの言語として修得していた。しかし、パレスチナ人の経験を小説作品に言語化するにあたって、彼は、それをアラビア語で書くために、後年、文語アラビア語をあらためて習得している。オリジナルのテクストが何語で書かれているかという問題は、「書く」という行為の実践的意味を考える上で重要である。とくに、カナファーニーのように、小説を書くということそれ自体が、その他のパレスチナ人との実践的関係性の実現であったような場合には。

カナファーニーにおいて小説を書くとは、「歴史」なるものの外部に打ち捨てられ、あらゆる権力から排除されたパレスチナ難民たちの声に対する、彼自身の応答としてあった。彼らの声に応答することによって、彼は、彼我を分かつ階層的分断を実践的に架橋しようとした——応答とは、実践であることをカナファーニーの小説は示している。そのかぎりで、カナファーニーの小説は誰よりもまず、これらパレスチナの難民たちに向けて書かれていたものであるといえる。そして、そのために彼は、堪能であったフランス語をあえて拒絶し、慣れない文語アラビア語で小説を書くことを選んだのだが、しかし、小説の言語がアラビア語であるからといって、テクストの読み手が、カナファーニーがその作品で描いたこれらパレスチナ人たちであると無条件に考えるわけにはいかない。なぜなら、文語アラビア語とは、アラビア語を母語とするカナファーニーでさえ後天的に、外国語を学ぶような努力をもって習得しなければならなかったように、これら多くのパレスチナ難民たちにとっては、いずれにせよ読みえないものであったからだ（いや、彼らにとってはそもそも小説というものそれ自体が無縁の存在であるのだが）。

パレスチナ人たちの声、彼らがおかれた状況に対する紛れもない応答として意図されながら、しかし、テクストは決して、彼ら自身のもとには届かない。

やがて日本語に翻訳されたテクストは、テクストがその者たちのために書かれた真の宛て先ではない、日本語の読み手に届けられる。そのかぎりで、メッセージは誤配される。カナファーニーの作品を読む者は、宛て先を間違って自分のもとに届けられた誰かの私信を盗み読むように、テクストを読むことになる。

たとえば、日本人が、日本語で書かれたものは、日本語で書かれているがゆえにすべて自分たちに宛てられたものだと考えるなら、すなわちメッセージが日本語であるという事実だけで自分がメッセージの真の宛て先であるかのようにふるまうなら、それもまた――エスノセントリズムに基づいた――一種の誤配であるだろう。サアダーウィーの『零度の女』という、アラビア語で書かれたテクスト――それは、本来、エジプトおよびアラブ社会に宛てられたものである――が、日本語に翻訳されたことで、日本語であるがゆえに「私たち」に宛てられたものだと、すなわちアラブの女性が「私たち」非アラブ世界の人間に向けて、自社会の問題を訴えているのだと解釈する、そのエスノセントリズムは、テクストの読みにおいても、実話に基づいているとはいえ小説である以上フィクションである主人公フィルダースの経験を、エジプトというアラブ・イスラーム社会における女性抑圧の実態と誤読する日本の読者のエスノセントリズムとなって反復される。これは、同じくアラビア語で書かれたサアダーウィーの『アラブ女性の素顔』が英語に翻訳されたとき、彼女が英語版の読者に向けて、なにゆえに特別な序文を書かねばならなかったかということとも関連している。サアダーウィーはそこで、アラブ・イスラーム世界の女性だけが特別な抑圧を被っているかのように見なしがちな西洋世界の女性たちのエスノセントリズムを指摘し、西洋の女性たちは先進工業世界の経済搾取が第三世界の女性にもたらしている抑圧こそもっと問題にすべきであると批判している。ことばの受け手が無条件にそのことばの本来の宛て先としてふるまうことをサアダーウィーは拒絶しているが、それは、『零度の女』というテクストで、フィルダースの告白が女医を聞き手にしていながら、しかし、女医自身の主体性を無視することで、女医が自らをフィルダースの告白の宛て先として位置づけるのを拒絶していることを想起させずにはおかない。

テクストの誤配——小説はたしかに手紙に似ている。それはつねに、今、ここにはいない、不在の誰かに向かって語られるからだ。小説という形式に普遍性があるとすれば、その点であるのかもしれない。私／たちの思い、私／たちの記憶が、時を越えて、空間を越えて、他者へと伝えられる、ある形象によって——小説の場合、それは文字＝エクリチュールであるわけだが、必ずしも文字である必要もない。それは歌でも、踊りでも、紋様でも、風景でもよい。逆に言えば、そうしたあらゆるものがエクリチュールなのだ（パレスチナの男性映画監督ミシェル・クレイフィは映画『豊穣な記憶』において、作家サハル・ハリーフェと初老の工場労働者ルミヤという対照的な二人の女性を配することで、サハルの「文字言語」という特権的エクリチュールと対比させながら、ルミヤが孫を寝かしつけながら歌う子守歌や刈りとった羊毛を叩くそのリズム、そしてルミヤの目に映るパレスチナの風景、そのあらゆるものが「パレスチナ」の記憶のエクリチュールであることを音楽と映像によって示している。『豊穣な記憶』がパレスチナ解放のための実践となっているのは、単に世界の支配的な語りのなかで忘却されているパレスチナ人の経験を描いている、というだけではなく、この作品が、男性監督クレイフィによるジェンダー、階層の違いにおいて生じることば＝権力の専有というメカニズムの解体の実践となっているからである）。そして、そこにはつねに、時間的なズレがある。小説という手紙の受け取り手は、今ではない未来のいつかにしか存在しない。その意味で、小説のメッセージはいつも遅配される。そして、共起的な対話は成立しない。それはつねに、一方的に宛てられたモノローグとならざるをえない。そして、それゆえ、それはつねに、他者の応答を渇望している。

たとえば「悲しいオレンジの実る土地」(一九六三年)という短編がある。イスラエル国家の暴力的建国によって故郷を追われた「ぼく」の一家が、やがて身も心も「難民」となるまでの様子を、成人した「ぼく」の一人称の回想によって構成した作品である。語り手の「ぼく」は、ともに難民となった、おそらく従弟であろうと思われる「きみ」に向かって、当時はまだ幼かったがゆえに「ぼくたち」にはよく分かりはしなかった出来事の一つ一つの意味——オレンジを口にあてて嗚咽していた女たちが抱えていた故郷喪失の悲しみ、男たちの絶望、離散生活が「きみ」の父にもたらした狂気、ある日突然、ぼくたちの幼年時代が終わってしまったこと——を明らかにしていく。だが、「きみ」の経験は「ぼく」の経験でもあるはずだ。そうである以上、作者は、この物語を「ぼくたち」の経験として語ることもできたはずだ。しかし、カナファーニーはそうしなかった。あのとき、きみは……、きみの母さんは……、きみの父さんは……作者は、「きみ」の経験の意味を「ぼく」が確認するという形で描いている。それは、なぜなのか。

この作品を読むとき、私たちは、語り手のことばに耳を傾けるかぎりで、みな「きみ」の位置を占めることになる。パレスチナ難民の少年の経験を、私たちは、誤って、「私」のものとして受け取ってしまう。宛て先とは違う、別の誰かに誤って配達されるメッセージ。応答しようと思っても、私が応答しようとする他者、メッセージの差し出し人は、もう存在しない(たとえばカナファーニーもまた、すでに殺されて、この世にはいない)。それは、私のなかに、返すことのできない負債として残るだろう。メッセージの誤配が生む負債。もしも対話が成立するなら——対話=コミュニケーション=ことばの交換が成立するなら——「ことば」を返すことができるなら、私はこの負債を免れることができるだろう。メッセージの対価を支払っているのだから。けれども、私が応答すべき差し出し人が、すでに存在しないとすれば、私は、はからずも一方的に背負わされた負債を抱えていかざるをえない。あなたには直接、返すことのできない応答＝負債を、だから、私は、別の者たちに与えなければならない。交換ではなく、贈与として（対価を支払われるなら、私は負債で儲けることになるだろう）。贈与の実践。応答すること、それは、ことばではない。贈与の実践なのだ。そのかぎりで、私は、行為する主体となる。だが、それは、あらかじめ主体性を否定された主体である。それが、応答であるかぎり、私はいつも受動的であり、私の主体性は否定されている。もし、普通言われるような意味で「主体的」であろうとするなら、それは、誤って私に配達されたメッセージを受け取らないこと、応答を否認することによってでしか、ない。それが応答における実践であるかぎり、私はどこまでも受動的であらざるをえないからだ。他者の呼びかけに応えることで、私たちは実践的主体となる。

カナファーニーがスエズ戦争（一九五六年）の直後に書いた「ガザからの手紙」という短編がある。ガザの難民キャンプで成長した青年が、豊かな生活と人生の成功を求めていち早くアメリカに渡った親友に向けて書いた手紙という形をとった作品である。語り手の「僕」もまた、クウェイトで渡航費用をため、今、ようやく「きみ」のあとを追ってアメリカへ渡れることになり、家族に別れを告げるためにガザへ帰ってくる。ガザ——敗北の匂いがたちこめた、この瓦礫の街を抜け出して、金持ちになること、それが、「僕」と「きみ」の幼いころからの夢だった。

「僕」はイスラエルの砲撃によって傷ついて入院している姪を見舞う。力なくうなだれている姪を元気づけるために、「僕」は嘘をつく——ナディヤ、約束した赤いパンタロンをおみやげに買ってきたよ。

欲しいと言っていただろう？　ナディヤはゆっくりと下半身を被ったシーツをつまみ上げる。大腿部から切断された脚。

病院をあとにした「僕」は、ガザにとどまることを決意するのだが、その理由は、必ずしも明確に説明されているわけではない。だが、一つだけ確かなことは、脚を喪ったナディヤの悲しみに応えるためには、「僕」はここにとどまらねばならない、ナディヤが脚を喪ったこのガザで生きなければならない、ということだ。

「ガザからの手紙」は、他者に応答するということが、ことばではなく、実践によってしか可能ではないことを物語るテクストである。赤いパンタロンを買ってきたというのが「嘘」なのは、それが事実ではないから、ではない。たとえ実際に買ってきていようと、ナディヤの悲しげなまなざしに、ことばで応答しうるかのようにふるまったことが「偽り」なのだ。幼い弟妹たちをかばってナディヤが喪った脚（「ナディヤは逃げようとも思えばそうできたはずだ、でも、あの子はそうしなかった」）、それは「僕」の負債となる。「僕」はナディヤの喪われた脚を取り戻さなくてはならない。ガザにとどまること、それは、「ナディヤの喪われた脚を取り戻すにも似た、何か」なのだ。しかし、それは、あくまでも「似た、何か」であって、喪われた脚そのものを取り戻すことはできない。その意味で「僕」がナディヤに直接、応答する可能性はあらかじめ封じられている。だからこそ、ナディヤではない別の誰かに向けて、親友である「きみ」に、それは語られねばならないのである。ナディヤに応答するためのメッセージは、メッセージの真の宛て先であるナディヤにではなく、「きみ」に誤配されるのである。私たちは、私が応答すべき他者に対する応答を、あらかじめ禁じられている。私たちは、私自身の応答を誤配することによってしか、他者に応答することができないことを「ガザからの手紙」というテクストは遂行的に示している。

不意うちのメッセージ

だが、メッセージの真の誤配とは、テクスト本来の宛て先ではなかったはずの者が、ほかならぬ自分自身に宛てたものとしてメッセージを受け取ってしまうことであるのかもしれない。テクストは時として、差し出し人の意図を越えたメッセージをも、届けてしまうことがある。(2)(3)

「ハイファに戻って」――カナファーニーが暗殺される三年前に書いた、彼の最後の中編作品。イスラエル建国によって、故郷ハイファの自宅に生後まもない赤ん坊を置き去りにしたまま難民となってしまった一組の夫婦――サイード・Sとその妻――がいる。二〇年後、再び戦争が勃発し、電撃的勝利をおさめたイスラエルは、夫婦が難民として暮らしていたヨルダン川西岸地区を占領する。昨日まで分断されていた、帰るにも帰れなかった故郷が、イスラエルによる新たなる占領という事態によって、今や地続きになってしまう――人間が国境を越えるのではなく、国境の方が勝手に人間の頭上を通り過ぎていってしまったのだ。故郷ハイファに戻って息子と再会するという夫婦の二〇年来の悲願は、夫婦が思ってもみなかった形で、ある日突然、実現されることになる。二〇年前、国境を越えたのが夫婦の意志ではなかったように、今日、ハイファに戻るということも、ある意味では夫婦の意志ではない。それらはいずれも、敗戦と占領という事態がもたらした帰結である。そして、夫婦は、二〇年ぶりに戻ったハイファの自宅で、二〇年ぶりに再会した成人した長男から、そのことの意味を突きつけられることになる。夫婦の長男ハルドゥーンは、ホロコーストを生き延びたポーランド系ユダヤ人の夫婦によってドゥーフと名づけられ、ユダヤ人として育てられ、今やイスラエル軍の兵士として、パレスチナ・アラブ人である夫婦の前にたち現われたのだった。

私が現代アラブ文学について講義していたある大学で、現代アラブの小説作品を読んで「実践的主体として」論評するという課題を出したことがあった。提出された三百通のレポートのいくつかは、この「ハイファに戻って」を取りあげていたが、一人の学生の次のようなことばに触れたとき、私は虚を突かれる思いがした――僕は、高校時代に自分が韓国人であることを初めて知った。そして、それ以来、歴史というものを考えるたびに混乱している……。

カナファーニーがパレスチナ人に対する応答として、パレスチナ人に宛てて書いた小説、そのかぎりではこの学生にとって誤配されたテクストにおいて、彼ははからずも、自分自身に出会ってしまったのだと言える。主人公の夫婦が会おうとしていた息子ハルドゥーンは、彼にとって、実は自分自身のことであった。テクストの外部にいると思っていた自分が、実はテクストのなかにいたのである。そして、そのとき、「ハイファに戻って」というテクストは彼にとって、「歴史」なるものがまたそうであるように、にわかに、どのようにとらえてよいか分からない混沌としたものと化したにちがいない。彼はそのことについて、それ以上、何事も語ってはいない――思わず語ってしまったこと自体が、間違いであるかのように。彼のことばは、彼のレポートの他の部分とは釣り合いのとれない、レポートにうまくはめ込むことのできない異質な、ある余剰、異物としてそこにある。誰かが躓くのを待っている瓦礫のように。

彼にはおそらく、思わず出てしまったそのことば以上に語りようがなかったのだろう。考えれば考えるほど、それは彼自身を混乱させるものでしかありえないのだろう。そして、混乱を物語る彼のことばは、「ハイファに戻って」というテクストの影の部分、すなわち、引き裂かれたまま置き去りにされる――彼もまた混乱している――ハルドゥーン／ドゥーフの姿を照らし出す。「人間とは、問題それ自体の謂いなのだ」という主人公サイード・Sのことば――それは、最初、ドゥーフが口にした言葉であるのだが――とともにとり残されるドゥーフと同じように、彼――その学生――もまた、そのことばとともにテクストにとり残されてしまったのだ。

「ハイファに戻って」というテクストにおいてハルドゥーン／ドゥーフが生きる引き裂かれの経験とは、カナファーニーにとってあくまでも他者のものにすぎなかったのではないか。おそらくカナファーニーにおいてハルドゥーン／ドゥーフとは、難民となったパレスチナ人にとって今やイスラエルとなってしまったパレスチナを体現するメタファー以上の存在ではなかったのかもしれない。ハルドゥーン／ドゥーフに対峙した主人公は、その邂逅から、「人間とは問題それ自体の謂いなのだ」という、人間存在と民族の解放に対するある確信をもって帰途につき、難民キャンプで生まれた次男ハーリドの経験を通して、政治的主体としての「パレスチナ人」の誕生を祝福することになるのだが、その男子学生のことばは、そのような読みが、ハルドゥーン／ドゥーフと彼自身の引き裂かれたアイデンティティの問題を忘却するかぎりでしか成立しえないものであることを、ある痛みのうちに物語っている。

彼のことばは、私という個人に宛てたものではない。だが、たまたま、私宛てのレポートという形で彼のことばを受け取ってしまった――そのかぎりで彼のことばは誤配されている――私は、ハイファでハルドゥーン／ドゥーフに直面したパレスチナ難民の夫婦と同じように、「ハルドゥーン／ドゥーフ」である彼に不意を突かれ、困惑している。テクストのなかに自分を発見し不意を突かれた彼と同じように、私もまた、彼のことばによって、自分自身が、「ハイファに戻って」というテクストが構成する現実の内部にいることに気づかされる。

彼が歴史を――それは彼と私の歴史のことだ――どう考えて良いか分からないなら、私には分かっているると言えるのだろうか。彼が、ハルドゥーン／ドゥーフの問題を宙づりにした「ハイファに戻って」というテクストをどう受けとめてよいか分からないとしたら、果たして、私に分かっていると言えるのだろうか。日本人であると思っていた自分が実は韓国人であった、そして、成人した彼は、生まれ育ったこの社会において、自分がいっさいの政治的権利をもっていないことを知らされるだろう。彼が奪われているそれらの権利を自明のものとして行使している私は、いったい、混乱していると いう彼に向かって、何をどのように語ればよいのか。彼のことばは、私が彼に対して返すことのできない余剰であり、それをはからずも受け取ってしまった私は、負債としてそのことばを抱えもっている。ここで「人間とは問題それ自体の謂いなのだ」という主人公／作者のことばを繰り返すなら、それはただ、趣味の悪い冗談でしかないだろう。彼のことばが私に突きつけているのは、人間が問題それ自体の謂いであるとは、どういうことであるのか、お前はそれを知っているのか、ということなのだから。

そのようなことばによって、あたかも私が彼に応えうるかのようにふるまうなら、あたかも私が彼の問いの外部にあって、彼の問いについて答えうる主体であるかのようにふるまうなら、それはただ、私が負債を負っているという事実を否認することでしかなく、応答することそのものの否認にほかならない。ことばによる応答は、あらかじめ禁じられている。

呼びかけられた者が書く主体になること

カナファーニーにおいて小説を書くこと、それは、歴史から打ち捨てられ、世界に対して自らを語ることばをもたないパレスチナ人たちの声に対して応答するための実践だった。それは、ことばによる応答があらかじめ禁じられている、つまり、ことばによる応答が「応答」として成立しえないものとして措定されている――それは、彼らには読むことのできない文語アラビア語というテクストの言語の問題、そして小説が彼らにはそもそも無縁な存在であるといったこととも重なっている――なかで、まさに小説という、ことばによって構築される形式において応答しようとする、幾重にも困難な実践だった。

はじめにパレスチナ人たちの声があった。彼らが捨て置かれた状況があげる、宛て所のない叫びがあった。それは、神に対する叫びですらなかった。「ぼくたちは祈るべきぼくたちの神様もまた、ぼくたちのオレンジと同じようにパレスチナにおいてきてしまったのだ」(「悲しいオレンジの実る土地」)。世界に対する宛て所ない叫び。それは世界に向けられたものであったとしても、必ずしもカナファーニーという個人に宛てた叫びではなかっただろう。その意味で、カナファーニーは決して呼びかけられたわけではない。しかし、自らが呼びかけられた者として、その声を受け取ってしまったのだ。彼もまた、誤配されたのである。

彼の小説は、彼がはからずも受け取ってしまった声に対する応答、彼がはからずも負うことになった負債の返済である。そして、そのかぎりで、彼はいささかも「主体」ではありえない。負債の返済において、私たちの主体的意志はつねに否定されている。私たちは、「呼びかけられ」、返済の義務を「負わされ」ているというその受動性においてしか行動する者になれない。もし、私が、私の主体性が否定されていることを否認し、あなたたちの経験はこのようなものであることを私は知っている、とことばで返したり、私の主体的意志で行動しうるかのようにふるまうなら、それは、応答すること、それ自体の否認である。

カナファーニーの実践が幾重にも困難なものであるのは、ひとつには、主体としてふるまうことを拒否しながら、記述の主体にならなければならないことにある。小説という表象のメカニズムのなかで不可避的に生じるある転倒、すなわち呼びかけられ、負債を負わされているという受動的な実践者であるはずの彼が「表象する」主体に、そして、はじまりにおいて呼びかけていた者たちが「表象される」受動的存在に転化するという事態が、「書く」という行為それ自体によって、再度、転倒されねばならないからである。

パレスチナ人がいかなる者であるかは、パレスチナ人以外のさまざまな者たちによって語られている——ハリウッド映画は彼らを「テロリスト」と語り、ニュース・メディアは「難民」といい、ゴルダ・メイア（元イスラエル首相）は「そんな者は存在しない」と語る。広く流通しているそれらの語り（Master Narrative）に対抗して、カナファーニーが、パレスチナ人とはこのような者たちである、と小説において表象することが、単に、従来、他者によって否定的に表象されてきたパレスチナ人を、パレスチナ人自身がポジティヴな主体として表象するCounter Narrativeにすぎないならば——もちろん、アラブ人をテロリストとして表象するハリウッド映画が量産されるなかで対抗的な語りがほとんど存在しない以上、そのことの重要性はどれだけ強調してもしすぎることはないが——、もし、それだけであるならば、ことばという権力をもった者が、自ら語りうることばをもたない者たちの経験を特権的に表象するという植民地主義的な権力行使のメカニズムはいささかも揺らいではいない。他者から一方的に与えられたある規定性のもとにあらゆる権利を剝奪され、難民キャンプに押し込められたパレスチナ人たちの不当な受動性を、肯定的なタームによってではあれ、反復することになる。そして、この転倒した受動性は、読み手においても再現されるだろう。ここには、政治的主体として生成しゆくパレスチナ難民たちの姿が描かれているのだと私たちが語るとき——そして、そのこと自体は仮に間違いではないにしても——、そのような語りによって私たちが実際は何を行なっているのかと言えば、実は、遂行的に、パレスチナ人の経験をそのようなものとして語りうる私たち自身の主体的ポジションを確認しているのである。

カナファーニーの小説が、パレスチナ人の経験に対する応答の実践であるとすれば、このような構図それ自体が転倒されねばならない。テクストそれ自体のなかに、転倒の契機が——記述の主体自身が、実は呼びかけられたものであること、そして、呼びかけた者に対する応答それ自体の不可能性が——書き込まれていなくてはならない（「きみ」の経験に対する応答として書かれている「悲しいオレンジが実る土地」も、ナディヤの喪われた脚に対する語り手の応答の実践を描いた「ガザからの手紙」のどちらも、まさにそのようなテクストであるだろう）。そして、もし私たちが、はからずも受け取ってしまったその声に応答しようとするなら、私たちの読みもまた、そのような転倒の試みとして実践されなくてはならない。

『ナヌムの家2』——「撮る／撮られる」関係の転倒

カナファーニーが応答しようとした、歴史から打ち捨てられ、世界に対して自らの経験を語る術をもたなかったパレスチナ難民たちの経験が、暴力的に日本軍の「慰安婦」とされたアジア各国と日本の女性たちの経験と重なるものであることについては多言を要さないだろう。

前作『ナヌムの家〜呟き〜』（一九九五年）で、「ナヌム（分かち合い）の家」と呼ばれる家で共同生活を営む韓国のもと「慰安婦」の女性たちの、その日常のなかで洩らされる呟きと沈黙、そして、そこに込められたハルモニたちの想いをすくいとったビョン・ヨンジュ監督の『ナヌムの家2〜いつもの悲しみ〜』（一九九七年）は、小説同様、映画という表象のメカニズムにおける、この「呼びかける者と呼びかけられる者」の「撮られる者と撮る者」への不可避の転倒を、再度、転倒することを試みた作品である。

前作でもハルモニたちを「犠牲者」という単一のイメージに塗り込めたくないというビョン監督の気持ちは伝わってきたが、『ナヌムの家2』を観ると、前作がいかに、「撮る／撮られる」という映画の表象のメカニズムに規定されていたか、前作におけるハルモニたちが、いかに特定のまなざしから撮られたものであったか、ということがよく分かる。日本軍の「慰安婦」にされたという彼女たちの経験に焦点を当てたものである以上、それはもちろん、致し方のないことではあったのだが。前作で、中国に残された高齢のハルモニが宴席でたおやかに踊るシーンと、最後の忘年会のシーンがとくに私の記憶に残っているのは、それが、作品全体のなかでめずらしく動きのある場面であったからにちがいない。副題

「呟き」が示唆するように、ハルモニたちの呟きや沈黙に洩れ出る、ことばにはなしえない痛みの深さを必死で聴きとろうとした前作は、自ずから寡黙な映像にならざるをえなかったが、その静的な映像は逆に、ハルモニたちが断片的に物語る、彼女たちが被った暴力の破壊性をきわだたせてもいた。

『ナヌムの家2』では、ハルモニたちはつねに立ち働いている。笑い、歌い、食べ、酒を飲み、冗談を言いあう。「どのように撮ってもらいたい？」監督の質問に、一人のハルモニが答える——働いているところ。いつもいつも、牛のように働いて生きてきたのだから、働いているところを撮ってもらいたい、と。ハルモニのこのことばは、前作に対するビョン監督自身の批判的言及となっている。

ハルモニたちの呟きを映像に刻むこと、それは、ビョン監督が主体的意志で選択したことではない。ビョン監督の意志に先だって、まず、ハルモニたちの叫び——それは、必ずしもビョン・ヨンジュという個人に宛てたものではない——があったのだ。それを、自らが呼びかけられたものとして受け取ってしまった、その応答として、ビョン監督は『ナヌムの家』を撮った。映画を撮ること、それは、彼女にとって、ハルモニたちの声に対する応答の実践であり、「呼びかけられた者」としてのビョン監督はハルモニたちに対しあくまでも受動的なはずであった。しかし、映像はそれを転倒する。ハルモニたちは表象という制度のなかで、再び、「撮られる者」という特定のカテゴリーに閉じこめられる。前作終盤で、ひとりのハルモニが監督に向かって「髪を切ったんだね」と語りかけるシーンは、「撮る者」が「呼びかけられた者」であることを示唆しているが、それは暗示の域にとどまっている。テクストは再度、転倒されねばならない——『ナヌムの家2』とは、そのような転倒の実践として撮られている。

『ナヌムの家2』では、映画を撮るということが、ハルモニたちに対する応答にほかならないことが繰り返し語られる。冒頭、監督のナレーションによって、この映画の撮影が、また自分たちの映画を撮りたいというハルモニたちの希望で始まったことが明らかにされる。そう、それは「応答」なのだ。「希望」に対する「応答」。肺ガンで入院したカン・ドッキョンさんの姿をカメラで追いながら、監督のナレーションが告げる、死ぬまで撮り続けてほしいというのが彼女の意志であることを。「死んだらもう撮れないんだから、生きているうちにもっと撮れ」と語る彼女の姿を追ってカメラが動くとき、その動き自体が、カメラがハルモニの意志に従属していることを映像に刻印している。「私たちに相談してほしい、私たちの嫌がることはしないでほしい」、自分たちの意向を無視して事を進める支援グループに対するハルモニたちのことばは、主体的にふるまう支援者たちを、もう一度、「呼びかけられた者」の位置に連れ戻す。「鶏なんか映画を撮ってる連中にやっちまえ」「白菜をもっていきなよ」というハルモニのことばは、映画を撮る者たちが「受け取り手」にほかならないことを、その受動性によって特徴づけられる存在であることを証言している。

『ナヌムの家2』はこのように、ビョン・ヨンジュ監督の「応答」の実践が繰り返し映像のなかに描き込まれているが、作品全体を象徴するのは、畑のカボチャのシーンだろう。カメラは、ロング・ショットで、畑にいる二人のハルモニの姿をとらえる。二人は収穫した大きなカボチャを頭に載せて運ぼうと四苦八苦している。一人が歩き始める、すると、カボチャが転げ落ちて、いくぶん坂になった畑をどんどん転がってゆき、それをビョン・ヨンジュ監督が思わず走りよって拾い上げる、その一部始終をカメラは収める。私たちがつねに呼びかけられる者であり、私たちの行動はそのかぎりでつねに受動的な存在であるということを、ハルモニたちが手塩にかけて育てたカボチャ、ハルモニと戯れるかのように畑を転がるそのカボチャが教えてくれる。

やがて映画は、ほがらかに畑に種をまくハルモニたちの姿を正面からとらえて終わるのだが、そこでは、この作品を貫く「応答」というモティーフ（もちろん、それに影のように付き添っているのは「負債」というモティーフだ）が、見事な「転倒」をもって語られている。なぜ、野菜を育てるの、と問われたハルモニたちは、こう答える。だって、自分で食べるものは自分でつくらなくちゃ。それに、収穫したら、みんなにも分けてあげられるじゃないか。いつもいつも貰ってばかりじゃ悪いだろ――応答すること、それは他者に対する贈与の実践にほかならないことを、種をまくハルモニたちの姿は語っている。そして、それは、まぎれもなく、ビョン・ヨンジュ監督自身の想いでもあるだろう。

ハルモニたちのまく種が、祝福のように、スクリーンを見つめる私の頭上に降り注ぐ。私は彼女たちに、奪いこそすれ、何も与えてはいないのに。応答はいつも、本来の宛て先とは違う者たちのところへ届いてしまう。私はまた、余分に受け取ってしまった。

＊

メッセージ――それはつねにすでに、誤配される。

註

（1）したがって、人種／民族や階級、ジェンダーや性的指向性について言及していればポストコロニアルだというわけではない。むしろ、ポストコロニアルの問題構制を私は共有しているというアリバイづくりのための言及なら、それ自体、実に植民地主義的であると言える。たとえば、さまざまな他者からの批判を受けて、「私たちはエスノセントリックである、私たちのエスノセントリズムが他者から批判されている」と語るだけでは、自らが関与している差別的なメカニズムに対する何ら本質的な批判にはなりえない。なりえないどころか、そのような議論それ自体が、実は差別的メカニズムの一環として機能するだろう。

私たちのエスノセントリズムはなぜ、批判されなくてはならないのか。私がエスノセントリックであろうとレイシストであろうと、私が他者との関わりをいっさいもたずに生きているのなら——むろん、そのようなことは現実問題として不可能である——それは、とりあえず、問題ではない。それが問題になるとすれば、唯一、自分自身に関してのことでしかない（私が自分自身について、どのようなナルシスティックな自己イメージをもちたいか、ということにすぎない）。だが、私たちのエスノセントリズムが批判されるべき問題であるのは、それが、他者との関係性の問題であるからだ。それが、他者から権利を奪い、他者を傷つけるからにほかならない。だとすれば、真になされるべきは、私たちのエスノセントリズムが具体的に、どのように他者の権利を奪い、私たち自身にどのように特権が割り振られているかを自己検証し、そのようなメカニズムを私たち自身がいかにして解体しうるかを具体的に検討することである。これは自戒をこめて言うのだが、その点を棚上げして——まるで、それは、どこかの誰かがいつか解決してくれる問題であるかのように——自分自身のエスノセントリズムが批判されていることだけを問題にするのは、それ自体、エスノセントリックな行為であり、かつナルシシズムである。関心があるのは、どこまでいっても、自分自身のことでしかないのだから。

たとえばウマ・ナラヤーンは、西洋の植民地主義を批判する良心的な西洋人において、第三世界のネイティヴは結局のところ、「すべての非は私たち西洋にあるのだ」と反省すべき自分の姿を映し出すための鏡にすぎないと指摘し、そのエゴセントリズムを批判している（Narayan 1997：136-142）。あるいは、イスラエルによるパレスチナ占領支配を批判するイスラエルのユダヤ人知識者アモス・オズについてエドワード・サイードは次のように語っている。「オズは、苦渋に満ちた様子でパレスチナ問題の解決を模索しているように見えます。というのは、彼のような人にとっては、イスラエルによる占領支配は自分たちの魂を毒するものだからです。見よ、占領支配がわたしたちにどんな作用を及ぼしているか。殴打され虐待され日々死んでいくパレスチナ人にとってどうかなんてことは、気にすることはない。わたしたちのほうが問題は深刻なのだ、なぜなら魂がかかっているのだから……」(Said 1994a = 1998)。

「お前たちはエスノセントリックだ、お前たちのエスノセントリズムが私たちを傷つけているのだ」という他者からの告発に対し、「私たちはエスノセントリックだ、私たちのエスノセントリズムが彼女たちを傷つけているのだ」と語ることは、一見すると、他者の批判の内容を追認し、他者の批判に応えているように見えるが、実は、批判に対する応答の拒絶以外のなにものでもない。たとえば「寒い」と訴える子供に、親が「そう、あなたは寒い」と答えるだけでは、子供に対する応答にはならないように。「寒い」という子供の声――それは必ずしも「ことば」であるとはかぎらない。小刻みに震えるからだやすすりあげる鼻水の音かもしれない――は、寒いという事実を単に述べているのではなく「暖」の遂行的な要求である。その声に応答するとしたら、「暖」を提供するという実践においてしかありえないはずだ。このとき応答する者は、子供の声の要求に従って行動している以上、その主体性はあらかじめ否定されている。はじめに声あり――その声に従うかぎり、私たちは受動的であらざるをえない。あるいは、私たちの「主体性」とは、そのような受動的な実践においてしか発現しえないものであるのかもしれない。私たちが、通常言われるような意味で「主体的」にふるまおうとすれば、それは他者に対する応答を拒絶するかぎりでしか、可能ではない。

他者からの批判に対して「私たちのエスノセントリズムが他者を傷つけている」と語ることは、同時に、「……ということを、私は知っている」ということを遂行的に確認する行為でもある。あるいは、そのような「知っている私」という主体を遂行的にたちあげる行為である。そこでもくろまれているのは、はじまりの声によって否認された私の主体性の回復であって、「声」そのものに応答することではない(応答するかぎり、私たちの主体性はあらかじめ否定されているのだから)。それは、はじまりの声を、私たちの主体性に先だってはじめに声が存在したことを否定する。私の主体性を否定する声の存在を否認することで私は主体となり、私自身の主体的意志によって、自らの行動を選択する。それが私の主体的意志による選択である以上、たとえ「声」が要求しているまさにそのことを実行するのであったとしても、私はもはや「声」の要求に従属しているわけではない。私には、それをしない、という選択肢もあった、別のやりかたを選ぶこともできた、にもかかわらず、私自身の意志でそれを選んだのだから。だが、そんなことは原理的に不可能である。なぜなら、はじまりの声が要求しているのは、まさにその「声」に対して応答することであるのだから。

はじまりの声が私を突き動かす、そのかぎりで、私は行為する「主体」に、受動性を刻印された主体になるのであるが、「私たちのエスノセントリズムが他者を傷つけている」という発話は、このはじまりの声に先だって私という主体を設定しようとする。それは、はじまりの声の否認であり、声が否認される以上、それに対する応答もありえない。一見、自らのエスノセントリズムに対する自己反省を語りながら、しかし、そのような議論が往々にして、他者によって批判されている（と本人も自己確認しているはずの）当の差別的なメカニズムの解体にいかに自分自身が実践的に関与するかについての具体的言及を欠いているのは、したがって何の不思議もないのかもしれない。応答の拒絶とは、他者と関係性をもつことの拒絶であるのだから。

任意の属性の有無が特別な指標となって、権利と権力を両者のあいだに不平等に配分するメカニズムが作動する。その差別的なメカニズムを解体し、両者のあいだに新たな、平等で公正な関係性を創出すること――それは当然のことながら、そのメカニズムのなかで支配的グループが不正に享受している特権の放棄をともなう――、それは政治的課題であり、この課題を分有する者たちが、それぞれの人間たちがかかえるさまざまな違いを越えて、一つの政治的主体 Political Subject を構成するだろう。それは、たとえば被抑圧体験の共有というような、ある種の本質主義に規定されたアイデンティティとは異なるものである。政治的課題の分有において成立しているという点で、それは、あらゆる者に開かれている。たとえば、通常「有色の女性」と訳される women of color について鄭暎恵氏はこう述べる。「アンジェラ・デービスも言っているように、women of color とは生物学上の概念でも人種的アイデンティティでもなく、ある政治的課題を共有する女たちのコミュニティを指すポリティカル・アイデンティティなのである。その政治的課題とは抽象的には「すべての抑圧と闘う」ことであり……」（鄭 1997：90）。そして「「白人」とはその社会におけるレイシズムによって特権を得ている人々を指す」（*ibid*：91）ならば、このような政治的課題の分有が、自らが不正に享受している特権の放棄をともなうものである以上、この政治的課題を分有するかぎり、白人であろうと women of color である。

その社会における差別的メカニズムに対する批判とその解体の要求とは、この政治的課題を分有する政治的主体――鄭の言葉を敷衍して使うなら women of color ――の主張であり、そのかぎりで、人種的には白人によっても、性的には男性によっても主張されうる。そこでは、ある属性の本質主義的な共有ではなく、政治的課題の分有と実践が、さまざまな違いをもった個人たちを結びつける。したがって、それは、その社会の支配的グループのエスノセントリズムによって抑圧されているさまざまな他者たちによる、私たちはお前たちとは異なっているのだ、私たちとお前たちの違いを認識せよ、という主張とは、ある部分で重なりながらも、しかし、まったく同じものではない。だが、その違いが混同されるとき、何が起こるだろうか。差別的メカニズムに対する批判――それは政治的課題の分有の呼びかけであり、あえて言うなら「普遍的」な政治的主体としての実践行為である――が、そのような主張が、その社会で特権を享受している支配的グループに属する者たちによって、マイノリティのアイデンティティの主張と読みかえられるとするならば？　だが、このとき、支配的グループはいかにして彼女が「マイノリティ」であることを知るのだろうか？　それは主張それ自体のうちに明かされていることもあるだろうが、しかし、そうとばかりは限らない。そのようなとき、彼女が「マイノリティ」であることは、彼女の身体的特徴や名前といった「外見」から恣意的に判断されるにすぎない。権利の排他的配分をめぐって、一方的に自分が何者であるかを他者によって規定されたように、ここでもまた、彼女が何者として主張しているかということが、彼女の主張それ自体の内実如何にかかわらず、他者によって一方的に規定されてしまうのである。そして、その社会の差別的メカニズムの批判が、「マイノリティ」のアイデンティティの自己主張、彼女たちの「差異」の主張に還元されることで、それは、「彼女たちの問題」、つまり彼女たちに固有の問題に矮小化され、あたかもそれを実践することが彼女たちを彼女たちたらしめるものであるかのように語られることになる。だが、そこで遂行的にほのめかされているのは、それは「私たち」の問題ではない、その実践の主体に「私たち」は含まれていない、ということである。これは、彼女が呼びかけている政治的課題の分有を拒絶することにほかならない。

その社会のなかで特権を享受している支配的グループの者たちによるこのような語りは、それとあい前後して語られる自らのエスノセントリズムに対する自己批判――すでに述べたように、それは、否定された主体性の回復であり、応答の否認である――と関連している。支配的グループの者たちは、彼女の主張を「マイノリティ」の主張と規定することで、自らを主体の位置におくという特権的な権力を行使し、そして、課題の分有という応答を拒絶しているのである。そして、まさにこのことが、他者を一方的に措定し、権力を排他的に配分するという、ここで批判されている当のエスノセントリズムによって組織化された差別的メカニズムの実践であることは、もはや多言を要さないだろう。

自らのエスノセントリズムに対する批判的自己言及が結局、エスノセントリズムに回帰する、まさにそのことのエスノセントリズムはもちろん批判されねばならないが、しかしそれだけでは、私自身の主体のメタ・ポジションを確認しているにすぎず、これまで批判してきた当の行為を反復、再生産しているにすぎない。大切なことは、エスノセントリックな差別的メカニズムに私たちが批判的に関与することによって、他者との新たな関係性をいかに構築するか、その一点に尽きるだろう（酒井 1997 : 158）。

（2）　たとえば崎山政毅氏によれば、アメリカ映画『インデペンデンス・デイ』を観ていたグァテマラの観衆は、ホワイトハウスが異星人の襲撃によって破壊されるシーンで喝采を叫んでいたというが、グァテマラというコンテクストにおいて『インデペンデンス・デイ』という作品は、アメリカの帝国主義的侵略に対するグァテマラ人民の「独立」闘争という監督の意図を越えたメッセージを発していることが分かる（Parc 自由学校連続講座「ポストコロニアル」、崎山政毅「カルチュラル・スタディーズと人間解放」（一九九七年九月二二日）における発言より）。

（3）　日本語に訳されたカナファーニーのテクストはやがて朝鮮語に翻訳され、さらに徐京植氏によるカナファーニー論として再び日本の読者へ回帰してくるのだが、徐氏の文章に触れて思わずにおれないのは、いかにそれまで多くの者たちが、カナファーニーの言葉の宛て先としてふるまいながら、テクストが自分たちに伝えるメッセージを受けとり損ねていたかということだ。在学時代からカナファーニーを翻訳し、カナファーニーについていくたびか書いたり語ったりしてきた自分が、偶然読んだ徐京植氏の文章から、カナファーニーのテクストのメッセージを突きつけられ、これまで私が応答だと思ってしてきたことは、カナファーニーに対する応答の否認でしかなかったことを慚愧の念とともに気づかされたのである。日本というコンテクストでカナファーニーのテクストが発するメッセージが経なければならなかったこの迂回と遅配、それを必然化するものの正体を明らかにする義務を私たちは負っている（徐 1994 参照）。

第Ⅲ部付記 〈出来事〉の共振

一九九九年四月から二〇〇〇年三月まで一年にわたり、朝日新聞に毎週、「追憶のカルテ」と題し、末期癌患者のいわゆる終末期医療《ターミナル・ケア》にたずさわっておられる、一人の臨床医のエッセーが連載されていた（河野博臣『追憶のカルテ』——河野2000）。著者が医師として、その人生の最期に関わった何人かの癌患者の人々が、いかにして「癌」という出来事、そして「死」という出来事を受け入れたか（あるいは、受け入れることができなかったか）、その様子を淡々と綴ったものである。そのなかでとくに、私の記憶に印象深く残っているものがある。

夫は末期癌の苦痛に苛まれて、医師に向かって妻を罵る。先生、こいつはね、俺が痛みにこんなに苦しんでいるというのに、鼾をかいて熟睡しているんですよ、と言って。耐えかねる苦痛が夫にそのようなことばを吐かせているのだと知っている妻は、罵られながら、しかし、黙って耐えるしかない。愛する者が苦痛に襲われるのを見ながらなお、救ってやれないという痛みに、そして、その苦痛ゆえに愛する者が自分を罵倒する、そのことばの痛みに。苦痛にのたうつ夫——妻を罵るまでに——、それに耐える妻、そうした光景を前にして、医師にできることと言えば、モルヒネを打って、束の間の安らぎを与えてやることだけ。

人が「癌」に冒されるという出来事、その出来事の痛みとは、誰のものなのか？

末期癌患者の、その苦痛とはいかばかりなものなのだろう。医師は経験的に、そして、妻は日々、夫の看病をしながら、それが、言語を、想像を、絶するものであることを知っている。想像を絶するものであることを知っている、ということは、つまり、余人には想像できない、ということであり、それが現実にいかなるものであるか知らない、ということだ。想像を絶するその痛みを真に「知っている」のは唯一、患者自身である（連載の最後で、医師自身が胃癌に冒されていたことが読者に明らかにされる。幸い、比較的早期に発見されたため、手術によって延命し、末期癌の苦痛は依然、医師にとって他者のものであり続けることになるのだが）。

妻は、癌に冒されて夫が苦しむという出来事の目撃証人（witness）である。だが、それは、ただの傍観者、観察者ではない。愛する者が苦しんでいるという出来事が彼女を苦しめる、夫のその苦痛に対して何もしてやれない、その非力さが彼女を苦しめる。もちろん、妻の苦しみは夫の苦しみとは違う。現実に癌に冒されている夫の肉体的苦しみの方が、妻の精神的な苦しみより、はるかに過酷なものであるのは事実だろう。しかし、愛する者がこんなにも苦しんでいるのをなす術もなく見ているくらいなら、できるものなら自分が夫に代わって、夫の苦痛を苦しみたい、と思った瞬間も妻にはあったかもしれない。とすれば、妻が被っているその心の痛みが、夫の、言語を絶したその肉体的痛みよりも軽いとは、必ずしも言えなくなる。

人が癌という病いに冒される、という出来事。それは、患者だけの出来事ではない。癌の肉体的苦痛も死も、それは患者だけのものだ。しかし、家族もまた、痛みをもって——その痛みは、患者自身の痛みとは別個のものであるけれども——その出来事を分有している。

そして、それを見つめる医師がいる。癌患者の苦痛、妻の苦痛、もちろん、患者でも妻でもない医師には、患者が、そして妻が、その身に引き受けている痛みのすべてが寸分違わぬ形で分かるわけではない。その意味ではむしろ、分からない、と言うべきかもしれない。患者ではないのだから。妻ではないのだから。しかし、また、患者が言語に絶する苦痛を生きていること、そして妻が、夫のその言語に絶するような苦痛を、自らの苦痛として引き取りたいと思うような心の痛みを生きているということを医師は知っている。知っていて、何もできない。彼には患者になり代わることもできないし、妻になり代わることもできない。苦痛に苛まれながら死に逝く者を、医師として看取ることしかできない。彼は医師として最善を尽くすが、それは、逆に言えば、医師としてできることしか彼にはできないということでもある。そこには、医師の痛みがある。医師もまた、人が癌に冒されるという出来事の目撃証人であり、そして、そうであることによって、彼のその痛み、患者自身の痛みとも妻の痛みとも異なる、彼自身の痛みによって、出来事を分有している。

医師であるということは、多かれ少なかれ、著者のように、痛みをもって、数限りない人間たちの死という出来事の目撃証人となる、ということなのだろう。それにしても、河野さんのその一連のエッセーが私にとってことさらに忘れがたいものとしてあるのは、河野さんが、あくまでも医師という自分の立場に徹して――つまり、患者の苦痛や家族の気持ちを彼らになり代わって語るのを徹底的に自らに対して禁欲して、そのかぎりでは、実に「医師らしく」客観的な観察者として――冷静な、抑制された筆致でもって出来事を綴りながら、しかし、そこにはなお、単なる「観察者」にとどまらない、出来事の分有者としての人間の姿があるから、ジャン・ジュネについてルネ・シェレールが語ったものと同じ態度が、そこにあるからである。

証言するとは何をいうのか。純粋な傍観者となることではない。それは、共に生きることだ。観察するのではなく、分かち合うことだ。歴史が決定される高みに立つのではなく、歴史が耐えられている低さに身をおくこと。低く、どこまでも低く、受容性という言葉がもはや駄弁ではなく、現に生きる行為そのものになるような、そうした低さに身をおくこと。（Schérer 1993 = 1996：217-8）

低く、どこまでも低いところ。出来事が耐えられている低さに身をおくこと――この医師を、ただの観察者ではない存在にしているもの、彼を出来事の分有者にしているもの、それは、この、出来事が耐えられている低さに身をおく、ということであるのかもしれない。

私たちが非力であるということ、何ごともなしえないということ、しかし、それは、矛盾するように聴こえるかもしれないけれども、私たちが何もできない、ということではない。医師として彼にはなすべきことがあり、そして、医師でなければできないことが彼にはできたように。だが、それは、言いかえれば、私たちには、私たちにできるかぎりのことしかできない、ということでもある。

「私を、「慰安婦」にされる前の一七歳の私に戻してほしい」

「私の青春を返してほしい」

「私の人生を返してほしい」

　暴力的に日本軍の「慰安婦」にされた女性たちのこれらのことばの前に、私たちは、徹底的に非力である。彼女を、一七歳の彼女に戻すことはできない。彼女に、奪われた青春を、人生を、返すことはできない。たった、ひとたびかぎりの人生を滅茶苦茶にされてしまった、それはもう、何をもってしても、とり返すことはできない。殺された者は、生き返らない。私たちにできることは、たかだか日本政府に正式に謝罪させ、彼女たちに補償すること、そして、出来事を私たちの歴史に刻むことで、贖いえないものを贖うことでしかない。私たちのこの非力さ、この無力さ。そして、実はそれすらも、私たちは未だ、実現できないでいる。実現できないどころか、自由主義史観を名のる者たちが、彼女たちをさらに侮辱し、その尊厳を蹂躙しているという現実がある。このような事態に対して私たちが、手をこまぬいているというわけでは決してない。しかし、

　そしてもうひとつ、はっきりと、〔石原東京都知事は〕「教科書に『慰安婦』の記述はいらない」と宣言しています。「個人の証言は検証しようがない」が、元「慰安婦」たちは、「少しでも金が入ればいいという思惑で、今度は肉体ではなしに自分の名誉を代償にして稼ごうとしているだけ」なんだと。「そういう人間の卑しい本性に引きずられて教科書に載せる必要が一体どこにあるか」、どうしても書くなら、「現在の彼女たちの卑しい本性の部分も記

述しなくてはなるまい」とまで言って、元日本軍「慰安婦」の女性たちを最大限に侮辱しています。
（石原東京都知事についての高橋哲哉氏の発言から。内海・徐・高橋編 2000：53-54）

このようなことを公言してはばからない人物が、都民の絶大な支持を集めて東京都知事に選出されるという事態は、この社会における私たちの別の意味での無力さを表わしていはいないだろうか。

だが、この場合の「無力さ」とは、先の「非力さ」とは異なるものである。過去の出来事に対する私たちの非力さとは、現在のこの私たちの無力さと区別されなければならない。私たちが、起きてしまった過去の出来事に対して徹底的に非力であるからこそ、それが何をもってしても贖いえないものであるからこそ、私たちは今、私たちにできるかぎりのことをしなくてはならない、私たちのこの現在の無力さを克服しなければならない。日本政府による正式謝罪と、もと「慰安婦」の女性たちに対する個人補償、そして、この出来事を私たちの歴史として記憶し続けることが、私たちのなすべきこととして、たち現われるのである。暴力的に奪われた彼女たちの青春も、人生も、命も、それによって、決してとり戻せはしないけれども。私たちにできること、それはせいぜいのところ、監禁され、殴られ、犯され続け、そして、逃亡をはかったから、あるいは身ごもったからと言って人知れず殺され、地中に埋められた者たちの名を掘り起こし、私たちのものとしてとり戻し、その名を呼ぶことでしかない、そのとり返しのつかなさに対する耐えがたい痛みをもって。

Becoming a witness という短い文章を書いたとき、私のなかにあったのは、おそらくそのようなことだったのだと、今、この付記を書いていて思う。それは、その時点では、うまくことばにならなかったのだけれど（今でもまだ、うまく語れているとは言いがたい）。

金学順さんの証言に触れた大越愛子さんの文章がその出発点だった。本文中にも書いたとおり、読めば自分でもそのとおりだと思うその文章に対して、私は共感と同時に、違和感を覚えた。共感するのに、自分もその場にいたなら、そう感じるにちがいないと思うのに、だのになぜ、何に対して違和感を覚えるのか、自分でも分からなかった。あの文章を書いてから数年のあいだ、折りに触れては、その違和感の在処をずっと考えていた。答えが出たとは到底言いがたいのだけれど、そうして考えたことの一端については、拙著『記憶／物語』のなかで触れたので、詳しくはそちらを参照してほしい。しかし、それでもなお、語るべきことが依然、そこには残されているような気がしてならないのである。

　おそらく、もと「慰安婦」の女性の証言を聴くということ、言いかえれば、当事者しか知らない事実であるとか、当事者でなければ語れないような「真実」であるとか、そういったことばを私たちが手に入れることで、それを私たちが、言ってみれば私たちの武器として、自由主義史観なるものを主張する者たちを批判すること（それ自体は絶対に必要なことであり、私たちの責務にほかならない）、そして、そうすることで、私たちが能動的主体としてふるまうということ、それが、出来事にはらまれた私たちの非力さをむしろ隠蔽するような形で、私たちを能動的主体にしてしまうとすれば、そうしたことに対する違和感であったのではないかと思う。

　あるいは、このように言うこともできるかもしれない。他者の証言を聴くという私たちの営為、そして、それによって、私たちが行動する主体になるということ、その二つの出来事のあいだに、証言を聴くことで私たち自身が出来事の目撃証人になるという、そのような形で私たちが出来事を分有するという、そのモメントを差し挟みたかったのだ、と。ここで拙著の記述を繰り返すなら、「このとき、身を裂くような苦痛のうちに語られる、これらの女性たちが被った〈出来事〉の暴力性を私たちが徹底的に受けとめる、ということと、歴史修正主義者を私たちが批判することは、繋がってはいるけれども、おそらく別個のことがらであるように私には思える」（岡 2000：33）。

　大越さんが出来事を分有していない、というのではない。いや、むしろ、他者の証言の目撃証人となること、その出来事の衝撃が、大越さんをしてあのような文章を書かせたのであり、私たちは、そこに、出来事の残響を、そのような形でしか伝達されない〈出来事〉というものの核心部分を読みとるべきなのだ。それもまた、出来事の分有であり、ある意味では、出来事の暴力、その残響を色濃く滲ませた彼女のその文章、他者が自ら被った暴力について証言するという出来事の目撃証言である大越さんのその文章に触れることで、私もまた、一連の文章を書き綴ってきたのであるとも言える（Felman 1995 = 2000参照）。いずれにせよ、大越さんの文章のなかには明示的に触れられていなかった、出来事の証言に触れることが私たちをして出来事の新たなる目撃証人にするということ、そのモメントを、私としては書き込みたかったのかもしれない。

確かなことは、大越さんにとって、金学順さんの証言に触れるということが紛れもない〈出来事〉としてあったように、私にとってもまた、大越さんの文章は、私自身を新たな目撃証人とする、そのような出来事であった、ということだ。言語では分節することのできない、伝達することのできない〈出来事〉というもの、その暴力、その衝撃が共振している、それぞれのことばにおいて。金学順さんがそうであったように、大越さんも、私も、叫んでいるのだ。それぞれのことばで、それぞれの叫びを。出来事の叫びを。

＊

文章的にも稚拙で、内容的にも多くの問題をはらんでいるBecoming a Witnessという文章については内心忸怩たる思いがあったが、雑誌に掲載されたことで、日本の植民地主義の歴史とその遺制を生きるこの社会のありように批判的にとりくんでおられる学生の方々との貴重な出会いを私にもたらしてくれることにもなった。いくつかの大学に招かれ、共感とは何か、他者の痛みに共感するとはいかなることなのか、そして、私たちに求められている共感とはいかなるものであるのかについて、ともに考える時と場をもてたことを、呼んでくださったみなさんに感謝します。さらに拙文について長大な文章を寄せてくださった大阪の中野五海さんにもお礼申し上げます。

拙著『記憶／物語』に対しては、大越愛子さんから丁寧なお便りを頂戴し、また、詩人の細見和之さんからは、〈出来事〉とことばの関係について貴重な示唆をいただいた。ここに記してお二人に感謝します。

終章

「他者」の存在を想い出すこと

1

私、とはいかなる者なのだろうか。

何年か前に、ロバート・デ・ニーロとロビン・ウィリアムズ主演で映画化された『レナードの朝』（原題は“Awakening”『目覚め』）の著者、オリバー・サックスの『妻を帽子と間違えた男』（Sacks 1985＝1992）は、脳神経学者であるサックスが医師としてかかわった脳神経患者二〇数名についての短い物語を集めたものである。サックスの細やかな筆致で綴られたそれらの物語は、脳神経の障害によって生じる個別具体的な症例を通して、人間という存在とその生の奥深さに対する著者の深い洞察をにじませている。二〇数編にわたる物語のいずれもが、それぞれにたいへん興味深いものとしてあるのだが、なかでもとりわけ私に深い印象を与えたのは、「詩人レベッカ」と題された一編である。

ある日、サックスの診療所に、一人の娘が祖母に連れられてやってくる。レベッカという名の一九歳になるその娘は、ものごとの体系的理解に欠け、空間的な認識障害をもっており、周囲からは「愚鈍」「痴呆的」「のろま」と見なされる「欠陥だらけのどうしようもない存在」だった。レベッカを診察したサックスは次のように記している。

まったく不器用で不格好な彼女にはじめて会ったとき、私は彼女をただだたんに、いやまったくのところ不幸な犠牲者、欠陥者だと思った。彼女の神経学的な欠陥を見つけて、正確に分析することもできた。失行症、失認症、感覚及び運動の欠損と衰弱などが認められ、知能体系と知能概念はピアジェの基準によれば八歳児なみだった（Sacks 1992 : 305–6）。

ところが四月のある日のこと、診療所の庭を散歩していたサックスは、春の陽光を浴びて輝く、別人のようなレベッカに遭遇する。サックスは書く。

レベッカはベンチに腰かけ、四月の若葉の芽ぶきを、静かに、楽しそうにながめていた。彼女の姿には、あの見るからにひどい不器用な不格好さはみじんもなかった。薄物の服を着てすわっている彼女の顔は、おだやかで、すこし微笑んでいた。とつぜん私は、イリーナ、アーニャ、ソーニャ、あるいはニーナといった、チェーホフにでてくる乙女のことを思い浮かべた。背景は桜の園である。彼女は、美しい春の日を楽しんでいる乙女そのものだった。神経学者としての私の見解はどうであろうと、すくなくとも普通の人間として私はそう感じた。

近づくと、足音を聞きつけ、彼女はふり向いた。そして、満面に笑みをうかべ、ことばではなく身ぶりでこう言った。「ごらんなさい、なんて美しいんでしょう」……。(*ibid* : 306)

桜の園の乙女レベッカ。そのときサックスは、レベッカが、「自分自身を物語的な方法でまとめることができる状態にあれば、……無傷で完全なのだ」ということに気づかされる。春の日の、この偶然の邂逅によってサックスは、「精神的には充実した完全な人間」であるレベッカに出会うのである。「出会う」ということばの、その真の意味において。

その後の診察においてレベッカは、人間性の深みを増していき、やがて、演劇のなかに自らの生きる場を見いだすことになる。

『レインマン』をはじめ、機能障害をもつ人間が特異な才能に恵まれているという物語それ自体に、今ではとりたてて新鮮味があるわけではないが、しかし、周囲から「愚鈍」と見なされた「知恵遅れ」の娘が、象徴的能力を秘め、舞台でその秘められた才能を開花させるという物語は、サックスの著書に収められたほかの多くの物語と同じく、人間という存在の計りがたさ、複雑さを垣間みせてくれる。だが、私がこの物語に感動を覚えた理由は、それとはまた別のところにある。

「詩人レベッカ」は、変容の物語である。だが、それは誰の変容なのだろう。レベッカだろうか。たしかに最初、のろまな知恵遅れとして登場した彼女は、物語の最後ではその豊かな感性を舞台で披露する一人の表現者となっている。だがレベッカの象徴的能力は、潜在的にずっと彼女のうちにあったのだとすれば、その能力が診察によって引き出され、彼女がより成長したのは事実であるにしても、彼女が根本的に別様の人間に変容したというわけではない。事実、両親に死に別れたレベッカを親代わりに慈しんで育ててきた彼女の祖母は、サックスによってレベッカの潜在的能力が「発見」されるはるか以前から、物語を愛する彼女の豊かな感性に気がついて、それを大切に育んでやっていたのだから。だとすれば、変容したのはレベッカ自身ではない。サックスのまなざしに映るレベッカが変わったのである。言いかえれば、レベッカを見るサックスのまなざしが変わったということであり、サックスとレベッカの関係性がある根源的な変容を被った、ということでもある。この物語はレベッカの変容の物語である以上に、著者であるサックス自身の変容の物語である。その変容を可能にしたのは、春の日の、あの偶然の出会いである。

もしかしたら「詩人レベッカ」は、とりたてて感動的な話、というわけではないかもしれない。だが、これを読んだとき、私が感動を覚えたのは、そこに、私がここ数年来拘泥している、「他者」との出会いという問題が書き込まれていたからである。「他者」とは誰か、そして「他者」と出会うとはどういうことなのかが、わずか十数頁の短い文章のなかに、桜の園のイマージュに彩られながら美しく結晶した作品だったからである。

レベッカに初めて会ったとき、サックスは何者であったのだろうか。彼女をテストし分析し、失行症、失認症、感覚の欠損、八歳児なみの知能と評価をくだしたサックスとは、いったい何者であったのか。むろん、彼は医師としてそれを行なっている。もし、四月の桜のもとでのあの偶然の邂逅がなかったとしたら、レベッカは彼にとって依然として「不幸な犠牲者、欠陥者」であり続けたことだろう。そして、そうであれば、彼女が舞台で自分を存分に表現する機会もめぐってはこなかったかもしれない。では、あの春の日、レベッカに出会ったサックスは何者であったのだろうか。彼はいかなる者として、レベッカに出会ったのか。

サックス自身の言葉が示唆的である。「彼女は、美しい春の日を楽しんでいる乙女そのものだった。神経学者としての私の見解はどうであろうと、すくなくとも普通の人間として私はそう感じた」。神経学者としての私の見解はどうであろうと……そのとき、サックスは、専門家としてレベッカに出会ったのではない。彼が言うように、一人の普通の人間として、一人の女性に出会ったのである。

だが、彼は、自らの意志で「人間として」、乙女たるレベッカに出会おうと思って出会ったわけではない。桜の園で春の祝福を受ける幸せそうな娘の姿をたまたま目にするという、神の采配によるとしか言いようのない、その、あくまでも偶然の出会いが、彼を、彼の意志にかかわらず、「人間として」レベッカに出会わせしめたのである（だが、「普通の人間として出会う」とは、どういうことなのだろうか?）。

この偶然の邂逅以降、サックスとレベッカの関係が、ある根源的な変容を被ることになる。それは依然として医師と患者の関係ではあるけれども、かつてのような、レベッカの能力をテストし、その欠陥を一方的にあげつらうようなものではなく、むしろ、彼女の内面に敬意を表し（それは彼女を、自分と対等な人間として、痛みや葛藤を抱えながら生きている、微妙な陰翳をもった人間として見ているということである）、その人間的成長を促すような、より対話的な関係となっている。そして、この対話的な関係と対比したとき、四月の出会い以前のサックスとはいったい、いかなる者であったのだろう。

サックスは専門医として患者であるレベッカを診察し、彼女について上述のような科学的診断を――彼女を、どうしようもない不幸な欠陥者とする裁定を――くだした。彼が医者であるということは間違いない。だが、ここで再び問うならば、それは、誰から見てそうなのか、ということだ。レベッカを救いようのない欠陥者と裁定するという彼の行為が、医者という、専門家のそれ以外の何ものでもないということが、自明かつ妥当なこととして受け入れられるとすれば、それはいったい、誰にとってそうであるのだろうか。少なくとも、溢れるような情感の豊かさを生き、適切な環境さえあれば統一のとれた人間として自己を存分に表現できるにもかかわらず、救いようのない欠陥者と診断されたレベッカにとって、あるいは、レベッカがそうした豊かな可能性をもった人間であることを知っている彼女の祖母にとってではないことだけは確かである。さらに、レベッカや彼女の祖母には、医者という専門的な権威によって一方的に彼女に貼りつけられた、この「客観的」で「科学的」な評価の、その暴力性に異議を唱えることもできない。医師の診断は、そうした一方的な裁定によって深く傷つけられるかもしれない、そして、それに対して抗議することもあらかじめ封じられているレベッカの存在を忘却したところでなされている。

誤解のないよう急いでつけ加えれば、私は何も、四月のレベッカに出会う以前のサックスが、ことさらに暴力的で抑圧的な人間であったなどと示唆したいのではない。事実はむしろ、その逆である。レベッカを救いようのない欠陥者と診断したときでさえ、サックスはおそらく誠実な医師であったのだ。だが、肝心な点は、そこにこそある。サックス自身の誠実さや意図がどうあれ、あるいは、より正確には、その誠実さにもかかわらず、彼がレベッカにとっては、彼女の豊かな人間性を社会的に抹消しようとする、実に抑圧的な暴力の行使者にほかならなかったということだ。そして、このとき、「医師である」ということは、単に、人が専門的な訓練を受け、専門的な医学的知識を有しているということではなく、そのような暴力をレベッカに対し行使しうることが社会的に容認された存在である、ということになる。だが、桜の園での出会いが医師を変える。彼はそこで、レベッカとはかくかくしかじかの存在であると彼が勝手に――あるいは「科学的に」――想像していたレベッカではない、彼がまったく想像だにしなかったレベッカに、すなわちまったき「他者」としてのレベッカに出会うのである。情感豊かなレベッカ、傷つくレベッカ、それは、医師である彼が、そのような存在の可能性など微塵も想像したことがなく、自分の思考の外に括りだし、何の痛痒も感じることなく忘却に付していた存在である。そして、そのような存在との出会いが逆に照射するのは、その存在を忘却しえていた彼の特権性であり、その特権の行使によって「他者」に対して自らが振るっていた、その透明な暴力の存在である。眩しい春の日を浴びたレベッカの微笑みが、この暴力を一挙に不透明なものに、私たちが躓かずにはおれないものにする。

2

私、とはいかなる者なのだろうか。ここでいう「私」とは、今、この文章を書くためにキーボードを叩いているこの私のことではない。それは、あらゆる名をそこに代入することのできる、人称代名詞の「私」である。

私、とはいかなる者なのだろうか。この問いによって私が――この「私」は私のことだ――問いたいのは、私の、いわゆるアイデンティティではない。私が「女」であるとか「アラブ文学研究者」であるとか、「教員」であるとか、あるいは「日本人」であるとか、そういったことではない。私が問いたいのは、そうした自己のアイデンティティというよりもむしろ、「位置」の問題により多くかかわるものである。言いかえれば、ある特定の状況において、たとえば「私は日本人である」と発言しうる私とは、この社会のなかでいったいいかなる位置にいる者であるのか、ということである。

私は日本国政府が発行するパスポートを所持しており、その意味で、私は事実、日本人である。しかし、自らの民族的出自を公然とは名乗りがたい者たちの存在を想い起こすとき、「私は日本人である」という言表は、単なる事実確定的な叙述であることをやめて、この社会のなかでそう述べることにいささかの躊躇も逡巡もなく、またいささかの勇気も決断も必要とせずに、まるで「これは本である」「これは鉛筆である」と言うのと変わらない屈託のなさでもって、そう語ることのできる私という者の特権性を示してはいないだろうか。そして、その特権性こそが、私がこの社会のなかでいかなる位置を占めているのかということを、つまりは、そのような特権を専有する者にほかならないという事実を物語ってもいる。そして、そのような発話自体が、この社会のなかのある者たちの存在を忘却しているかぎりにおいてはじめて可能になるとするならば、そうした者たちの存在を忘却しうる私とは（忘却しうるということもまた、紛れもなく一つの特権であるだろう）いかなる者なのか。特に、その存在を忘却される者たちにとって、いかなる者であるのか。

言うまでもないことだが、この社会のなかで、そのような特権を排他的に専有している者こそが日本人である。だから、私が日本人であるとすれば、それは単に私が日本のパスポートをもっているからでも、また、自分を日本人として自己同定しているからでもなく、自分が排他的に有するその特権性の無自覚な、ある場合には暴力的な行使という、そのふるまいによって紛れもない日本人である、ということになる。

そうであるとするなら、ナショナリズムに対して批判的な距離をとろうとする者がえてして口にしがちな「私は自分が日本人だなんて意識したことはない」とか、何年か前にはやった「在日日本人」というような、一見したところ日本人という民族的アイデンティティに与することを拒絶したり、また、それを相対化するような言表も、字面だけ対比すればたしかに、「私は日本人である」という民族的アイデンティティの表明と受け取れる言表と正反対のことを含意しているように見える。しかし、忘却された者たちの存在を――この社会のなかで絶えず、自分の民族的出自を暴力的に思い出させられる者たちがいることを、また、「在日」という境遇を自らの意志とは無関係に、選択の余地なく引き受けなくてはならない者たちの存在を――想起すれば、それらもまた、特定の状況における「私は日本人である」という言表と同じく、自覚されない特権性の表明であるという点で、話者が日本人以外の何者でもないことを吐露している、そのかぎりで、語られていることばとは裏腹に、実にナショナリスティックな発言ということになるだろう。

存在を忘却された者たち。だが、レベッカを救いようのない欠陥人間と診断したとき、医師は彼女の存在を忘却していたわけではない。彼女は、医師の診断の対象として紛れもなく、医師の眼前に、医師の思考のなかに存在していたのだから。医師の思考から完全に忘却されていたのは、レベッカが、自分が考えているのとはまったく異なった者としてこの世界に存在しているという可能性であり、彼女の目に映る世界は、医師のそれとまったく別のありようをしているかもしれない、という可能性である。

存在を忘却された者たち。その者たちが、私が想像するのとはまったく異なった様態でこの世界に存在しているというその可能性を――言いかえるなら、世界の別の可能性を――、私の思考の外部へと括り出されてしまう者たち。そのような者たちこそ「他者」、ではないだろうか。

私、とはいかなる者なのか。私が私をいかなる者として同定しているのか、ではない。私がその存在を忘れ去っている者たち、彼ら彼女らの存在を私が忘れ去っているというそのことが、しかし、私に何の痛みも与えず、私が私の思考の外部へとその存在を括り出している者たち、すなわち「他者」のまなざしのなかで、私とはいったいいかなる者であるのか。

「他者」と出会うことの原理的な困難がここにある。「他者」とは、その存在の可能性を私の思考の外部にあらかじめ排除された者たちであるがゆえに、私は、自ら意図して、彼／彼女（ら）に出会うことができない。そもそも、その原理上、私の思考の内部において、出会うべき対象としての存在を欠いた者たちが「他者」であるのだから。単に忘れているのなら、思い出せばいい。だが、忘却しているということさえ忘却されているのが、「他者」なのだとすれば？　「他者」との出会いを欲しながら、私の身ぶりは、私がその存在を忘却している、忘却していることすらも忘却している他者のまなざしのなかで、つねに私の意図を超えて、私が何者であるのかを物語っている。私には聴きとれないことばで。

「他者」との出会いは、私の意図とは無関係に、つねに他者からやってくる。それはつねに、出来事として、しかも暴力的な出来事として生起せざるをえない。忘却していることも忘却しているその忘却を、そして、その忘却によって私が行使している暴力を思い出させるのだから。この暴力という点について、サックスとレベッカの物語は多くを語ってはいないように見える。桜の園での邂逅は、暴力と呼ぶにはあまりに美しく、むしろ至福に満ちた平和なイメージを喚起するかもしれない。しかし、そこには、「神経学者としての私の見解はどうであろうと」という医師自身による明確な自己否定の契機、別の言い方をすれば、アイデンティティが脱臼を起こすモメントがはらまれていたことに注目しなければならない。そしてなお、一個の普通の人間として他者に出会う、ということの意味は、解くべき問いとして私たちの前にある。

3

私は私だけで私になれるわけではない。私、という「主体」が構成されるには、他者の存在が不可欠である。主体が言説的に構成されるとき、その言説のなかで同時に他者もまた構成される。私が、私とはこういう者だと私が勝手に想像するような私でありうるとすれば、それは、私が他者をもまた、手前勝手に想像するような存在として一方的に規定しているから、ではないのだろうか。そして、もし、そのような一方的な関係性の規定が何の疑問も抱かれずに社会的に承認され流通しうるとすれば、そこには、それに対する他者からの異議申し立ての声が聴きとられないという非対称的な権力関係がある。それを植民地主義的な権力関係と呼ぶのは乱暴にすぎるだろうか。

野田正彰の『戦争と罪責』（野田 1998）に収められた、医師や憲兵、特務機関員ら元日本人戦犯たちの告白は、植民地主義的な権力によって保証された自他の想像的な関係性のなかで、人間がいかに残虐非道になりうるかを明証している。それと同時に、彼らの告白は、戦後、撫順戦犯管理所をはじめとする中国の戦犯収容所に収監された彼ら一人一人の罪責のありかたを論じて、贖罪が、忘却の彼方に葬り去られていた「他者」との出会いなくしてはありえないことを、そして、この「他者」との出会いがなければ、贖罪の主体たる「私」の存在もまたありえないことを教えてくれる。同時に、人が「他者」に出会う、ということの、その測りしれぬ困難をも。

だが、それは何も、戦争という「極限状態」に限った話ではない。『戦争と罪責』を読んで強く思うのは、他者の存在を忘却し、想像的な関係性のなかで植民地主義的な権力を行使し続けているという点において、日本社会は戦後、今日まで一貫しているということである（同書における著者の主張の核心の一つはそこにある）。

八月一五日、閣僚たちが靖国神社を参拝する。公人としてか私人としてか、参拝者の資格を問いただす記者たちの質問――それもまた、すでに年中行事となった閣僚の靖国参拝の一部と化した感がある――に対し、各人各様の返事をする。「個人として」あるいは「国会議員として」云々。印象に残ったのは、野田聖子郵政相（一九九八年当時）の言葉である。それは、靖国には祖父に連れられて子供のころからよく来ていた、自分には自然な行為である、という趣旨のものであったと記憶している。つまりは、祖父を愛する邪気のない孫娘として靖国を訪れた、というわけだ。祖父に手をひかれ境内で白鳩を追いかける幼い少女の姿が目に浮かぶ。それは、中国人を拷問し、斬り殺し、生体解剖するといった非道な行為の対極にあるような光景に見える。だが、元日本人戦犯たちに、そのような非道な行為を可能にしたものが、植民地主義的権力が彼らに保証する想像的関係性のなかで自己を位置づけることであったと同時に、「他者」なる存在の完全な忘却でもあったとするなら、では、この若い女性代議士に、靖国を参拝する自分の行為を、「孫娘としての」それと同定せしめ、祖父との関係においてのみ靖国参拝を想像することを可能にしているものは、果たして、「医師として」生体解剖を行ない、「中隊長として」提防決壊を命じ、「特高として」容疑者を拷問した元戦犯たちのそれと、どれだけ違うのだろうか。そこには、ある特定の者たちの存在に対する徹底的な忘却がある、とは言えないだろうか。そして、そのような忘却を可能ならしめている権力関係、植民地主義的な関係性に対する徹底した無関心がある、と。私が、私の想像するような私であると、そして、そのような私の目に映る世界がこの世界なのだと、もし、何の疑いも抱かずに信じることができるとすれば、私は、また間違いなく、そのような私の自己像や私の目に映る世界のありかたを肯わぬ他者の存在を忘却し、そして、彼／彼女らが生きる世界の存在を圧殺しているだろう。

一九九七年九月、日本の戦争責任資料センターが主催した「ナショナリズムと「従軍慰安婦」問題」をめぐるシンポジウムでの出来事である。パネリストの一人であった徐京植さんは、「慰安婦」連行の「強制性」が問題にされるが、それは植民地支配のもとで起きたことであり、植民地支配それ自体の不法性と強制性が問われなければいけないのではないかと問いかけた。少し長くなるが、翌九八年に刊行された同シンポジウムの記録『ナショナリズムと「慰安婦」問題』から、徐さんの発言を引用する。

　さて、この「慰安婦」問題については強制性ということをめぐって、いわゆる銃剣を突きつけた軍による直接の強制があったかなかったか、慰安所にいたことが強制なのか、といった議論があります。私はその議論の必要を否定はしませんが、ここで根本的に求められている認識は実は植民地支配そのものが全体として強制だったという観点だと思います。朝鮮人は強制的に大日本帝国の臣民に繰り入れられた。その当時行われていた法によってあるものは適法でありあるものは違法であったという議論は往々にして実は土台の重要性、根本的な規定性をぼかす方向に働くということなのです。「新しい歴史教科書をつくる会」の展開している議論が当面する問題を戦争犯罪という枠組みに囲い込んで、しかもそれを事実の論証というかたちで否認する、あるいはそれを認めざるを得ない場合でも、他の国もやっていた、あらゆる戦争につきものだというかたちで相対化するという企みに貫かれている。論争のパラダイムを植民地支配そのものの罪、あるいは帝国主義そのものの罪にまで深めていかなければこの問題の本質をつくることはできないと思うのです。慰安所でいわゆる強制がなくてもそれは本質的に強制なのです。これを男の側に置き換えますと、七〇数万人の朝鮮人の男が日本に連れてこられて働かされた。それぞれに日本政府が発した「朝鮮人労務者移送に関する件」あるいは「国民徴用令」などの行政的法的手続きによって連れてこられています。そこに銃剣を突きつけての強制があったかなかったかなどというのは木を見て森を見ない議論であって、その法律そのもの、制度そのものの違法性が論じられなければならないと強調したいのです。朝鮮人に対して学徒志願兵制度というものもありました。しかし、その志願すらも植民地支配の下では強制だということです。そしてさらに土地の収奪や財産の収奪に始まって労働力の収奪だけでなく治安維持法による独立運動に対する弾圧というものがあります。無数の人たちがその犠牲になりました。その論理は「邦土僭窃」というのですね。国を盗み取る行為だから治安維持法違反だという理屈で多くの独立を指向した朝鮮人が弾圧を受けました。これについては真相究明や名誉回復や補償の議論はまだまったく起こっておりません。

私は、植民地支配そのものの違法性とその根本に横たわっている強制性というものに視点を広げて、近い将来にその弾圧犠牲者への謝罪や補償を求める方向に進まねばならないと思っております。（日本の戦争責任資料センター編 1998：45-6. 強調引用者）

この問いかけに対し、同じくパネリストであった上野千鶴子さんは、そのあとのパネル・ディスカッションで次のように応えている。

二つめには徐京植さんのお話を聞きながら、当事者としてのご発言の重みを深く受けとめつつも、それでも二つの点で疑問が残りました。一つは植民地支配そのものが強制であるというのはおっしゃるとおりです。「慰安婦」制度は植民地支配のなかの悪の一つの帰結なのだ、これもおっしゃるとおりです。しかし、もし「慰安婦」制度を植民地支配の枠で捉えるならば、それは植民地の女性が負った被害であって、日本人「慰安婦」は、これは男も女も挙げて報国のために挺身したということになってしまう。日本人「慰安婦」の問題を私たちは問題化することができなくなってしまいます。

私は徐さんを批判しているのではありません。これは在日韓国人としての徐さんの闘いであり、徐さんの闘いの論理であると思います。それが解くことのできる問いと解く必要を感じない問いがある。私は性暴力被害者としての女性の問題を、徐さんに解いていただこうとは思いません。それは徐さんの闘いではなく私の背負っている闘いです。徐さんのお考えになる論理と違う論理構築をしないかぎり、国境を越えた女性の性暴力被害についての問いを組み立てていくことができないと考えます。（*ibid*：61-2）

このシンポジウムにおける上野さんの発言については、植民地主義の「当事者性」という認識の希薄さの指摘をはじめとし、いくつかの批判が、『ナショナリズムと「慰安婦」問題』で展開された（そのなかには拙論「私たちはなぜ、自ら名のることができるのか——植民地主義的権力関係についての覚え書き」も含まれている）。また、これらの批判に対する上野さんの反論は、『季刊　戦争責任研究』第26号（日本の戦争責任資料センター）に掲載されている。*

上野さんは、徐さんの問いかけに対し、上野さんのことばを借りるなら、性暴力被害者としての女性の問題を自らの闘いとして背負った者として、言いかえれば、フェミニストとして答えている。このことは、上野さんの反論のなかでも次のようなことばで言明されている。「何かにつけて後回しにされがちなジェンダーの視点の優先順位を貶めることを断固として拒否するという意味では、わたしはたしかに「フェミニストとしての闘い」を闘った」（上野 1999：21）。そして「当事者性」をめぐる批判については、以下のように書いておられる。

植民地支配についてはくりかえし言うように「日本国民」として当事者である。金さんが「わたしは日本国の主権者でありませんから、日本政府を変える責任主体にはなりえないのです」というとおり、「日本政府を変える」当事者責任は、金さんにではなく、わたしのほうにある。（上野 1999：20）

……「日本人」の「女」という同一性のもとでわたしは「日本人『慰安婦』」の問題を深刻な問題

と受けとめているが、そして「シンポジウムが提起したもの」で西野瑠美子さんも同じことを指摘していることを見ると西野さんもこの問題を「自分自身の問題」と受けとめているようだが、わたしと西野さんが「当事者」と感じる問題について、それが徐さんの問題にならないとしてもしかたがない。その問題を解く責任はわたしたち「日本人」の「女」にあり、徐さんにはない。徐さんが「植民地支配」を問題にするのはあまりにも当然のことだが、「植民地」という枠組みだけでは日本人「慰安婦」の問題を解くためにはじゅうぶんではない……（*ibid*：21）

本書で私が一貫して主張してきたこと、それは、脱植民地主義の問題とはフェミニズムの重要な課題の一つであり、それは、かつて植民地にされた地域の人々——女性たち、そして男性たち——にとってだけでなく、日本のフェミニストにとってもまた、そうである、ということである。徐さんが植民地支配を問題にするのがあまりにも当然のことであるなら、日本のフェミニストが植民地支配を問題にするのも、徐さんと同じくらい、あるいはそれ以上に、当然のことであると私は考える。徐さんが植民地支配を問題にするのはあまりにも当然であり、そして、もし、日本人フェミニストにとってはそうではないとしたら、それは、なぜなのだろう？　徐さんが在日だから、だろうか。だが、徐さんは、日本語の作家でもあるし、日本社会の知識人でもあるし、大学教員でもある。なぜ、徐さんには、日本人の「慰安婦」の問題を「解く」責任はないのだろうか。

「慰安婦」問題だけで植民地主義支配の問題すべてを語ることなどできないように、植民地主義支配の問題が、「慰安婦」問題のあらゆる問題構制をカヴァーしているわけではもちろん、ない。しかし、だからといって、「慰安婦」問題を総体としての植民地主義の問題のなかで考えるかぎり、日本人「慰安婦」の問題を私たちは問題化することができなくなってしまうと考えるとすれば、それは、植民地主義の問題を、いわゆる「植民地」の問題としてしか捉えていないから、ではないだろうか。植民地主義支配を問題にするとは、「植民地」という地理的外延の内部に思考を限定すること、なのだろうか？　徐さんが提起しておられるように「植民地主義支配の罪」「帝国主義の罪」という問題にまで、私たち

＊そのなかで上野さんは、「わたしは岡さんの批判から多くを学んだが、それでも上野批判を目的とした文章のはしばしには、ためにする誤読としかいいようのない解釈があって、辟易した」（上野 1999：21）と書いておられることも併せてここに記しておく。ぜひ、拙論にあたって、それが「上野批判を目的と」する、「ためにする誤読」、あるいは「曲解」（*ibid*：21）であるのか、読者の方々自身でご判断いただきたい。また上野さんは、「岡さんの引用は不正確である。私の発言中二つの文をつなぐ「それが」が抜け落ちて引用されているが」（*ibid*：20）と書いておられるが、私が引用している上野さんの当該部分の発言に関しては、中略した部分を除き、反論のなかで上野さんが引用しておられるものと同じである。二つの文をつなぐ「それが」もある（岡 1998a：223）。

上野さんはまた、先の本でなされた批判について、「何かを言ったことは言わなかったことを否定したことになり、言わなかったことは決して理解されることがない……という現実に直面している」（上野 1999：20）、〔責任の分有という問題に触れて〕「わたしはむしろそれ以上のことを言っていたつもりだった。それ以上のことを言うことがすなわちそれ以前のことをないがしろにしているとか否定していると受け取るのは、短絡というものだろう」（*ibid*：17-18）と語っておられる。私のような者が一貫して拘泥している問題は、「それ以上のこと」を考えておられる上野さんにとっては、あえてご自分では語る必要を感じない「それ以前」のこと、なのかもしれない。けれども上野さんの文章を読んでも、「それ以上のこと」というのが何なのか、よく分からない私自身は、今後も「それ以前」の問題に、愚直に拘泥してゆきたいと思う。上野さんにとっては「それ以前」の問題であったとしても、私には、それが日本社会のなかで、あるいはフェミニズムの議論のなかで、依然として十分に言語化され、共有されているとは思えないから。

の問題意識を深めると、「慰安婦」の問題は植民地の女性が負った被害であって、日本人の「慰安婦」は、男も女も挙げて報国のために挺身した、ということになってしまうのだろうか？　だが、植民地主義の問題とは、「植民地」にされた地域に限定される話ではない。いや、それどころか、植民地主義支配が帝国の政治イデオロギーの実践であるとすれば、それは、すぐれて帝国主義側の社会の問題でもある。

山田盟子は、ＲＡＡ〔Recreation and Amusement Association：特殊慰安施設協会。戦後、占領軍兵士の性欲「処理」のため、日本の警察と官僚が組織した売春制度〕に関する著作〔『占領軍慰安婦　国策売春の女たちの悲劇』（山田 1992）〕の中で、朝鮮や台湾の植民地から補充できなくなって以降の日本では、政府が従軍慰安婦を自国内の下層階級から補充するようになったと指摘している。したがって、下層階級の女性たちは、沖縄や戦前日本の植民地の人々の地位に似た立場に立たされたことになる。（Molasky 1999＝1999：2）

「慰安婦」問題を総体としての植民地主義支配という文脈のなかに位置づけて考えたからと言って、日本人の「慰安婦」が、男も女も挙げて報国のために挺身したなどということにはならないし、また、「慰安婦」被害を植民地の女性だけに限定することにもならない。反対に、日本人「慰安婦」の女性たちの問題を考える場合であってさえ、植民地主義の問題を抜きにしては考えることなどできないということが、モラスキーの先の引用から分かるだろう。あるいは、日本による植民地主義支配のもとで、植民地出身の男性は「日本人」として参政権を有していた。あるいは、内鮮結婚。あるいは、徐さんが指摘しておられる強制連行および強制労働。日本人の女性たちは、こうした強制労働の受益者でもあったし、今日においてなお受益者であり続けている。これら植民地主義の諸政策において、民族の問題とジェンダーの問題は錯綜しており、総体としての植民地主義支配を問うということは、そのもとで生きてきた朝鮮人の女と男、日本人の女と男、すべての関係性を問うことであると思う。だから、私は、日本人の「慰安婦」の問題もまた、日本と朝鮮の歴史性を負い、この社会で知識人として生きる徐さんと分有したいと思う。そして、同じように、私は、徐さんが提起しておられる総体としての植民地主義支配の問題を、フェミニズムの問題として、日本のフェミニズムの課題として分有したいと思う。

もし、徐さんが「在日」だからという理由で、徐さんが植民地主義支配を問題にするのが当然だとされてしまうなら、そして、日本人フェミニストは、「日本国民」である以上、日本政府を変える当事者責任は負っているが、植民地主義支配については、徐さんほどにはそれを問題にするのは当然ではないと、もし、そのように考えられてしまうなら、「植民地主義支配の罪」という問題としても考えなければならないという徐さんの呼びかけを、彼の「在日」という出自に結びつけて、この問題を在日固有の問題として特殊化することになりはしないだろうか。たしかにその提起は、徐さんによってなされたけれども、それは、さまざまな日本人から――市民や学生、研究者、運動家、教員、フェミニスト、男、女から――なされたとしても、全然、不思議ではない提起である。いや、むしろ、日本人から――とりわけ、日本人のフェミニストから――なされるべき提起であると、私は考える。だが、徐さんが何者として語っているにせよ、その発言は往々にして、彼が「在日」であるがゆえに、「在日」としての発言、としてのみ受け取られ、特殊化されてしまう。そして、それによって、植民地主義支配の問題も、あたかも、「植民地」の問題であるかのように、そして、「植民地」の人々の問題であるかのように、矮小化、特殊化されてしまうのだ。

この社会において「在日」であるとは、そういうことだ。このような言説的暴力は、この日本社会の日常的光景として遍在している。「在日」であるということは、単に民族的出自が何であるかという問題だけでなく、この社会のなかで、法的、社会的差別に加え、自分の言葉がもっともらしい理由によって特殊化され、周縁化され、聴き届けられることなく消費されてしまうという暴力につねに晒されるなかで、消耗しながらそれでもなお語らねばならない者たちであるということを意味する。

「フェミニストとして」「＊＊学者として」「日本国主権者として」……、私たちは、自分が何者としてそのことばを語っているのか、自ら規定することができる。すなわち、自ら名のることができる。そして、私たちのことばは、自らがそう名のったところの者のことばとして、受容され、流通する。しかし、他方で、自らがいかなる者として語っているのか、それを、他者によって一方的に規定される者たちがいる。植民地主義支配を問題にすることは在日韓国人である徐さんの闘いであるとか、徐さんが植民地支配を問題にするのはあまりにも当然だというようなことばは、その発言の深遠な意図がどこにあれ、テクストの効果として、それは日本のフェミニズムの問題ではないというメッセージを暗黙のうちに伝えると同時に、他者がいかなる者として語っているかを規定し、そこで語られている問題を、そこで規定された者に固有の問題として特殊化したり、矮小化してしまう。あるいは、そのような権力を発動することになる。

たとえば、国境を越えた女性の性暴力被害の問題と闘っていくと私が言明するとき、それは確かにフェミニストのそれであるかもしれない。レベッカを救いようのない欠陥者と裁定したサックスの診断が、脳神経学者としてのものであったように。しかし、私のそうした言明が、フェミニストとしてのそれ以外のなにものでもないものとして、この社会でもし、受け入れられ、その一方で、たとえば徐さんの提起を、「在日」という存在のみに還元するような言説的な権力を行使するとするならば、それは、私自身が、いかに反ナショナリズムを不断に表明したとしても、そのふるまいにおいて、実は日本人以外の何者でもないことを証している。この社会において、日本人であるとはそういうことだ。エスノセントリックであるとは、そういうことだ。自らをフェミニストとして自己同定し、そして、フェミニストとして発言していたとしても、しかし、その発言は、必ずしもあらゆる者にとってフェミニストとしてのそれ、としてあるわけではない。レベッカにとってのサックスが、必ずしも、脳神経外科医としてだけあったわけではないように。

私たちは、このような圧倒的に非対称的な権力関係、まさに植民地主義的な関係性のただなかに生きている。ナショナリズムを批判し、また、性奴隷とされた女性たちの尊厳をさらに踏みにじるような暴言を吐き続ける者たちを批判しながら、しかし、その自分自身がなお、忘却された「他者」の存在を想起することの困難を、そして、かつて慰安婦制度ならびに諸々の侵略行為を可能にした植民地主義的関係性を知らず知らずのうちに反復し、暴力を再生産しているという事実を私は直視したいと思う。同時に、蹂躙された他者の尊厳の回復には、忘却された「他者」の存在の想起と、植民地主義的な権力関係によって保証された想像的な自己と他者との関係の解体が絶対に必要であり、それは、フェミニズムの重要な課題の一つとして私たちに問われていることだと考える。

4

あなたの居る島にもススキに乗せられたあの風が吹いているのでしょうか。いくら耳を塞ぎ身体を縮めても、すう――っと胸の中に穴を掘ってしまうあの風を、あなたは憶えているのでしょうね。穴が深くなればなるほど段々軽くなってゆく身体《からだ》が恐くなったのです。風のないところに行きたいと思いました。（李静和「遠い島の友へ……　尹東柱「たやすく書かれた詩」」『つぶやきの政治思想』（李 1998）より）

過日、「韓国　近代への喪章　暴力と済州抗争の記憶」と題された、韓国の金成禮の論文を読んだ（金 1998）。一九四八年、済州島で起きた、国家による民衆の大弾圧、いわゆる「四・三事件」の記憶をめぐる国家のナラティヴと民衆のナラティヴの抗争についての優れた論考である。四・三事件とは、金成禮によれば、

一九四八年四月三日、数百の、おそらく五〇〇人はいたゲリラが、済州島全域にいた警察と「右翼」を攻撃した時点で、四・三事件は共産主義ゲリラの反乱として始まった。それは、警察と反共右翼団体「西北青年団」のテロリズムに対する報復行為であった。しかし、討伐組織によるこの反乱の弾圧が強まるなかで、武装抗争に直接関わりのない民衆の大虐殺が引き起こされた。犠牲者のほとん

どが、このような民衆だったのである。四・三事件、そして大虐殺による事件の暴力的決着は、冷戦によるイデオロギー対立の産物であり、無数の人命を失いながら氷結した、一九五〇年の朝鮮戦争を予示するものであった。冷戦は終焉したにも関わらず、韓国の国家政治において、反共産主義イデオロギーはなおも衰えることなく、事実四・三事件のほとんどの記憶を封じ込んできたのである。（金 1998 : 176-7）

国家によって永らく抑圧されてきた記憶、しかし、その記憶は、今にして思えば、実は思いもかけない形で、すでに私のもとへ運ばれてもいたのだ。私の、かけがえのない一人の友人が、私たちのことばで、私たちに贈ってくれた、たとえば次のような「詩」で――「おくる（贈る／送る）」ということばは、私には、人間という存在の「おく（奥）」底深くにあるものを、そっと手繰り寄せ、他者へと手渡す、そんな身ぶりを思い起こさせる――

遠いある日あなたもそう思ったのでしょうか。私は今こうして昔あなたが移ってきたところに居ります。

（中略）

あなたはある日、こう言いました。〝私は世界観、人生観、このようなより大きい問題より風と雲と光と木と友情、そのようなことにもっと苦しんできたかもしれません〟（尹東柱「花園に花が咲く」『空と風と星と詩』）と。

島の人達は白い森になって山を取り囲んでいるススキを畏れていました。小さな島の殆どの人が死んでいったその日（原注——済州島4・3事件。済州島4・3蜂起ともいう。一九四八年四月三日起き、その後六年六カ月も続いた島ぐるみのパルチザン闘争、血みどろの事件である。その間、「島内の七万五七〇〇戸の家屋のうち一万五二二八戸が焼き払われ、八万六六五名が殺傷」されたという記述があるが、4・3事件の真相についてはまだ不確かな部分が多い。ハンラ川の峰々をつたう烽火があがって以来、四七年の歳月が経った。今、その間タブー視されてきたこの事件のことを掘り起こす作業を行っている。）以後、その魂は島を離れられなく、ススキになりいつも島を彷徨っていると信じていました。かつて船にのって島に帰られなかった人々を懐い、遠い海にはもうひとつの島が在り彼らはなんの苦しみのないあの島にいるのだと語っていた島の人々は山に埋められた兄弟達さえも忘れようとはしなかったのです。（李 *ibid*）

金論文を読む一年ほど前、私は、歴史と出来事の記憶について論じた鼎談本において、この済州島事件について簡単に言及したくだりを目にしていたのだが、それが意味するところについて深く思いめぐらすこともないままに読み過ごしてしまっていた。それは、以下のような発言である。

とりわけ侵略だとか植民地支配というような問題があったとき、もちろん加害者と被害者に両極化するわけだけれども、被害者のほうが一体としての被害者なのかといったら、決してそうではない。たとえば日本が負けたあと、一九四八年四月三日に済州島で民衆蜂起があって同じ民族同士ですごい人数を虐殺するということがあった。それは植民地支配の結果であるわけだけれども、そういう歴史をすべてどこかに忘却し去って一体の被害者としての韓国人、朝鮮人をつくりあげるということは、それこそ積極的に良心をもって歴史の修正に加担するようなことになりかねない話だと思うんです。（崎山政毅さんの発言から、崎山・細見・田崎 1998：45-6）

家父長制の犠牲者としての「同じ女」という語りが何を隠蔽するのかということを、この間一貫して考えてきた私にとっては、「被害者もまた一体ではない」という崎山さんの主張は、納得のゆくものであり、言ってみれば、四・三蜂起という出来事は、前後の文脈から、被害者もまた一体ではないことを説明する一種の事例として、私のなかで納得されてしまっていたのだった。崎山さんのこの発言については、のちに徐京植さんから「一体の被害者としての韓国人、朝鮮人をつくりあげる」とは、誰が「つくりあげる」のか？　という問いをはじめとし、十項目にわたって批判がなされる（それに対する崎山さんの応答として、崎山 1998a, b などがある）のだが、徐さんによる批判のなかで「もっとも私を打ちのめした」と崎山さんが語っている、「少なからぬ在日朝鮮人があの文章に酷く傷つけられたはずだ」という事実、その事実をこの私自身もまた、まったく別のかたちで経験することになる。

それは、一本の電話だった。受話器の向こうから聴こえてくる、疲れを滲ませた声。ため息のような。

「マリさんは、崎山さんのあの文章、読んだの……？」

それから、

「読んで、どう、思ったの……？」

そのとき、私にとって耐えがたかったのは、私が、彼女のその問いに対して、答えることばを何ひとつもっていなかったこと、私が件の文章、崎山さんの発言を何も思わずに読み飛ばしていたという事実だった。私は、そう答えるしかなかった。何も気がつかず、読み飛ばしてしまっていた、と。

沈黙。そして、

「そう、なんだ……読んでたんだ……」

沈黙の末にようやく、ため息とともに洩らされた、彼女のその呟き、哀しみを血のように滲ませた——そのため息は私には、読んでいたのにあなたは、何も気がつかなかったんだ、何も感じなかったんだ……と言っているように聴こえた。私がいたたまれなかったのは、彼女のそのため息に、私をとがめるような響きがあったからではない。むしろ、それがなかったこと、ただただ純粋に、ことばにならない哀しみしかなかったことだった。

「記憶」をテーマにした金論文は、四・三事件がいかなるものであったか、具体的な事実を検証したものではない。しかし、金論文を読んで思い知らされたことは、四・三事件というものについて今まで、まったく知らなかった自分自身の無知の度しがたさであり、さらに、よりにもよって歴史と出来事の記憶について語る本のなかで、四・三事件という出来事それ自体に躓くことなく読み過ごしていた自分にとって、そこで殺された者たち、そして、私のすぐ傍らにいる、近親者の死の記憶を今も生々しく生きる者たちの存在が、私の思考のはるか彼方にあったという苦い事実である。日本の植民地主義の暴力の爪痕を残したその島、隣国の人々が暮らす土地、そして何よりも、何よりも、私にとってもっとも大切な、かけがえのない友人の、その故郷、そこで起きた出来事に対し、徹底的に無関心であった自分というものに気づかされたのである。それは、とりもなおさず、「大切な友人」「かけがえのない友人」と語りながら、その実、彼女の生に対し、そして、彼女が生きてきた痛みに対し、私が徹底的に無関心であったということである。それを言ったのは私ではないとか、その本のその部分の記述のありかたがそもそも、これら一連の問いを読者に喚起するようなものとして書かれていなかったという問題だけには還元できない。なぜなら、そのような者たちの存在を想起していれば、私自身が、その記述のありかたがはらむ問題性に対し敏感でありえたかもしれないからだ。それを読んで、私自身が、傷ついていたかもしれないからだ。

それらのことに気づいて、私は少なからず自分を嫌悪したが、しかし、それでもなお、私は依然として、私がそのふるまいによって、私自身の無知によって傷つけた人々ほどに深く、自分が傷ついているわけではないのだ。無知であってよいはずはない。しかし、私が大切ななにごとかをようやく学びとるのに、なぜ、私ではない他の者たちが深く傷つくという代償を払い続けねばならないのか。

このような告白はあまりにナイーブすぎるかもしれない。しかし、やはり私は問わずにはいれない。自由主義史観の人々の一連の暴力的な言説に憤り、出来事の記憶について問いながら、済州島蜂起の短い言及に触れて、しかし、その詳細について知ろうとすることもなく、一事例として納得し、読み過ごしていた私とは、いったいいかなる者であったのか、と。とりわけ、この事件の死者たちにとって。生き延びた者たちにとって。そして、死者の記憶を胸に秘め、電話の向こうでことばにならない哀しいため息を洩らした者にとって。

ふと気がつくと、何処からかあの風が、ススキの森の中に自分の殺した島の人々と一緒に眠っている父の影をのせ吹いてくるのです。

消え去ることの無い
記憶、
痕跡、その塊。（李 *ibid*）

あとがき

『ドキュメント女の百年5　女と権力』（もろさわようこ編集・解説）という一冊の本が私の手許にある。一九七八年――私がまだ高校生のころだ――に出版されたその本は、紙も全体に赤茶けてしまっていて、二〇年という歳月を感じさせる。たとえば「侵略の尖兵」と題する第二章には、任展慧さん（「朝鮮統治と日本の女たち」）、内海愛子さん（「一九七五年、インドネシア」）、松井やよりさん（「なぜキーセン観光に反対するのか」）らをはじめとする方々の文章が収められている。

当時、大陸浪人とよばれる侵略の黒子的存在の男たちが、シベリアから東南アジアまでの各地で諜報活動や政治活動にたずさわっているが、彼らの活動は、大陸の奥深くまで散りこぼされている「からゆきさん」たちに助けられていることすくなくない。石光〔同書所収「お君さんの話」の聞き手。もと歩兵大尉。シベリアで諜報活動にあたる〕の場合も、お君からさまざまな便宜を与えられているが、彼女と同じような運命にいる女たちと、各地で出会い、窮地を一度ならず助けられている。お君の話の中に、「汚れ果てても日本女の意気を見せてやる」「女ですが日本人の気性をお目にかけましょう」など、自負にみちたナショナリズムが色濃くみられるのは、侵略される側ではなく侵略する側の国民であるおごりが、性奴隷として棄民の場にある女たちにもまた強くあったことをうかがわせる。「娘子軍」とよばれる女たちは実体的には犠牲者であるのだが、侵略された側からみるならば、彼女たちもまた侵略者としてのぬきさしならぬ加害性を身におびている。

「朝鮮統治と日本の女たち」には、侵略する側の視点でたたえられている名流婦人たちが、侵略された側からみるならば、人間的痛覚皆無の欠陥人間であり、彼女たちの実践のなかみがなんであったか、あざやかに示されている。ことにあたっていかに誠実・真摯であっても、その拠って立つ場が権力の側に属するならば、抑圧の権化以外のなにものでもなく、そのことをもまた彼女たちは反面教師的に物語る。女たちの解放路線として社会的・指導的立場への進出がうたいあげられているが、たずさわる仕事のなかみと拠って立つ場の検証なしにそのことがおこなわれるとき、反動的な役割りをむざんにになってしまうことも、ここでしかと確かめておきたい。(もろさわ編 1978 : 80-81)

私が本書で語ってきたこと、そのすべてが、二〇年以上も前に、すでに、もろさわさんのこのことばのなかに簡潔に語られている。これらの方々よりも時代的に少し遅れて生まれてきた私は、いろんな寄り道をしながら、何周も遅れてようやく、これら先達たちが拓いてこられた道に辿り着いたにすぎない。

日本のフェミニズムは多様であると言われる。その事実を否定するつもりはない。現に、ポスト・コロニアリズムなどということばが流行するはるか以前から、こうして植民地主義の問題を「女」の問題として考え、とり組まれてきた女性たちがいるのだから。しかし、また、女性学やフェミニズムの興隆のなかで、それらの問題意識が依然、マイナーなものであり周縁的なものであることも事実である。そして、私たちが「多様である」と思っているものが実は、外から見ると、いかに一枚岩的なものとしてあるか、ということも。多様性を言祝げることが、実は、ある内的な共同性によって保証された特権的なものである、ということ。脱植民地主義の課題を日本の女の課題として一貫してとり組んでこられたこれらの方々の営為を、日本のフェミニズムが多様であることの、それゆえこの私たちが、植民地主義的な抑圧や暴力といったものとは無縁であることのアリバイ証明にするのではなく、私たちのひとりひとりが、それを自分自身のフェミニズムの課題として分有したい、そのような願いをもって、この本に収められたいずれの文章も書かれている。

いまだ私たちの生をその細部にいたるまでさまざまな形で規定し、支配している植民地主義的な制度や関係性の解体に、「植民地主義」というような抽象的な語彙を使うことなく、日々の生活のなかで実践的にとり組んでおられる、この社会に生きる多くの方々のその営みに、私の拙いことばがどれだけきり結んでいるか、はなはだ心許ないが、読者の審判を仰ぎたいと思う。

本書は、一九九五年から五年間にわたって断続的に書かれた文章を集めたものである。刊行にあたり、以下の方々に心より御礼申し上げたいと思う。

何よりもまず、アラビア語のアの字も知らなかった私に、アラビア語の手ほどきをして下さった東京外国語大学の奴田原睦明先生。私がアラブ文学、とりわけパレスチナとその文学に関わる道に進むことになったのも（そして、結果的に私が今、このような者としてあるのも）、学部時代に、奴田原先生が訳されたガッサーン・カナファーニーの一連の作品、なかでも「ハイファに戻って」に出会ったことが決定的でした。そして、院生時代、非常勤時代の長きにわたって貧乏だった私をお母さまの美味しい手料理でもてなして下さったり、物心両面においてつねに励まして下さったことに感謝します。

それから、徐京植さん。徐さんの『「民族」を読む』に収められたカナファーニー論は、アラブの文学研究を行なう自分とテクストの関係について、私の前にまったく新しい地平を切り拓いてくれました（思えば私が、ある不可逆的な線を越えるとき、そこにいつも、カナファーニーがいたことになる）。そして、鵜飼哲さん。その思想の深みから紡ぎ出されることばと実践に、私は日々、学び続けています。この一〇年近く、鵜飼さんとさまざまな場でご一緒する機会に恵まれた自分をたいへん幸せだと思います。

モロッコで出会って以来一〇年間、変わらぬ友情（というか、わがままな妹を案じる姉のような思い遣り）でもって、私を支えてくれたラトクリフ川政祥子さん。祥子さんの本場フェズ仕込みの美味しいクスクスは、私がどん底にあったときでさえ、私の心と胃袋を幸福で満たしてくれました。くぼたのぞみさん、唐澤秀子さんをはじめロカスの会の女性たちの暖い友情にも心から感謝します。また、文章の拙さから私がいろいろ批判を浴びたときも、私を励まし、支えてくれた大阪女子大学の萩原弘子さんに御礼申し上げます。

京都の百万遍界隈にいつも集っている私の貴重な友人たち、とくに、崎山政毅さんと詩人の細見和之さんに感謝します。これら友人たちとの夜を徹しての交友から私はつねに多くを学び、その友情によって精神的に支えられ続けています。さらに、午前三時であっても厭わず、書き上がった原稿に目を通し、いつも適切以上の助言を与えてくれる田崎英明に。彼の指摘は、つねに問題の思いもかけない眺望を私に拓いてくれました。

それから、本書のもとになった一連の文章を書く貴重な機会を与えて下さった『現代思想』編集長の池上善彦さん、インパクト出版会の深田卓さん、『みすず』の守田省吾さん、『現代詩手帖』の佐藤一郎さん。とくに池上さんは、私が人生のどん底で、世界から打ち棄てられたような孤独のなかで呻吟していたとき、その大きな心と体で支えて下さいました。

そして、青土社編集部の宮田仁さんに。未熟な著者をいつも寛大な心で見守り、本書を出版して下さったこと、心より御礼申し上げます。その寛大さに存分に甘えてしまったことをお赦し下さい。宮田さんに本書を手がけていただいたことは、私にとって、自分の文章が本として出版されるということ以上の大きな経験でした。

最後に、私のかけがえのない大切な友人C・Lに。いつか言ったように、私が書くものはすべて、あなたに対する応答です。

二〇〇〇年八月

岡　真理

新装版のあとがきに代えて

モロッコの日本大使館に専門調査員として赴任したのは一九八八年の四月だった。今から三〇年以上も昔のことになる。

初出勤の朝。おろしたてのスーツにパンプスといういで立ちで大使館に向かう途上、歩道の縁の地べたにモロッコ人の女たちが一定間隔で座っているのが見えた。彼女たちの前には、小机代わりに木箱が逆さに置かれ、その上に、なにやらレース編みのようなものが重ねて置かれている。気になって目を凝らしてよく見ると、レース編みに見えたそれは、実はクレープ生地だった。あまりに水気が多く、あまりに薄く焼いているため、穴だらけで、レース編みのように見えたのだ。

それは、一カ月にわたってムスリムが日中、断食をするラマダーン月のことで、日没後、一日の断食が明けてとる食事《イフタール》の折に、モロッコでは、ドライフルーツや野菜スープなどといっしょに、ジャムを塗ったクレープを食する習慣があるという。車が行きかう通りの傍らで、逆さまになった木箱の底の上に置かれたクレープ生地は衛生的にも問題がありそうだったが、通りすがりに小銭を出して何枚か買っていく人々の姿もあった。

『りんご』というイラン映画がある（サミラ・マフマルバフ監督、一九九八年）。イランの地方都市で発覚した、二人の幼い姉妹が生まれたときからずっと父親によって自宅に監禁されていたという事件に材をとった作品だ。健康な子どもを家に閉じ込めて、一歩も外に出さないなど虐待以外のなにものでもないが、なぜ、父親はそのようなことをしたのか。『りんご』は、当事者たち――娘たち、父親、母親――の姿を通して、それを描いたものだ。

家族は貧しく、父親は街で、通りすがりの人々にアッラーのご加護を祈ることで、わずかな小銭をその「祈祷」の対価として得ていた。それが彼の生業だった。父親が「仕事」に出て、家を留守にしているあいだ、幼い姉妹の世話をするのは母親だ。だが、彼女は盲目だった。子どもたちが家の外に出てしまっては、盲目の母親に子どもたちを監督することはできない。娘たちの身に何かが起きてからでは遅い。中東世界においては依然、娘の貞操は家の名誉と同義だ。娘たちの身――とりわけ貞操――を護るために、父親にできることは、家を出るとき、玄関の扉に外から門をかけていくことだった。

『りんご』を観て思い出した。モロッコで、私が住んでいた首都ラバトの旧市街の市場《スーク》で、買い物客が多い日曜日、一群の盲人たちがアッラーの名を大声で唱えていたことを。そうか、あれは、そういう意味であったのか。通行人たちの中には、彼らにいくばくかの小銭を恵んでいく者たちもいたが、それは、貧しい障がい者に対する施しではなく、彼らがおこなう「祈祷」に対する「対価」であったのだ。その二つ――貧者としてお金を恵んでもらうのと、大声で叫んでいるだけの祈祷というパフォーマンスの対価を受け取ること――は、私たちにとっては限りなく同じように見えるかもしれないが、彼らにとっては全然、違うことだった。そこには、人間の尊厳が賭けられていた。『りんご』の父親もそうだ。アッラーのご加護を祈願する定型句を口にするなど誰にでもできることだが、しかし、それをすることで彼は、施しで生きる貧者ではなく、自らの手で稼ぐ「労働者」でありうるのだ。

娘の貞操が家の名誉と同義とされるのは、家父長制的抑圧以外の何物でもないし、そのせいで、一線を越えた娘たちが親族の男性に殺されるという出来事が、今なお中東諸国や西洋に移民した中東出身の者たちのあいだで起きている。フェミニズムから言えば唾棄すべき抑圧だ。しかし、極貧を生きるがゆえに、二人の娘たちの貞操にしか社会的名誉をもちえない彼が、かわいい娘たちを家に閉じ込めるしかなかったこと、それは、神の目から見て赦しがたい罪だろうか。この父親に対して神が覚えるのは怒りだろうか、それとも、憐れみだろうか(怒りを覚えるとすれば、飽食する者たちがいる一方で、この父親のように、「祈祷」に生の尊厳を賭けざるを得ない極貧を生きる者たちがいる、この不公正な社会に対してだろう)。少なくとも、食うに困るでもなく、社会的な附属物をさまざまにもっている私には、彼を一方的に断罪することはできない。

ラマダーン月にモロッコ人の女たちが、路傍に座ってイフタール用に穴だらけのクレープ生地を売るのも、『りんご』の父親や盲人たちの祈祷と同じような理由からだ。わずかな小麦粉と水さえあればクレープ生地は焼ける。しかし、そうすることで彼女たちは、施しを受けるのではなく、商品を売り、自らの労働の対価を受け取ることができる。そこに賭けられているものが分かっているから、心ある人々は――敬虔なムスリムたちは――、自宅で自分たちも苦も無く焼けるクレープを女たちからわざわざ買い求めるのだ。たとえ、実際に食すことはなかったとしても（こうした敬虔なムスリムたちは、穴だらけのクレープ生地さえ「売る」ことのできない女たちにも、まさにそうであるがゆえに、同じように小銭を与えるにちがいない。なぜなら、アッラーはそれを喜びたもうから。彼女たちのおかげで、アッラーに喜んでもらうことができるのだから、彼女たちは感謝をささげる対象だ。イスラームを信仰するとは、そのような実践を生きることだ）。

レース編みのようなクレープを焼く女たちとともに思い出すイメージがある。首都ラバトの住宅街、瀟洒なマンションの一室で開かれたレセプション。若い気鋭のモロッコ人女性社会学者がフランス語で書いた、モロッコ社会のジェンダー・セクシュアリティに関する著書の出版記念会だ。私も招待客の一人だった。長いストレートの黒髪、ボディコンシャスな高級スーツにハイヒール、黒いコフルで強調された大きな目元、ルージュを塗った唇。パーティの主役の彼女は、流暢なフランス語で招待客に自著について語っていた。

あのラマダーンの朝、スーツに身を包んで大使館に向かう私と、路傍でレース編みのようなクレープ生地を売っていた女たちは、決して「同じ女」などではありえなかったが、それと同じくらい、エリート社会学者の彼女とクレープ売りの女たちは、「同じモロッコ人の女」ではありえなかった（エリートの彼女が、クレープ売りの女たちとはまた別の形で、家父長制の抑圧を被っているのであるとしても）。

二〇代の四年数カ月を、私は、エジプトとモロッコで過ごした。そこで出会ったエジプトの、モロッコの、女たち、男たちの生の断片の意味を、そのとき、その場でそれとして必ずしも理解していたわけではなかった。だが、多感な時期に、これらの地でさまざまな人間の生の断片に触れたことが、その後、私が人間やこの世界というものを考えながら生きていく上で、豊かな土壌となっているように思う。「第三世界フェミニズム」にしても「サバルタン」にしても、ポストコロニアル・フェミニズムの英語の著作を通してそれらのことばを知る前から、その思想の内実は、こうした私自身の経験を通して私のなかに存在していた。ウマ・ナーラーヤンはその著書『文化を転位させる』で、自分にフェミニズムを教えたのは、英語の著作を紐解いて「フェミニズム」という言葉を知るようになるはるか以前、幼い自分が目にした母の涙と、母がその舌（母語）で語った女であることの痛みであったと語っているが、私もまた、「第三世界フェミニズム」や「サバルタン」ということばに出会うはるか以前、女には「同じ女」になど還元し得ない重層的差異があるのだということを、そして第三世界で生きる女たちのその生が、彼女たちが「第三世界の」女であることと切り離し得ないものとして生きられているのだということを、エジプトやモロッコ、あるいはパレスチナの女たちの生の断片に触れることで学んでいたのだと言える。いま、振り返りながら、それがいかに貴重な経験であったのかをかみしめている。

本書に収録された諸論考は、一九九五年から一九九九年の五年間にわたって書かれたものだ。九〇年代前半の日本は、一九九五年に北京で世界女性会議が開催されるとあって、世界のさまざまな地域の女性たちに対する関心が高まった時代だった。北京会議に向けて、あちこちの自治体や女性の問題に取り組むNGOが、「世界の女性たち」をテーマにした連続学習会を開催しており、モロッコから帰国したばかりの私も、そうした学習会に講師として呼ばれて、「アラブの女」「中東イスラーム世界の女」について、幾度となく話をした。とりたてて「女性」をテーマに研究しているわけでもないのに、単に女であるというだけで女について語れ、と言われるのは不本意なことで、それ自体が女性差別ではないかと反発を覚えたりもしたが、これもいま思えば、他者に語るという作業を通して、自分が経験的に知ったことを整理し、自分自身のなかで体系的な「知」にする貴重なプロセスだった。その過程で、「第三世界フェミニズム」ということばに出会い、「サバルタン」ということばに出会った。それらのことばは、私自身が経験的に知っていながら、いまだ言語化できないでいた不定形なイメージに明確な輪郭線を与えてくれた。

この時期、アラブ世界や第三世界の女性たちの書き物からも多くを学んだ。とりわけナワール・エル＝サァダーウィーの小説『零度の女』に書き込まれた、サバルタンの女の生を彼女たちに代わって表象し、彼女たちの経験を自身の社会的栄達のための資源にして、搾取するフェミニスト知識人に対する批判は、私自身の存在の根幹に突き刺さらずにはいなかった。また、一見すると「解放」の言説が、実際のところ、植民地主義の歴史的経験に無自覚であることによって、それ自体が植民地主義的な抑圧の言説となり、植民地主義的な関係性を再生産しているということも知った。そして、第三世界の女は、自社会における家父長制的抑圧だけでなく、植民地支配という民族的抑圧とも闘わねばならないこと。ポストコロニアルのエジプトおよびモロッコで暮らし、学生時代からパレスチナと関わってきた私にとっては、私たちが生きる「いま」を理解するために植民地主義という観点が不可欠であることは経験的にも自明だった。このようにして培われた問題意識が、九〇年代後半に、本書に収録された一連の論考を書かせることになった。

フェミニズムだけが問題なのではない。「西洋フェミニズム」として批判されるフェミニズムに孕まれた植民地主義的性格が日本社会で等閑に付されてしまうのは、この国がかつて振るった、そして現在なお振るい続けている植民地主義的暴力に対する無自覚さの現れなのだと思う。問題の本質は、この国がその近現代の歴史においてアジアの国々に対して振るった植民地主義の暴力を、日本社会がそれとしてしっかりと記憶し、この国の歴史に深く刻み込むという、当然なすべきことをいまだなし得ていないということにある。日本が朝鮮や台湾を植民地支配し、中国大陸や東南アジアの国々を占領支配したことは高校の日本史の教科書に載っている。だが、私たちは本当に知っているのだろうか、植民地主義とは何かを？　日本の植民地支配が（あるいは占領支配が）その支配下に置かれた人々に対していかなる暴力を振るったのかを？　植民地支配されたことで、その地の人々がその後、どのような歴史を生きることになったのかを？　そうしたことを、日本社会は、社会の課題として、私たち一人ひとりの魂にしっかり刻み込むという形で教えてはいない。いや、それどころか、積極的に忘却しようとしている。植民地主義の問題は、七〇年以上も前の過去の出来事ではなく、二一世紀の今日まで続いている。日本という社会の基盤を形成していると言ってもいいくらいだ。朝鮮学校が高校無償化の対象から除外され続けていることは、その一例であるし、沖縄の基地問題もそうだ。そして、アジアの各地に、かつて日本国家によってなされた歴史的不正に対する正義の実現を求め続ける人々がいる。

パレスチナ問題と出会わなければ、そして、エジプトやモロッコで生活することがなければ、日本社会で日本人マジョリティの一人としてごくごく普通に成長し、大学キャンパスの立て看に書かれた「光州」の意味も知らなかった私が、日本の植民地主義の歴史に対して今、抱いているような本源的な問題意識をもつこともなかったかもしれない。そうした迂回を経なければ、日本人が自国の植民地主義の問題に出会えないのが依然としてこの国の現状であるとすれば、本書を新たに手にとってくださる方——とりわけ若い読者——には、植民地主義の歴史を、過去の出来事、単なる教科書的知識とするのではなく、私たちが現代世界を考えるための要諦として理解してほしいと切に願わずにはおれない。この日本社会に生きるさまざまな人々と、そしてアジアの国々、さらには世界の人々と、私たちがどのようにつながり、どのような関係を結び、どのような社会、どのような世界を築いていくかは、その点にかかっていると思う。

二〇一九年八月一日記

初出誌一覧

彼女の「正しい」名前とは何か　『現代思想』一九九九年一月
序章付記　書き下ろし
「第三世界」と「西洋フェミニズム」　『現代思想』九六年五月（前半）
カヴァリング・ウーマン、あるいは女性報道　『現代思想』九五年三月
「女性割礼」という陥穽、あるいはフライデイの口　『現代思想』九六年五月（後半）
第Ⅰ部付記　書き下ろし
「文化」をどこから語るか　『インパクション』九六年一〇月
「グローバル・フェミニズム」の無知　『インパクション』九七年二月
置き換えられた女たち　『現代詩手帖』九七年三月
第Ⅱ部付記　『現代思想』二〇〇〇年二月増刊
蟹の虚ろなまなざし、あるいはフライデイの旋回　『現代思想』九六年一二月
Becoming a Witness　『現代思想』九七年九月
転がるカボチャ、あるいは応答するということ　『現代思想』九七年一二月
第Ⅲ部付記　書き下ろし
「他者」の存在を想い出すこと　『みすず』九八年九月（大幅加筆）

引用文献

AAWORD (1980), "A Statement on Genital Mutilation", in Davies M. ed. (1983).

Abdalla, Raqiya Haji Dualeh (1982), *Sisters in Affliction ; Circumcision and Infibulation of Women in Africa*, Zed Press.

Abuzeid, Leila (1984), *'ām al-fīl*, Rabat.

Ahmed, Leila (1992), "*Women and Gender in Islam ; Historical Roots of Modern Debate*", Yale University Press. ＝(2000)『イスラームにおける女性とジェンダー　近代論争の歴史的根源』、林正雄・岡真理他訳、法政大学出版局。

Aman (1995)『裸のアマン』、ヴァージニア・リー・バーンズ、ジャニス・ボディ構成、高野裕美子訳、早川書房。

青山誠子 (1995)『ブロンテ姉妹　女性作家たちの十九世紀』、朝日新聞社。

Appiah, A., et Gates, Jr., H. L. eds. (1993), *Alice Walker*, New York, Amistad Press.

朝日新聞 (1994)「海外文化『女の割礼』描写　黒人女性ら反発」、一月六日付、夕刊。

Burgos, Elisabeth (1987)『私の名はリゴベルタ・メンチュウ　マヤ＝キチェ族インディオ女性の記録』、高橋早代訳、新潮社。

Caruth, Cathy ed. (1995), *Trauma : Explorations in Memory*, Johns Hopkins University Press.＝(2000)『トラウマへの探究　証言の不可能性と可能性』、下河辺美知子監訳、作品社。

Coetzee, J. M. (1992)『敵あるいはフォー』、本橋哲也訳、白水社。

——— (1993), "Review The Temple of My Familiar", in Appiah et Gates eds. (1993).

Daly, Mary (1978), *Gyn / Ecology : The MetaEthics of Radical Feminism*, Beacon Press.

Davies, Carole Boyce (1995), "Introduction : Black Women Writing Worlds : Textual Production, Dominance, and the Critical Voice", in Davies, C. B. ed. *Moving beyond boundaries vol. 2 Black Womens' Diasporas*, Pluto Press, London.

Davies, Miranda ed. (1983), *Third World : Second Sex*, Zed Press.

Davis, Angela Y. (1984, 1990), *Women, Culture & Politics*, First Vintage Books.

Dilie, Waris and Miller, Cathleen (1998), *Desert Flower*, Virago Press.＝(1999)『砂漠の女ディリー』、武者圭子訳、草思社。

江原由美子・金井淑子編 (1997)『フェミニズム』、新曜社。

Fanon, Frantz (1969)『革命の社会学』、みすず書房。

Felman, Shoshana (1995), "Education and Crisis, or the Vicissitudes of Teaching", in Caruth ed. (1995)＝(2000)「教育と危機、もしくは教えることの波乱」、in Caruth ed. (2000)。

Fido, Elaine Savory (1992), "Mother / lands : Self and Separation in Works of Buchi Emecheta, Bessie Head and Jean Rhys", in Nasta, Susheira ed., *Motherlands : Black Women's Writing from Africa, the Caribbean and South Asia*, Rutgers University Press.＝(1997)「母／国　ブチ・エメチェタ、ベシー・ヘッド、ジーン・リースの作品における自己と別離」、岡真理訳、『現代詩手帖』第40巻第3号。

Field, Norma (1994)『天皇の逝く国で』、大島かおり訳、みすず書房。

Genet, Jean (1994)『恋する虜』、鵜飼哲訳、人文書院。

Gilliam, Angela (1991), "Women's Equality and National Liberation", in Mohanty, Russ, et Torres eds. (1991).

Gilroy, Paul et Hall, Stuart (1996)「人種と映画」、『現代思想』三月号。

萩原弘子 (1990)『この胸の嵐　英国ブラック女性アーティストは語る』、現代企画室。

——— (1991)「抑圧の文化、解放の文化」、若桑みどり・萩原弘子『もうひとつの絵画論　フェミニズムと芸術』、松香堂、所収。

Halsband, R. ed. (1965), *The Complete letters of Lady Mary Wortley Montagu*, vol. 1 1708-1720, Oxford U. P.

浜本満（1996）「差異のとらえかた　相対主義と普遍主義」、青木保他編『岩波講座文化人類学第12巻　思想化される周縁世界』、岩波書店、所収。

Highsmith, Patricia (1945), "The Terrapin", in *Eleven*.＝(1990)「すっぽん」、『11の物語』、小倉多加志訳、早川書房、所収。

Higonnet, M. R. ed. (1994), *Borderwork Feminist Engagements with Comparative Literature*, Cornell University Press.

Hosken, Fran P. (1993)『女子割礼　因習に呪縛される女性の性と人権』、鳥居千代香訳、明石書店。

岩倉洋子・上村英明・狐崎知己・新川志保子（1994）『先住民族女性リゴベルタ・メンチュウの挑戦』、岩波ブックレット。

岩崎稔（1994）「防衛機制としての物語『シンドラーのリスト』と記憶のポリティクス」、『現代思想』七月号。

Johnson-Odim, Cheryl (1991), "Common Themes, Different Contexts; Third World Women and Feminism", in Mohanty, Russ, et Torres eds. (1991).

鄭暎惠（1997）「フェミニズムのなかのレイシズム」、江原・金井編（1997）所収。

Kanafani, Gassan (1978)『太陽の男たち／ハイファに戻って』、黒田寿郎・奴田原睦明訳、河出書房新社。

――――「太陽の男たち」、黒田寿郎訳、Kanafani (1978) 所収。

――――「ハイファに戻って」、奴田原睦明訳、Kanafani (1978) 所収。

――――「悲しいオレンジの実る土地」、奴田原睦明訳、Kanafani (1978) 所収。

――――(1982)「ガザからの手紙」、岡真理訳、『フィラスティーンびらーでぃ』一月号。

Kayatt, S. E. (1994)『アラブの女　イラク女性の素顔』、鳥居千代香訳、図書出版社。

Khalife, Sahar (n. d.), *al-subbār*, dār al-ādāb, Beirut.

―――― (1980), *'abbād al-shams*, dār al-ādāb, Beirut.

―――― (1990), *bāb al-sāha*, dār al-ādāb, Beirut.

金成禮（1998）「韓国　近代への喪章　暴力と済州抗争の記憶」、『現代思想』六月号。

河野博臣（2000）『追憶のカルテ』、講談社。
黒田壽郎（1993）「今、第三世界とは　宗教と政治」、『グリオ』vol. 5, 秋号、現代世界と文化の会編、平凡社。
le Moy, Pascal Villiers (1979), "Woman's Inhumanity to Woman?" *The Middle East*, December.
Lewis, R. (1996), *Gendering Orientalism : Race, Feminity and Representation*, Routledge.
李静和（1998）『つぶやきの政治思想　求められるまなざし・かなしみへの、そして秘められたものへの』、青土社。
Lionnet, Françoise (1994), "Dissymmetry Embodied : Feminism, Universalism, and the Practice of Excision", in Higonnet ed. (1994).
Lowe, Lisa (1991), *Critical Terrains : French and British Orientalisms*, Cornell University Press.
Melman, Billie (1992), *Women's Orients : English Women and the Middle East, 1718-1918*, Macmillan.
Mohanty, Chandra Talpade (1991), "Under Western Eyes : Feminist Scholarship and Colonial Discourses", in Mohanty, Russ, et Torres eds. (1991).
Mohanty, C. T., Russ, A. et Torres, L. eds. (1991), *Third World Women and the Politics of Feminism*, Indiana University Press.
Molasky, Michael S. (1999), *The American Occupation of Japan and Okinawa : Literature and Memory*, Routledge.＝(1999)「戦後日本の表象としての売春　「特殊慰安施設協会」と娼婦をめぐる言説」、坂本昌樹・鈴木直子訳、『みすず』11月号。
もろさわようこ編（1978）『ドキュメント女の百年5　女と権力』、平凡社。
Narayan, Uma. (1997), *Dislocating Cultures : Identities, Traditions, and Third World Feminism*, Routledge.
日本の戦争責任資料センター編（1997）『Let's』第17号。
———編（1998）『シンポジウム　ナショナリズムと「慰安婦」問題』、青木書店。
———編（1999）『季刊　戦争責任研究』第26号。
丹羽京子（1995）「トスリマ・ナスリン問題に見る文学と政治」、『ａａｌａ』II号、日本アジア・アフリカ作家会議。
Nnaemeka, Obioma (1994) "Bringing African Women into the Classroom : Rethinking Pedagogy and Epis-

temology", in Higonnet ed. (1994).

野田正彰（1998）『戦争と罪責』、岩波書店。

奴田原睦明（1978）「解説」、Kanafani（1978）所収。

大越愛子（1997）「女性・戦争・人権」、『未来』五月号。

岡真理（1995）「アラブ民族運動と女性」、『講座　世界史6　必死の代案』、東京大学出版会、所収。

——（1997）「母の呟き、あるいは「市民」ならざる者の民主主義」、『月刊フォーラム』八月号。

——（1998a）「私たちはなぜ、自ら名のることができるのか　植民地主義的権力関係についての覚え書き」、日本の戦争責任資料センター編（1998）所収。

——（1998b）「「同じ女」であるとは何を意味するのか　フェミニズムの脱構築に向けて」、江原由美子編『フェミニズムの主張4　性・暴力・ネーション』、勁草書房、所収。

——（2000）「「他文化理解」と「暴力」のあいだで　第三世界フェミニズムが提起するもの」、稲賀繁美編『異文化理解の倫理にむけて』、名古屋大学出版会、所収。

Saadawi, Nawal El-（1977）, *al-wajhu al-ʻārī lil-mar'a al-ʻarabīya*, al-mu'assasa al-ʻarabīya lil-dirāsa wal-nashr, Beirut.＝（1988）『イブの隠れた顔』、村上真弓訳、未来社。

——（n. d.）, *imr'a ʻinda nuqtat al-sifr*.＝（1987）『0度の女　死刑囚フィルダス』、鳥居千代香訳、三一書房。

——（1995）「対談　日本とアラブ・イスラームの女たち」、『グリオ』vol. 10, 秋号、現代世界と文化の会編、平凡社。

Sacks, Oliver（1985）, *The Man Who Mistook His Wife for a Hat*, Picador.＝（1992）『妻を帽子とまちがえた男』、高見幸郎・金沢泰子訳、晶文社。

Said, Edward（1978）, *Orientalism*, Routledge.＝（1993）『オリエンタリズム（上・下）』、板垣雄三・杉田英明監修、今沢紀子訳、平凡社ライブラリー。

——（1994a）*The Pen and the Sword*, Common Courage Press.＝（1998）『ペンと剣』、中野真紀子訳、クレイン。

——（1994b）「禁制の文学」、岡真理訳、『aala』Ⅳ号、日本アジア・アフリカ作家会議。

——（1995）『知識人とは何か』、大橋洋一訳、平凡社。

酒井直樹（1997）『日本思想という問題』、岩波書店。

崎山政毅（1998a）「明かしえぬ《秘密》の前に　『私の名はリゴベルタ・メンチュウ』をめぐって」、『思想』八月号。

――――（1998b）「徐京植さんに応える　自己批判とふたたび連帯に向けた歴史の交渉作業のために」、『文藝』冬号。

崎山政毅・田崎英明・細見和之（1998）『歴史とは何か』、河出書房新社。

Savané, Marie Angérique (1979), "Why We are against the International Campaign", *International Child Welfare Review*, March.

Schérer, René (1993), *Zeus Hospitalier : Éloge de l'hospitalité*, Armand Colin.＝(1996)『歓待のユートピア　歓待神礼賛』、安川慶治訳、現代企画室。

性を語る会編（1994）「わたしがすすめる一冊の本」、『あなたとわたしと性《セクシュアリティ》』28号、アーニ出版。

下河辺美知子（1997）「苦しんでいるのは誰なのか？　コンパッションをめぐるリボリューション」、『現代思想』七月号（『歴史とトラウマ　記憶と忘却のメカニズム』、作品社、二〇〇〇年、に加筆されて収録）。

徐京植（1994）『「民族」を読む　20世紀のアポリア』、日本エディタースクール。

――――（1997）『分断を生きる　「在日」を超えて』、影書房。

Suleri, Sara (1992)『肉のない日』、大島かおり訳、みすず書房。

Spivak, G. C. (1988), "Can the Subaltern speak?" in Nelson, C. and Grossberg, L. eds., *Marxism and the Interpretation of Culture*, University of Illinois Press.＝(1998)『サバルタンは語ることができるか』、上村忠男訳、みすず書房。

Trinh, T. Minh-ha (1989) *Woman, Native, Other : Writing Postcoloniality and Feminism*, Indiana University Press.＝(1995)『女性・ネイティヴ・他者　ポストコロニアリズムとフェミニズム』、竹村和子訳、岩波書店。

―――― (1991) *When the Moon Waxes Red : Representation, Gender and Cultural Politics*, Routledge.＝(1996a)『月が赤く満ちる時　ジェンダー・表象・文化の政治学』、小林富久子訳、みすず書房。

――――（1996b）「境界での／をめぐる対話」（インタビュアー＝鄭暎惠、岡真理）、『イマーゴ』一二月号。

上野千鶴子（1998）「「民族」か「ジェンダー」か？　強いられた対立」、日本の戦争責任資料センター編（1999）所収。

内海愛子・徐京植・高橋哲哉編（2000）『石原都知事「三国人」発言の何が問題なのか』、影書房。

鵜飼哲（1996）「文化を語る前に」、『インパクション』99号。

――（1997）『償いのアルケオロジー』、河出書房新社。

Walker, Alice（1982）*The Colour Purple*, Pocket Books.＝（1986）『カラーパープル』、柳沢由実子訳、集英社。

――（1989）*The Temple of My Familiar*, Pocket Books.＝（1990）『わが愛しきものの神殿』、柳沢由実子訳、集英社。

――（1992）, *Possessing the Secret of Joy*, Pocket Books.＝（1995a）『喜びの秘密』、柳沢由実子訳、集英社。

――（1995b）「アリス・ウォーカー　インタビュー」、『コスモポリタン』一一月号、集英社。

山田盟子（1992）『占領軍慰安婦　国策売春の女たちの悲劇』、光人社。

柳沢由実子（1986）「自然の中のアリス・ウォーカー　解説にかえて」、in Walker（1986）.

――（1995）「あまりにもすさまじい性器切除の実態」、『ふぇみん』一〇月二五日付。

Yeğenoğlu, Meyda（1998）, *Colonial Fantasies : Towards a feminist reading of Orientalism*, Cambridge University Press.

Žižek, Slavoj（1996）『快楽の転移』、松浦俊輔・小野木明恵訳、青土社。

岡真理（おか・まり）
1960年生まれ。早稲田大学文学学術院教授、京都大学名誉教授。専門は現代アラブ文学、パレスチナ問題、第三世界フェミニズム思想。著書に『記憶／物語』（岩波書店）、『棗椰子の木陰で』（青土社）、『アラブ、祈りとしての文学』、『ガザに地下鉄が走る日』（みすず書房）、『ガザとは何か』（大和書房）ほか。訳書にエドワード・サイード『イスラム報道　増補版』（共訳、みすず書房）、サラ・ロイ『ホロコーストからガザへ』、サイード・アブデルワーヘド『ガザ通信』（共訳、青土社）、ターハル・ベン＝ジェルーン『火によって』（以文社）、アーディラ・ライディ『シャヒード、100の命』（インパクト出版会）ほか。2009年から平和を目指す朗読集団「国境なき朗読者たち」を主宰し、ガザをテーマとする朗読劇の上演活動を続ける。

彼女の「正しい」名前とは何か
第三世界フェミニズムの思想
新装版

2019年 9 月 10 日　第 1 刷発行
2024年 2 月 28 日　第 3 刷発行

著者――岡 真理
発行者――清水一人
発行所――青土社
〒101-0051　東京都千代田区神田神保町 1-29　市瀬ビル
［電話］03-3291-9831（編集）　03-3294-7829（営業）
［振替］00190-7-192955
印刷・製本――ディグ
装幀――菊地信義

ISBN978-4-7917-7210-0　C1010